Das
Prezi-Buch
für spannende Präsentationen

Harald Sontowski & Frieder Krauß

O'REILLY®

Beijing · Cambridge · Farnham · Köln · Sebastopol · Tokyo

Kommentare und Fragen können Sie gerne an uns richten:
O'Reilly Verlag
Balthasarstr. 81
50670 Köln
E-Mail: kommentar@oreilly.de

Copyright:
© 2013 by O'Reilly Verlag GmbH & Co. KG
1., korrigierter Nachdruck 2013

Bibliografische Information der Deutschen Nationalbibliothek
Die Deutsche Nationalbibliothek verzeichnet diese Publikation in der Deutschen Nationalbibliografie; detaillierte bibliografische Daten sind im Internet über http://dnb.d-nb.de abrufbar.

Lektorat: Inken Kiupel, Köln
Korrektorat: Friederike Daenecke, Zülpich
Produktion: Andrea Miß, Köln
Umschlaggestaltung: Michael Oreal, Köln
Satz: III-satz, Husby
Belichtung, Druck und buchbinderische Verarbeitung: Mediaprint, Paderborn

ISBN 978-3-86899-851-1

Dieses Buch ist auf 100% chlorfrei gebleichtem Papier gedruckt.

ÜBER DIE AUTOREN

Harald Sontowski ist Geschäftsführer der aha! TALENTEXPERTS GmbH und seit über 20 Jahren arbeitswütiger und innovationshungriger Trainer und Keynote-Speaker. Seit Ende 2010 beschäftigt er sich dementsprechend mit dem arbeitsintensiven und innovativen Thema Prezi und rief 2011 die Prezi Akademie (www.preziakademie.de) ins Leben. Im Rahmen der Prezi Akademie kümmert er sich als „Digital Immigrant" hauptsächlich um Präsentationstrainingsmodule sowie Präsentationskonzepte und -formate für alle, die ihren Zuhörern etwas zu sagen und zu zeigen haben. Er lebt zusammen mit seiner Frau und seinen beiden Söhnen in Nürnberg, der fränkischen 3-im-Weggla- und Prezi Akademie-Stadt. Eine Buchveröffentlichung war schon lange am Horizont zu erahnen – dass es ein Prezi-Buch sein würde, hätte er aber nicht gedacht.

Frieder Krauß ist Trainer bei aha! TALENTEXPERTS und Leiter der Prezi Akademie in Nürnberg. Seit 2009 ist er in Harald Sontowskis Team als „Digital Native" als Mann für soziale Medien und neue Gestaltungstools prädestiniert und kann dabei Erkenntnisse aus seinem geisteswissenschaftlichen Studium hervorragend in neue Konzepte rund um die zwischenmenschliche Begegnungsqualität einbringen. Ab und an kann man ihm mit stapelweise germanistischer Fachliteratur in Prag begegnen, der Stadt, die nicht nur der Liebe wegen seine zweite Heimat geworden ist. Seit 2011 arbeitet er an seiner Promotion über eine neue rezeptionstheoretisch-kognitionspoetisch geprägte Lesart der Erzählliteratur Franz Kafkas, der wohl der berühmteste Sohn der goldenen Stadt sein dürfte.

Inhaltsverzeichnis

KAPITEL 1 | Faszination Prezi

Seit mittlerweile drei Jahren verfolgen wir Prezi – und Prezi verfolgt uns. Diese neuartige Software zog uns als neugierige Menschen und in unseren Funktionen als Trainer, Moderatoren und Präsentatoren direkt in ihren Bann, als wir sie zum ersten Mal im Präsentationsmodus bewundern durften.

Eher verwirrt waren wir, als wir dann erstmals mit dem Tool arbeiten wollten: keine von Microsoft gewohnten Werkzeugleisten, keine ellenlangen Menüs, stattdessen Bonbon-artige Optik und eine auf das Wesentliche reduzierte Vielfalt von Einstellungs- und Gestaltungsmöglichkeiten.

Wir können gut nachvollziehen, dass auch Sie – wie wir zunächst – einfach nur neugierig oder wissbegierig sind. Vielleicht haben Sie sich ja auch schon bei Prezi registriert und sind angesichts der vollkommen neuartigen Benutzerführung ähnlich verwirrt wie wir damals.

Wir wollen mit diesem Buch zwei Ziele erreichen: Sie in Ihrer Neugier unterstützen und Sie gleichzeitig so gut auf die eine oder andere Hürde bei der Bedienung und Nutzung von Prezi vorbereiten, dass sich erst gar keine Verwirrung einstellt.

Mit den ersten beiden Kapiteln hoffen wir, Sie effektiv auf das vorzubereiten, was Sie in Prezi erwartet. Ab Kapitel 3 geht es dann ans Eingemachte, bevor wir uns gegen Ende des Buchs damit beschäftigen, was bei Konzeption und „Durchführung" einer Präsentation beachtet werden sollte, damit das Gesamtergebnis am Ende allen – nicht nur Ihnen als Präsentator – als „spannend" in Erinnerung bleibt!

Wir wünschen Ihnen viel Spaß und eine gesunde Portion Experimentierfreudigkeit!

Der Zoom zur Oberfläche und von ihr weg funktioniert mittlerweile sogar in simulierter 3-D-Optik.

„Darf ich fragen, wie das Programm heißt?"

Sie dürfen. „Prezi" (sprich: „präsi" mit englischem „r") heißt das Programm, das übliche Präsentationen, Referate oder Vorträge in völlig neuartigem Glanz erscheinen lässt. Prezi erfüllt den gleichen Zweck wie Microsoft PowerPoint: Es ersetzt den Dia/Overhead-Projektor als Präsentationshilfe und ermöglicht es Ihrem Publikum, Ihren Vortrag nicht nur akustisch wahrzunehmen, sondern ihn in Bild- oder Schriftform auf Leinwand oder Bildschirm nachvollziehen zu können. Was die Visualisierungsmöglichkeiten angeht, bietet Prezi jedoch ungleich mehr als andere Präsentationsprogramme!

Bei PowerPoint ist die Verwandtschaft zum Dia/Overhead-Projektor noch allgegenwärtig: Animationen und Multimedia hin oder her, Sie arbeiten immer noch mit „Folien", die nacheinander gezeigt werden. Die Software imitiert ihre Vorfahren.

Prezi ist anders. Die Vokabel „Folie" sollten Sie getrost vergessen, wenn Sie sich auf die Arbeit mit Prezi einlassen. Bei Prezi ist Ihre Basis eine theoretisch unendlich große Oberfläche, auf der Sie Ihre Inhalte frei anordnen können. Dementsprechend sind Ihre Inhalte nicht mehr linear angeordnet, d.h., Sie springen während Ihrer Präsentation nicht mehr von Folie zu Folie. Beim Präsentieren gleicht Ihre Vorgehensweise vielmehr einem schrittweisen Hinein- und Herauszoomen im Stil einer Kamerafahrt. Auch noch so kleine Details können genau so zur Geltung kommen wie das große Ganze!

Das liest sich nicht nur ungewohnt. Nein, Prezi ist tatsächlich etwas gewöhnungsbedürftig. Aber die vergleichsweise kurze Kennenlernphase lohnt sich absolut, denn später werden Sie in der Lage sein, innerhalb kurzer Zeit eindrucksvolle Präsentationen zu entwickeln.

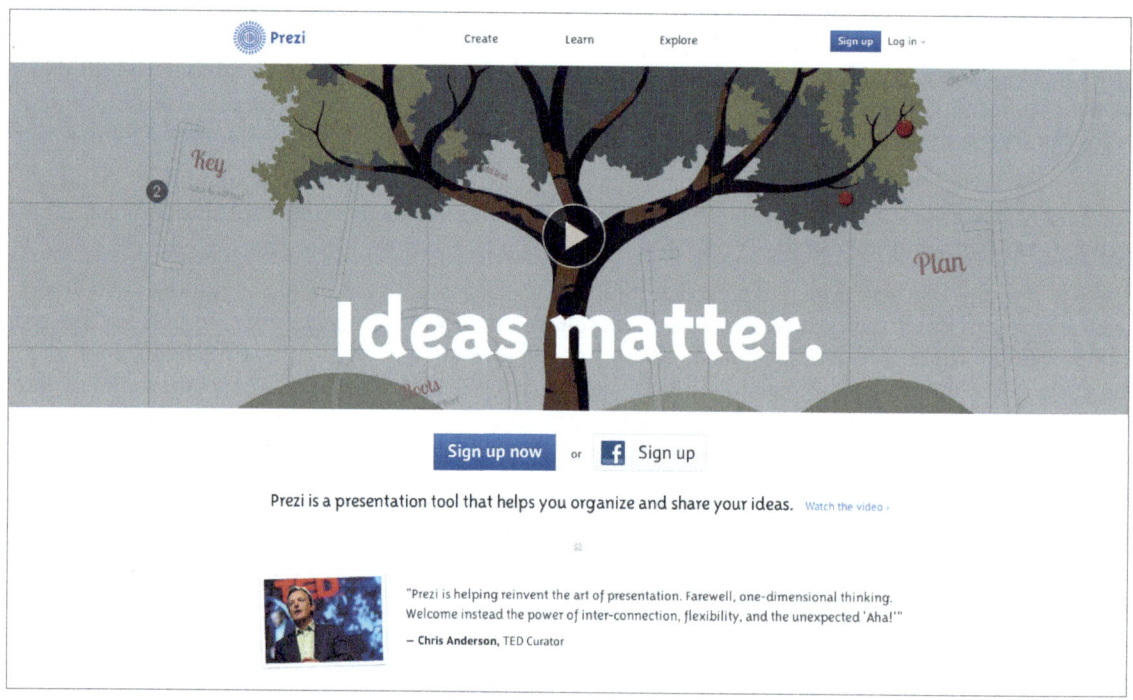

Die Website www.prezi.com

Ihr Weg zu Prezi ist denkbar einfach, kurz und unkompliziert: Öffnen Sie die Website *www.prezi.com* in Ihrem Browser – und schon sind Sie mittendrin. Mit Ihrem bestehenden Facebook-Account sind Sie innerhalb von Sekunden registrierter Prezi-Nutzer, aber auch ohne Facebook-Account ist die Einstiegshürde niedrig, wie Sie auf den nächsten Seiten erfahren werden.

Aber sehen Sie sich zunächst einmal um. Die obere Leiste gibt direkt einen Überblick darüber, was *www.prezi.com* für Sie tun kann:

Create: Prezi ist online im Browserfenster nutzbar, sobald Sie sich registriert haben. Auf Ihrem lokalen Rechner müssen Sie praktischerweise weder Speicherplatz freiräumen noch einen Systemadministrator zur Installation zu Hilfe rufen. Sogar Ihre Prezis, die Sie demnächst zahlreich erstellen werden, liegen alle in der gemeinsamen Prezi-Cloud, zentral auf den Prezi-Servern. Sollten Sie Cloud-Skeptiker sein, verraten wir Ihnen gerne im Laufe des Buches, wie Sie Ihre Präsentationen lokal auf Ihrem Rechner verwalten.

Learn: Hier finden Sie direkt einige Videos, die Ihnen die Basics von Prezi auf Englisch näherbringen. Außerdem stellt Ihnen Prezi ein Handbuch und ein Support-Forum zur Verfügung. Zahlende Prezi-Nutzer haben ein Anrecht auf die Beantwortung ihrer Fragen innerhalb von 24 Stunden. Für alle anderen gibt es die Community: Stellen Sie Ihre Fragen, und lassen Sie sie von der regen Gemeinschaft begeisterter Prezi-Nutzer beantworten.

Explore: Hier können Sie die unendliche Vielfalt bereits bestehender Prezis erkunden und sich thematisch wie auch gestalterisch Inspiration holen. Die Suchmaske erlaubt Ihnen, nach konkreten Begriffen zu suchen – versuchen Sie ruhig auch einmal, einen Suchbegriff auf Englisch einzugeben; das erweitert den Radius der Suche noch einmal zusätzlich.

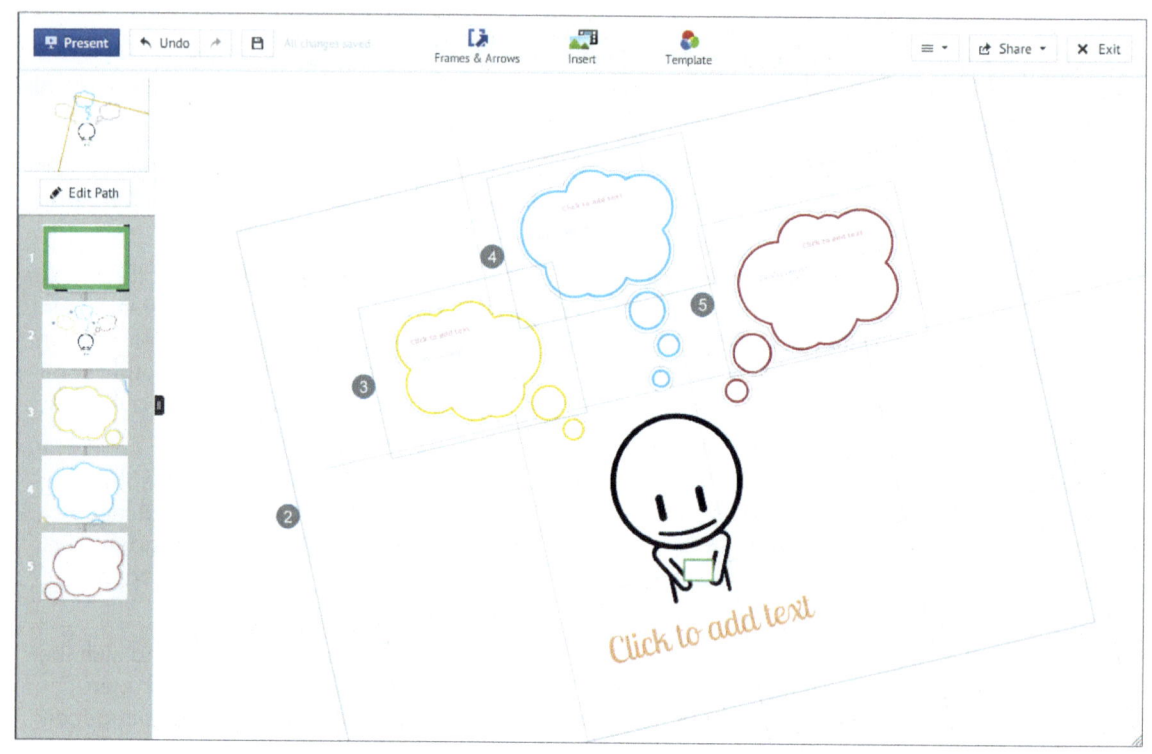

Der Bearbeitungsmodus von Prezi: In der linken Seitenleiste sehen Sie anstelle einer Übersicht über Folien eine Übersicht über die Kamerafahrt.

Die Entstehungsgeschichte von Prezi

Seit 2001 arbeitet der Architekt und Künstler Adam Somlai-Fischer schon mit „zooming presentations", also Präsentationen, die auf einer großen Oberfläche und der Möglichkeit basieren, ins Detail zu zoomen. Er ließ sich diese Präsentationen über seine Projekte immer wieder von Grund auf neu programmieren – eine Software für seine Zwecke gab es nicht. Natürlich fragten trotzdem immer wieder Zuschauer danach, welche Software er denn nutze.

2007 überzeugte Peter Halacsy, Professor an der technischen Universität Budapest, Adam Somlai-Fischer davon, mit ihm an einer Software zu arbeiten, die es ermöglichen würde, ganz einfach selbst solche „zooming presentations" zu erstellen und zu nutzen. Der Unternehmer Peter Arvai komplettierte den Kreis der drei Gründer und half dabei, eine Firma, ein Geschäftsmodell und die Software zu entwickeln. Seit April 2009 wird Prezi aus Budapest gesteuert, seit November 2009 gibt es außerdem einen Ableger in – wo sonst – San Francisco.

Diese drei ebneten also den Weg für bahnbrechend neuartige Präsentationsmöglichkeiten – die erste ausgereifte nicht-lineare Präsentationssoftware.

Mittlerweile hat Prezi 20 Millionen Benutzer, darunter beispielsweise auch Bono (der Kopf der irischen Band „U2"), der für seinen Vortrag im Februar 2013 bei TED in San Francisco auf eine Prezi-Präsentation zurückgriff.

Das Programm und seine Handhabung sind intuitiv – durch die jahrelange Gewöhnung an das Folienprinzip aber zunächst schwierig zu durchschauen. Packen Sie's an!

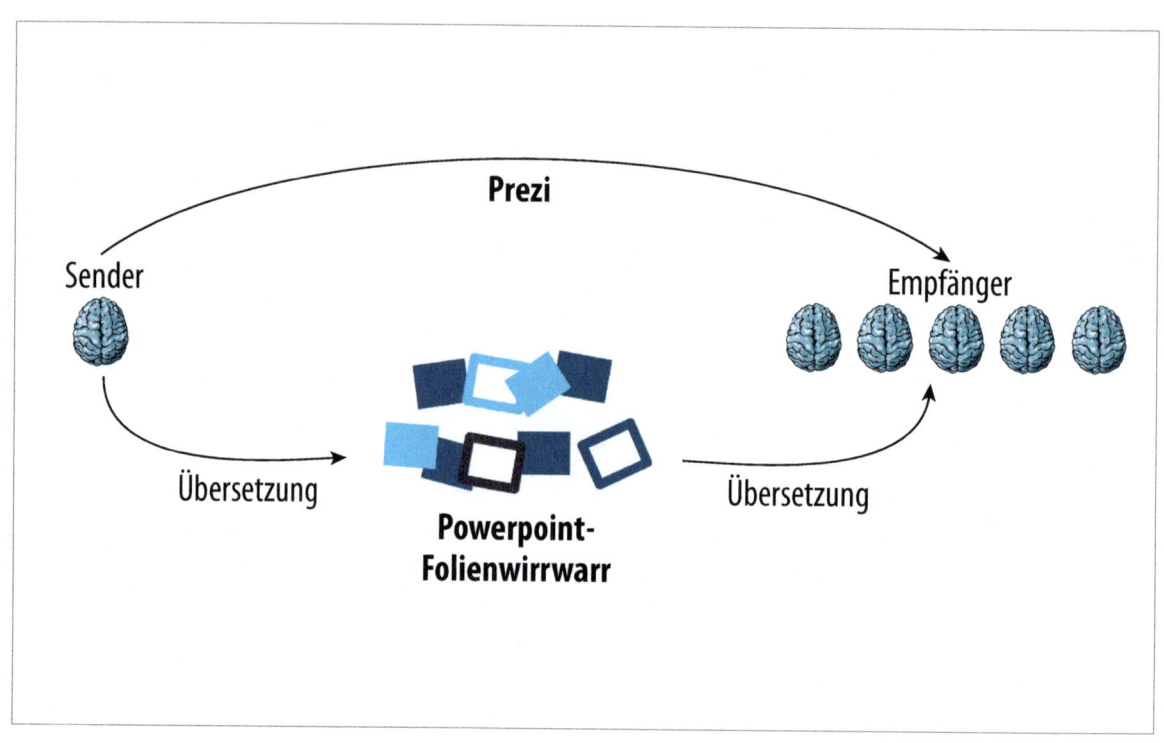

Während bei der Nutzung von PowerPoint zwei mehr oder weniger komplexe Übersetzungsvorgänge ablaufen, funktioniert der Wissenstransfer bei Prezi deutlich reibungsloser.

Das Folienprinzip und seine Schwächen

In einer Präsentationssoftware wie PowerPoint lassen sich einfache und komplexe Inhalte in linearer Form aufbereiten. Vom datenverarbeitenden System des Präsentierenden (in der Regel: seinem Gehirn) bis zum datenverarbeitenden System des Zuschauers (auch hier wieder, zumindest meistens: seinem Gehirn) gehen diese Inhalte einen Weg, der unseren Denkstrukturen eigentlich nicht entspricht.

Der Inhalt wird in eine künstliche Form gepresst – in die lineare Abfolge von Folien –, aus der die Inhalte dann vom Zuschauer wieder zurückübersetzt werden müssen. Aktive, aufmerksame und wohlwollende Zuschauer machen sich diese Arbeit gerne: Studenten, die sich brennend für das präsentierte Thema interessieren; Arbeitnehmer, die im Rahmen eines Trainings für sie interessante und innovative Strategien zur Bewältigung ihres Arbeitsalltags kennenlernen; zahlende Zuschauer bei einem Dia-Vortrag.

Sollte das Thema aber eher trocken sein und sollte sich zusätzlich die Begeisterung der Zuschauer für das gerade präsentierte Themengebiet in Grenzen halten, dann ist die Wahrscheinlichkeit hoch, dass das Publikum „abschaltet". Man hört – aber man hört nicht zu. Man sieht – aber man sieht nicht hin. Die Sinnesreize erreichen die Sinnesorgane, aber das Datenverarbeitungssystem schaltet sich energieeffizient auf Standby.

Prezi eröffnet Präsentatoren die Möglichkeit, ihre Gedanken und Ideen naturgerecht aufzubereiten: so, dass die Sinne der Zuschauer (selbst wenn sie aus Gewohnheit erst einmal in den Standby-Modus schalten) so angeregt werden können, dass das „Aufpassen und Mitdenken" nicht anstrengt, sondern automatisch eingeleitet wird. Prezi prägt sich ein!

Prezi arbeitet vernetzt – so wie unser Gehirn!

Die Kellner auf diesem Bild aus dem Jahre 1913 sind auch 2013 noch eindeutig als Kellner zu erkennen und somit in Schemata unserer Generation einzuordnen. (Quelle: Wikimedia Commons)

Menschen denken vernetzt

Menschliches Denken spielt sich in netzwerkartigen Strukturen ab. Einer der ersten Wissenschaftler, der sich mit diesem Phänomen beschäftigte, war der Psychologe Frederic Charles Bartlett mit seiner Schematheorie:

Der Kellner deckt die leeren Teller ab und fragt: „Hat es geschmeckt?"

Vor Ihrem inneren Auge komplettieren Sie die Szene, die sich aus diesem einzelnen Satz ableitet. Der Kellner befindet sich nicht im luftleeren Raum. Nein, er nimmt die Teller von einer Tischplatte, die höchstwahrscheinlich von einer Tischdecke bedeckt ist. Am Tisch sitzen mit großer Sicherheit ein Gast oder Gäste. Vor der im Satz beschriebenen Szene haben diese Gäste vermutlich die Teller leergegessen. Der Ort des Geschehens ist ein Restaurant, ein Ort, an dem man gegen Geld Essen und Trinken zu sich nehmen kann – häufig umgeben von vier Wänden und einem Dach, betretbar durch eine Tür …

Solche im Gedächtnis gespeicherten Situationsmuster heißen *Schemata*. Sie prägen sich umso tiefer ein, je häufiger sie in ähnlicher Form erlebt werden. Schulbücher stellen komplexe Sachverhalte mittlerweile immer öfter schematisiert (statt in Fließtext und Tabellen) dar, um Schülern das Lernen zu erleichtern. Liegen Lerninhalte linear dargeboten in Textform vor, fällt das Einordnen in vorhandene Gedächtnisstrukturen schwerer, als wenn bereits Strukturen und Anknüpfungspunkte zu anderen Wissenseinheiten angedeutet werden. Genau diese Strukturen und Anknüpfungspunkte liefern Sie Ihrem Publikum mit einer geschickt angelegten Prezi.

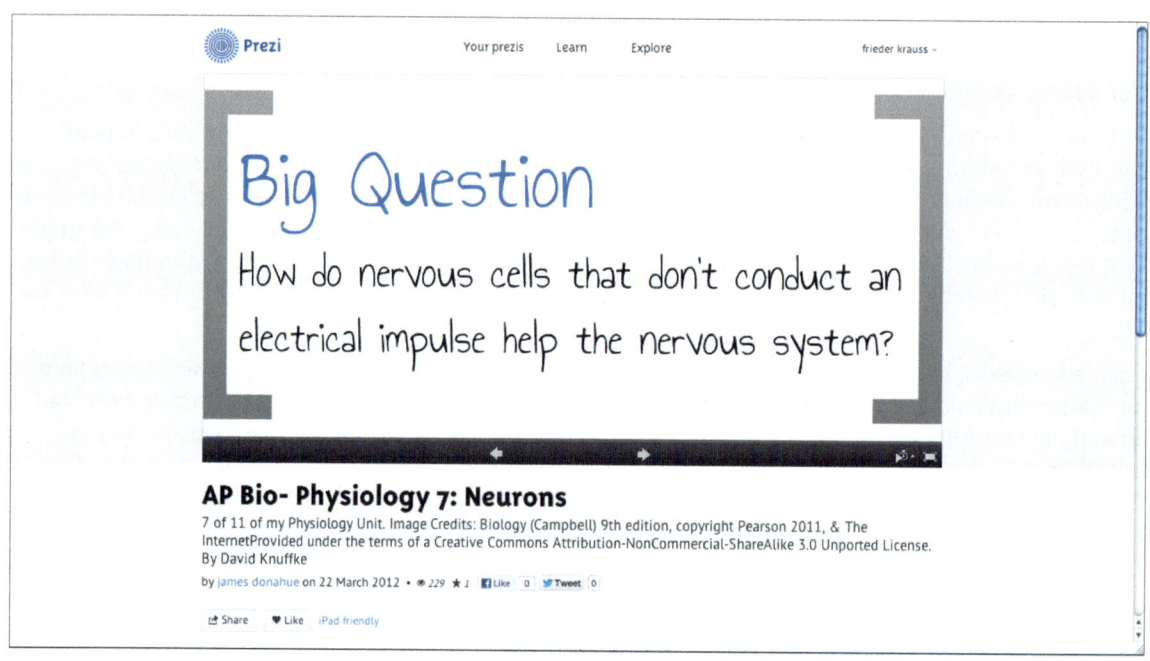

AP Bio- Physiology 7: Neurons

7 of 11 of my Physiology Unit. Image Credits: Biology (Campbell) 9th edition, copyright Pearson 2011, & The InternetProvided under the terms of a Creative Commons Attribution-NonCommercial-ShareAlike 3.0 Unported License. By David Knuffke

by james donahue on 22 March 2012 • ⊚ 229 ★ 1 ▮ Like 0 ▮ Tweet 0

↱ Share ♥ Like iPad friendly

Wie unsere Neuronen bio-physiologisch funktionieren, können Sie sich in der aufschlussreichen Prezi von James Donahue ansehen: http://bit.ly/UBRCoq

Prezi ist der heiße Draht zu Ihrem Publikum

Sämtliches Wissen liegt im Gedächtnis in Form von Netzwerkstrukturen vor. Läuft ein bestimmter Song im Radio, erinnern wir uns an besondere Situationen und an die Menschen, mit denen wir die Situationen erlebt haben. Das liegt daran, dass wir unbewusst den Song mit der besonderen Situation und den Beteiligten in ein Netz abgespeichert haben. Bei anderen Songs tut sich nichts, wir erinnern uns an nichts. Andere Songs können wir wiederum direkt unserem Lieblingsgenre zuordnen (Schema von häufig gemeinsam auftretenden Merkmalen der Songs), z. B. so: leises Schlagzeug, Off-Beat-Kontrabass, Klavier, Saxophon, häufige Abweichungen von einem festen Vers-Chorus-Vers-Schema – wir hören Jazz-Musik.

Als Präsentator stehen Sie grundsätzlich vor der Schwierigkeit, Ihre Gedanken zum Thema in Sprache und eine entsprechende Präsentationshilfe zu übersetzen. Ihren Zuschauern muten Sie zu, Ihre sprachlichen Äußerungen und das in der Präsentation Gesehene zurück in eigene Gedanken zu übersetzen. Logisch, dass da einiges auf der Strecke bleibt – wenn Sie Pech haben, auch die Kernbotschaften.

Prezi bietet Ihnen die Möglichkeit, die „lange Leitung" zwischen Ihnen und Ihren Zuschauern ein wenig zu verkürzen. Die Software berücksichtigt die netzwerkartige Struktur unseres Denkens, so dass es einfacher wird, Inhalte gehirngerecht aufzubereiten.

Natürlich werden Ihre Zuschauer sich – trotz Prezi – nicht komplett an Ihre präsentierten Inhalte erinnern können. Genau wie bisher werden sie sich an einige Details erinnern, die ihnen besonders wichtig erscheinen. Zusätzlich wird es ihnen aber auch leichter fallen, sich das große Ganze vor das geistige Auge zu holen, z. B. die Übersicht über die einzelnen Themengebiete, die Sie mit Prezi auf Ihrer Oberfläche sinnvoll an- und einander zugeordnet haben!

PowerPoint und Keynote – die Linearen	Prezi – die zoomende Alternative
+ bieten einen Präsentatorenmodus, der dem Präsentierenden auf einem extra Bildschirm die jeweils folgende Folie anzeigt.	– bietet diesen Präsentatorenmodus bisher nur für den Mac, dafür aber eine insgesamt übersichtlichere Gesamtpräsentation – für Sie und Ihr Publikum!
– Kompatibilität: Besonders bei PowerPoint scheint das Schicksal selbstständig für Sie zu entscheiden, ob die Formatierung Ihrer PowerPoint-Präsentation, wenn sie auf einem anderen PC dargestellt wird, noch eine ungefähre Ähnlichkeit mit der eigentlich intendierten Formatierung aufweist. Auch anstrengend: die Video-Einbindung …	+ Kompatibilität: der Riesenpluspunkt. Ihre mobilen Prezis laufen überall und sehen immer gleich aus. Da sie in der Cloud liegt, kann jeder Nutzer mit jedem Betriebssystem und jedem gängigen Browser Ihre Prezi sehen oder sie auf Wunsch sogar mit Ihnen gemeinsam ändern und gestalten!
+ PowerPoint-Präsentationen machen in gedruckter Form meistens Sinn. Meistens machen sie aber so viel Sinn, dass fraglich ist, wozu Sie als Präsentator eigentlich noch gut sind, wenn die Präsentation in Papierform ohnehin selbsterklärend ist.	– Das Drucken einer Prezi ist meist unsinnig. Dafür ergibt die Prezi als Präsentationswerkzeug an sich meistens mehr Sinn (mehr dazu später).
+ Kompatibilität mit Excel usw.	– Ellenlange Excel-Sheets vermag auch Prezi kaum zu verschönern.

Vor- und Nachteile von PowerPoint, Keynote und Prezi im Vergleich

PowerPoint, Keynote und Co.

PowerPoint und Keynote (die Mac-OS-Alternative aus dem Hause Apple) hätten nicht die weltweite Verbreitung gefunden, wenn sie nicht geeignete Präsentationshilfen für die meisten Zwecke bieten würden. Wo liegen also die jeweiligen Stärken und Schwächen?

Abgesehen von der Tabelle links gibt es noch einen ganz eindeutigen Vorteil von Prezi, wie auch immer man ihn nennt: die Usability, die Nutzerfreundlichkeit, der intuitive Workflow.

Prezi verzichtet auf ellenlange Werkzeugleisten, metertiefe Kontextmenüverschachtelungen und erspart Ihnen bei jeder Suche nach einem Feature die Unsicherheit: „Gibt es das Feature, das ich suche, einfach nicht, oder versteckt es sich sieben unlogisch verknüpfte Klicks entfernt irgendwo in einem Reiter oder Dropdown-Menü unter *Format → AutoFormat* oder unter *Format → Formatvorlage*?"

Prezi geht auch, was die Bedienung angeht, völlig neue Wege. Das wird Sie die ersten zehn Minuten ein wenig aus der Bahn werfen – schlicht und einfach, weil man sich an die ganzen Menüs und Leisten der Microsoft-Programme schon sehr gewöhnt hat.

Extrem schnell werden Sie das Programm kennen – zwar noch nicht können ... aber dabei, also das Programm „könnenzulernen", wollen wir Sie ja in diesem Buch unterstützen. Blättern Sie weiter, und erfahren Sie, welche kleinen Hebel in Ihrer Denke Sie umlegen müssen, um Prezi „artgerecht" nutzen zu können. Denn wie schon gesagt, um das „Um-denken" werden Sie nicht herum kommen!

KAPITEL 2 | Erste Schritte

In diesem Kapitel nehmen wir die grundsätzliche Herangehensweise an die Arbeit mit Prezi in den Blick. Sie sollten sie sich ansehen, *bevor* Sie sich auf Ihre erste Präsentation mit Prezi stürzen. Glauben Sie uns, mit den folgenden Ausführungen im Kopf erreichen Sie beim „Prezeln" schneller den gewünschten Erfolg!

In einem ersten Schritt sollten Sie sich unbedingt Gedanken über den Sinn und Zweck Ihrer Präsentation machen und ein Konzept dafür entwickeln, damit die Präsentation diesen Sinn und Zweck erfüllt. Wir nennen diese vorbereitende Phase „Story Storming", weil wir denken, dass es der Anspruch eines jeden Präsentators sein sollte, eine mitreißende, spannende „Story" zu erzählen, anstatt Bullet Points aufzuzählen.

Der nächste Schritt der Arbeit mit Prezi gleicht eigentlich eher der Arbeit an einer Grafiksoftware. Sie verteilen Ihre Inhalte auf Ebenen, Formen, Textelemente und vieles mehr. Und all das bewegen, platzieren und richten Sie auf einer einzigen Oberfläche aus – nicht auf mehreren Seiten oder Folien wie gewohnt.

Der nächste Schritt versetzt Sie dann in die Rolle eines Kameramanns: Sie wählen aus den theoretisch vorhandenen Zooms und Kamerafahrten über Ihre Oberfläche diejenigen aus, die Sie im Sinne der Story für zielführend halten.

Allerdings müssen Sie weder ein kreatives Ausnahmetalent noch ein Grafikprofi noch ein grandioser Regisseur oder Filmproduzent sein, um mit Prezi schnell Spaß und Erfolgserlebnisse zu haben.

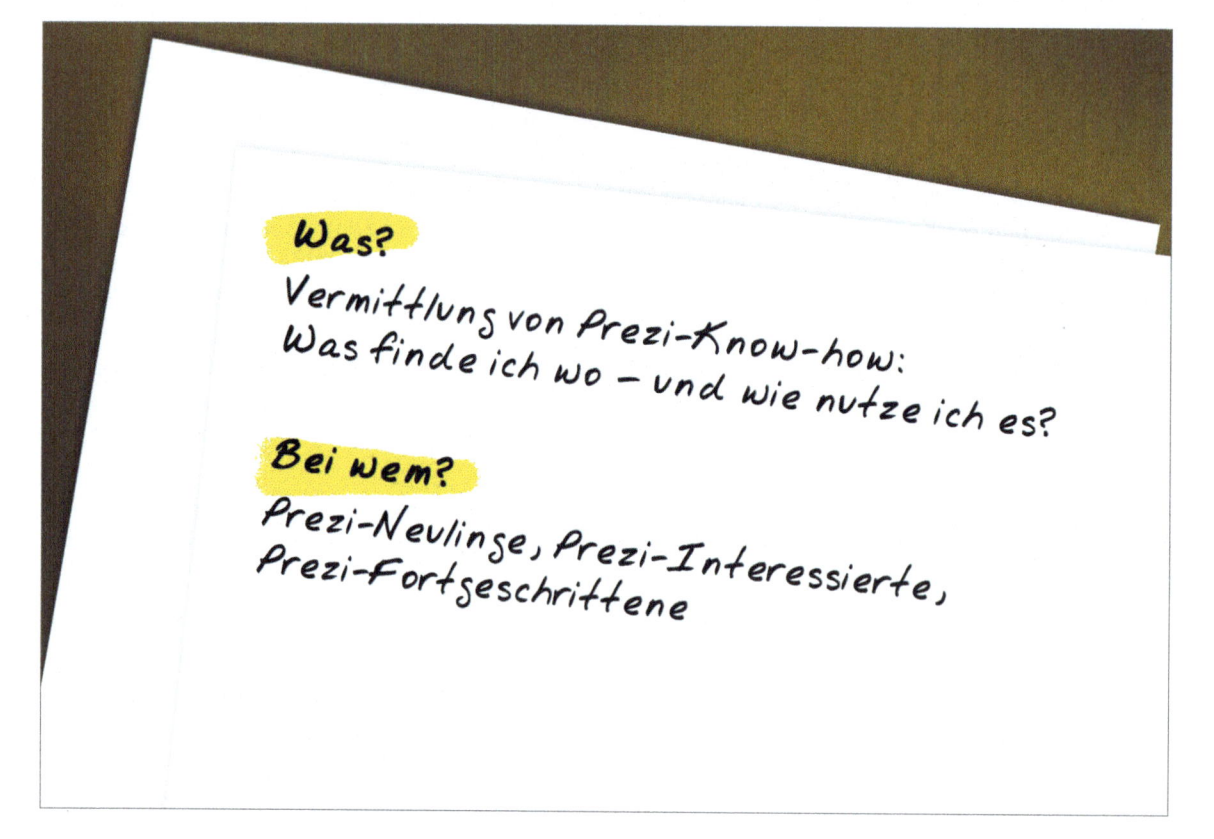

Was?

Vermittlung von Prezi-Know-how:
Was finde ich wo — und wie nutze ich es?

Bei wem?

Prezi-Neulinge, Prezi-Interessierte,
Prezi-Fortgeschrittene

Auch unser Buch basiert auf dieser Checkliste. Sie lässt sich also auch außerhalb von Prezi einsetzen.

Die ultimative Checkliste #1

Ganz gleich, zu welcher Präsentationshilfe Sie letztendlich greifen – ob zu Prezi, PowerPoint, Overhead-Projektor oder Ausdruckstanz: Zuerst sollten Sie sich selbst eine einzige wichtige Frage komplett beantworten können:

Was soll **bei wem** in **welchem zeitlichen Rahmen mit welchen Mitteln** erreicht werden?

Dabei ist es egal, ob Sie eine Präsentation aus Eigeninitiative entwickeln wollen oder ob Ihnen der nicht wirklich differenzierte Auftrag gegeben wurde: „Hübschen Sie mir mal bitte eben die Folien auf!" Diese Voraussetzungen müssen immer geklärt sein, bevor Sie Ihr Werkzeug nutzen!

☑ **Was:** Die meisten Präsentatoren kennen ihr Thema, doch die wenigsten können es. Um die Präsentation zielgerichtet konzipieren und gestalten zu können, sollten Sie Ihr Thema in einigen wenigen Worten formulieren können. Außerdem hilft es, sich im Klaren darüber zu sein, welchen Appell Sie zusätzlich vermitteln wollen. Appelle könnten z. B. sein: „Kaufen Sie das präsentierte Produkt", „Beachten Sie die hier präsentierten Thesen bei der Vorbereitung Ihrer Abschlussklausur" oder „Erinnern Sie sich an mich als Experten zum Thema X".

Tipp

Sehr hilfreich ist die Tweet-Methode: Versuchen Sie, Ihr gesamtes Thema inklusive Appell in einer Twitter-Nachricht (max. 140 Zeichen) festzuhalten – ohne diese Nachricht an jemanden abzusenden, versteht sich. In Präsentationsform wird die Nachricht wirkungsvoller rüberkommen!

☑ **Bei wem:** Wer sind meine Zuschauer, und wie sind die „so drauf"? Sie brauchen kein Soziologe zu sein, um diese Frage zu beantworten. Reflektieren Sie nur gründlich, wen Sie ansprechen wollen und was das eigentlich für Menschen sind. Aus diesen Überlegungen leitet sich vieles ab: Verwende ich zotige Metaphern? Verzichte ich möglichst auf Effekte? Muss ich in meiner Präsentation alle Details aufführen (können)?

In welchem zeitlichen Rahmen?

Ca. 270 Seiten ;-)

Mit welchen Mitteln?

Screenshots + Anleitung + Tipps + Tricks + Online-Boni

=> Buch

Die ultimative Checkliste #2

☑ **Zeitlicher Rahmen:** Wie lange habe ich Zeit bis zur Präsentation? Wie lange dauert die eigentliche Präsentation?

☑ **Welche Mittel:** Ist ein Beamer/TV vorhanden? Sind alle nötigen Kabel/Adapter vorhanden? Gibt es einen Plan B? Kann ich zusätzliche Notizen an einer Tafel oder auf einem Flipchart vornehmen? Gibt es einen Internetanschluss? Ist Prezi vor Ort lauffähig?

Ganz Prezi-spezifisch sollten Sie vor der Arbeit außerdem noch auf folgende Details achten:

☑ Gestaltungsrichtlinien: Gelingt es mir innerhalb der gegebenen Zeit, die Corporate Identity oder die Design-Vorgaben meines Auftraggebers oder der Institution, der ich angehöre, umzusetzen? Liegen die relevanten Grafiken in Prezi-kompatiblem Dateiformat vor? Sind die Bilder im Fundus hochauflösend genug?

☑ Datensicherheit: Dürfen die zu präsentierenden Details der Öffentlichkeit auf den Prezi-Servern zugänglich gemacht werden? Wenn nicht, sollten Sie auf die Enjoy- oder Pro-Lizenz zurückgreifen (siehe Seite 45)!

Und zu guter Letzt:

☑ Bin ich kurzfristig bereit, mich auf eine völlig neue Software mit intuitivem, aber völlig neuartigem Workflow einzulassen?

☑ Bin ich mittelfristig bereit, eigene Workarounds um Prezis kleine Ungereimtheiten zu entwickeln?

☑ Bin ich langfristig bereit, häufiger die Frage nach dem Programm zu beantworten, mit dem ich die „Wahnsinnspräsentation" gemacht habe?

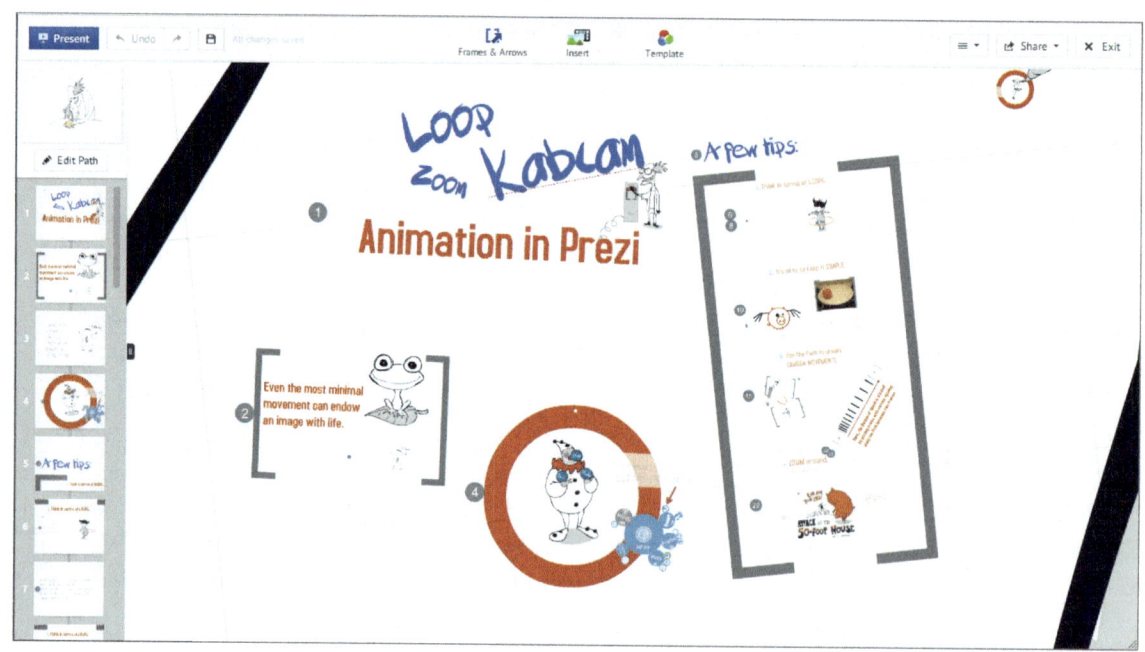

So sieht Prezi im Bearbeitungsmodus aus. Die kleinen Kreisziffern und die Vorschaubilder in der linken Leiste zeigen die Reihenfolge, in der die Inhalte im Präsentationsmodus zu sehen sein werden.

Umdenken? Neu denken!

Prezi bietet Ihnen eine fast unendlich große Fläche, die Sie im ersten Schritt mit Inhalten befüllen. Erst dann kümmern Sie sich um die richtige Abfolge, die perfekte „Kamerafahrt" über die Inhalte, die spannende Dramaturgie Ihrer Präsentation.

Wie nützlich werden Ihnen bei diesen völlig neuen Voraussetzungen ihre bisherigen PowerPoint-Folien und Ihre Standardpräsentation sein? Keine Angst, Ihre Arbeit war keineswegs vergebens! Sie werden und sollten auf Ihre „alten Werke" – Ihre „Klassiker" – zurückgreifen. Dennoch sollten Sie, wenn Sie sich wirklich auf Prezi einlassen wollen, vorerst zu Ihrem bewährten Folienschatz etwas Abstand gewinnen. Zu schnell fallen Sie sonst direkt wieder ins alte Folien-Muster zurück und präsentieren linear und altbacken.

Das volle Potenzial werden Sie Prezi nur entlocken können, wenn Sie in zwei Hinsichten den Mut zur *Tabula rasa*, zur leeren Tafel haben:

1. Wie eben schon gesagt: Weg mit den PowerPoint-Folien!
2. Noch wichtiger: Haben Sie den Mut, Ihr Thema, Ihre Idee oder das Produkt, das Sie präsentieren wollen, von Grund auf neu zu denken!

Mit der Motivation und der Fähigkeit, Dinge neu zu denken, steht und fällt Ihre Prezi-Präsentation. Die Motivation ergibt sich aus dem simplen und spielerischen Workflow bei Prezi. Unser Ziel ist es aber auch, Sie schon zum Umdenken und Neudenken zu motivieren, bevor Sie die Maus in die Hand nehmen. Deshalb stellen wir Ihnen im Folgenden und in Kapitel 8 Kreativitätstechniken vor, die es bis jetzt noch jedem ermöglicht haben, mit Freude das eigene kreative Potenzial zu nutzen!

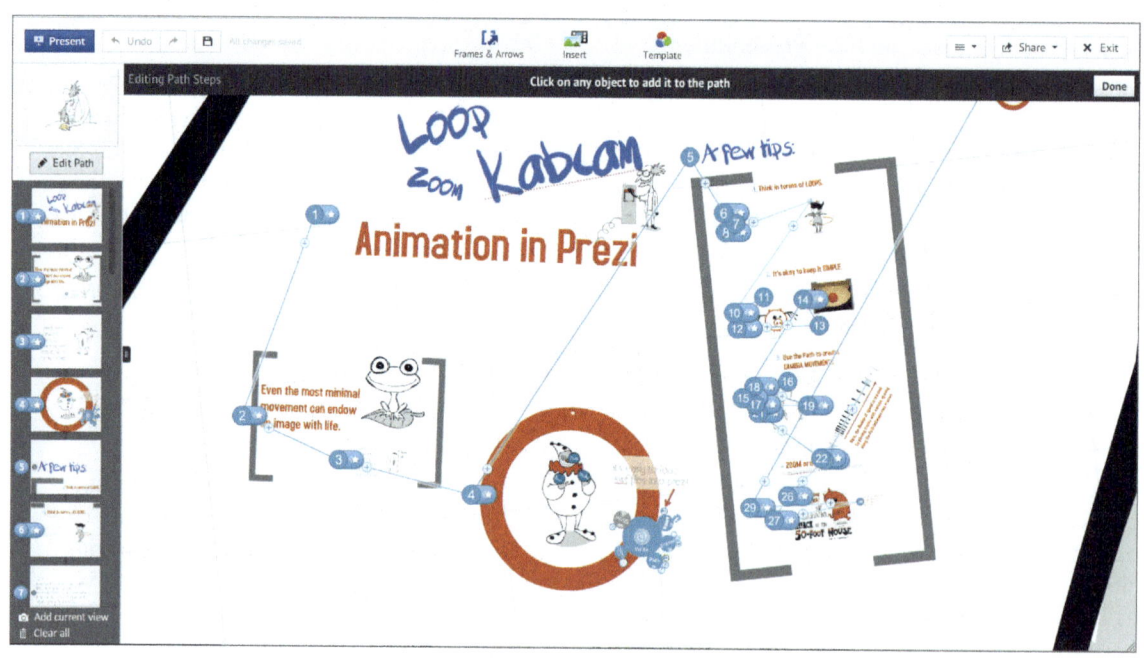

Der „rote Faden" in Prezi ist hellblau. Wenn Sie links auf „Edit Path" klicken, zeigt diese blaue Linie an, in welcher Reihenfolge die Inhalte im Vorführmodus abgespielt werden.

Wenn es anders kommt als geplant

Bei PowerPoint entwerfen Sie die Ordnung und die Dramaturgie in einem Zug und ändern automatisch das Andere, wenn Sie an Einem herumschrauben. Finden Sie die Präsentationssituation am Tag X nicht haargenau so vor wie geplant, sind Sie aufgeschmissen. Horrorszenarien wie das folgende sind nicht nur möglich, sondern sogar häufig. Statt der 30 Minuten, die Ihnen ursprünglich für die Präsentation eingeräumt wurden, stehen nur noch 15 zur Verfügung. Sie haben mehrere Optionen:

1. Sie verzichten auf Ihre Einführung und Ihren Schluss und präsentieren nur den Hauptteil. Sie steigen mit Folie 12 von 40 ein und präsentieren bis zu Folie 25 (ab der die Schlussfolgerungen behandelt worden wären). Folge: Es gelingt Ihnen nicht, alle Zuschauer auf den gleichen Stand zu bringen, weil die Einführung fehlt. Außerdem schaffen Sie es nicht, Ihre Zuschauer durch die Anknüpfungspunkte am Ende nachhaltig für die Allgegenwärtigkeit Ihres Themas zu begeistern.

2. Sie klicken wie ein Wahnsinniger durch die unnötigen Folien, sobald Sie eine wirklich wichtige Folie behandelt haben und zur nächsten wichtigen überleiten wollen. Folge: Ihre Präsentation wirkt zappelig und wird von den Zuschauern als inkonsistent oder sogar lückenhaft wahrgenommen.

3. Sie verlassen immer dann den Präsentationsmodus, wenn Sie Folien überspringen wollen, suchen die Folie in der Bearbeitungsansicht von PowerPoint, rufen wieder die Präsentationsansicht auf und gehen bei jedem dieser Schritte aufs Neue das Risiko ein, statt „Präsentation ab aktueller Folie starten" auf „Präsentation von Anfang an" zu klicken. Folge: Im schlimmsten Fall hinterlassen Sie einen inkompetenten Eindruck. Im besten Fall haben Sie die Leute wenigstens zum Lachen gebracht.

4. Sie klicken sich doppelt so schnell von Folie zu Folie wie gedacht. Dazu sprechen Sie doppelt so schnell wie eigentlich geplant. Folge: Sie hinterlassen bei Ihren Zuschauern den akustischen Eindruck eines Nagetiers aus einem Disney-Film.

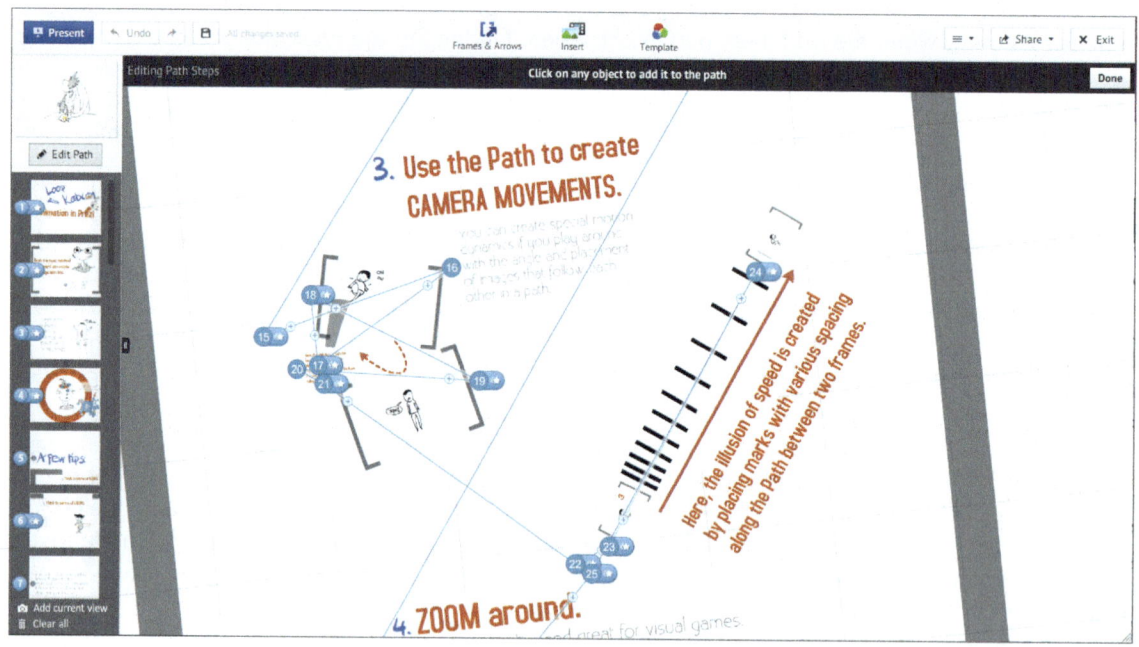

Bei dieser Prezi sind die Themengebiete auf der Oberfläche so angeordnet, dass sie einfach wiederzufinden sind. Wird die Zeit knapp, klickt man sich einfach „vor", im Beispiel zur Pfad-Ziffer 15, um von dort aus Thema 3, „Use the Path to create CAMERA MOVEMENTS", zu präsentieren.

Mit Prezi bleiben Sie flexibel

Mit Prezi ist es ein Leichtes, auf solche Planänderungen zu reagieren, denn Sie können jederzeit die Dramaturgie Ihres Vortrags inklusive der Anordnung der Inhalte ändern. Dabei hilft Ihnen der sogenannte **Path**.

Diesen Pfad legen Sie ganz geschmeidig über die Elemente Ihrer Präsentation und gestalten so die Reihenfolge, in der die Inhalte präsentiert werden sollen. Diese Reihenfolge können Sie jederzeit beliebig abändern und an neue Präsentationssituationen oder Themenverschiebungen anpassen.

Das Horrorszenario (vgl. vorige Seite), dass Ihnen plötzlich mitgeteilt wird, Sie hätten statt der geplanten 30 Minuten nur 15 Minuten, lässt Ihnen allerdings keine Zeit, Ihren Pfad „noch mal so eben" anzupassen. Was tun im Ernstfall? Probieren Sie es aus. Suchen Sie sich eine x-beliebige Prezi auf *www.prezi.com/explore/* aus, und starten Sie sie. In unserem Beispiel verwenden wir *www.prezi.com/ufnrer-swszq/typography/* (Autor: Travis Hitchcock, Praktikant bei Prezi).

Anhand der ausgewählten, fremden Prezi können Sie überprüfen, inwiefern Sie mit ihr für das genannte Horrorszenario gewappnet wären: Klicken Sie einfach auf den „Home"-Button (das Haus-Symbol), der erscheint, wenn Sie den Mauszeiger am rechten Rand über die Prezi bewegen – und schon sehen Sie die Übersicht über die gesamte Präsentationsoberfläche. Sie können jetzt mit Mausklicks oder indem Sie mit dem Mausrad zoomen oder die ⬆- und die ⬇-Taste drücken frei auf die Objekte auf der Präsentationsoberfläche zoomen.

Sie könnten den Horrorszenario-Ernstfall sogar ausnutzen, um Ihre technische Kompetenz zur Schau zu stellen. Ganz locker zeigen Sie Ihren Zuschauern per „Home"-Button, was Sie alles dabei haben, und lassen sie vielleicht sogar entscheiden, welchen Teil Ihrer Präsentation Sie vorführen sollen. Ist das gewünschte Thema ausgewählt, klicken Sie einfach auf eben diesen Themenbereich, und Prezi lässt Sie automatisch am entsprechenden Pfadpunkt einsteigen und wie ursprünglich geplant von dort aus Ihren Weg fortsetzen.

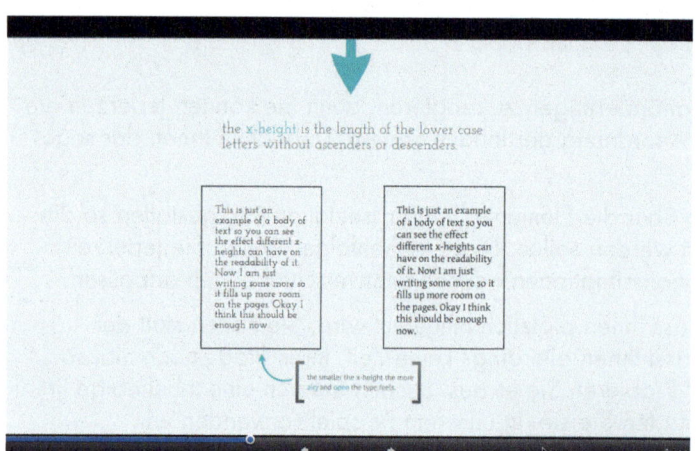

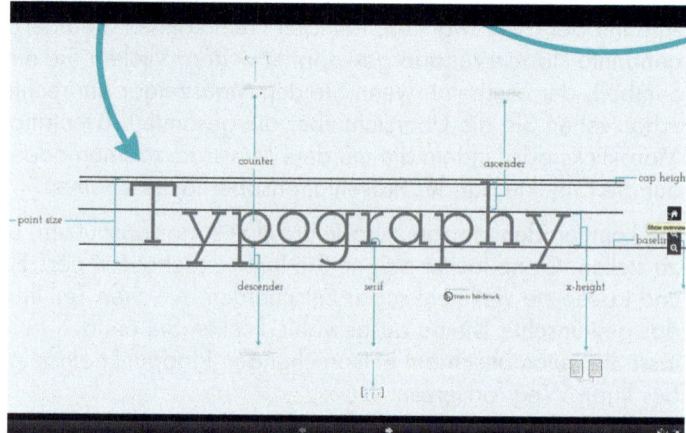

Die Prezi auf die Schnelle umgestalten

Wie Sie sehen, unterstützt Sie die hier als Beispiel verwendete Prezi zum Thema Typografie sehr gut, wenn es darum geht, schnell umzudisponieren und den Vortrag abzukürzen. Auch ohne die Präsentation im Vorhinein auswendig lernen zu müssen, ja sogar als Unbeteiligter, der die Prezi zum ersten Mal zu Gesicht bekommt, wird einem die Story und die Anordnung direkt klar. Dies ist verschiedenen Navigationselementen bzw. strukturierenden Elementen von Prezi zu verdanken.

Die **Linien** leiten, auch ohne dass wirklich die Pfade ersichtlich wären, eindrücklich von Thema zu Thema oder These zu These.

Kaum wird der **Schriftzug** „Typography" – per Kamerafahrt wirkungsvoll in Szene gesetzt – bildschirmfüllend gezeigt, erkennt man die Struktur. Zu jedem Detail des Schriftzugs gibt es per **Legende** nähere Details und Erklärungen. Separate Bereiche stechen deutlich abgegrenzt hervor und können durch einen simplen Klick in den Vordergrund gerückt werden.

Wenn Sie beispielsweise auf die Legende zum Buchstaben „y" klicken, zoomen Sie auf die dazugehörige Fachvokabel „x-height". Sie sind jetzt auf dem Pfad der Präsentation und gelangen bei einem Klick auf den Nach-rechts-Button zur „nächsten Folie" mit näheren Details zu der x-Höhe.

Beeindruckend, oder? Mit dieser Prezi-Präsentation können Sie eine ursprünglich auf 45 Minuten angesetzte Präsentation auch in 5 Minuten wirkungsvoll in Szene setzen – und beweisen nebenbei Ihre Methodenkompetenz. Sie behandeln ganz einfach die wichtigen Themen und gehen nur bei den wesentlichen Kernthemen ins Detail.

Wie Sie gemerkt haben, funktioniert diese Präsentation sogar ohne menschlichen Präsentator tadellos. Nicht jede Prezi-Präsentation braucht also zwingend einen Präsentator. Prezis lassen sich auch grandios als Bestandteil von Webseiten oder E-Learning-Plattformen einsetzen.

KAPITEL 3 | Die erste Prezi

Jetzt aber rein ins Vergnügen! Auf den folgenden Seiten erfahren Sie, wie sich die Welt von Prezi Ihnen öffnet, was welches Zusatzfeature kostet und ob Sie es auch wirklich brauchen. Vorab: „So viel Spaß für wenig Geld" bekommen Sie bei nur wenigen anderen Anwendungen.

Außerdem erstellen Sie Ihre erste Prezi, versehen sie mit einem Path und werfen erste Blicke auf das innovative und einfache Bedienkonzept von Prezi. Freuen Sie sich auf die einfache Benutzeroberfläche und natürlich auf das Transformation Tool!

Einige Worte noch in eigener Sache. Für die allererste Erstellung einer Beispiel-Prezi verzichten wir auf ein ausführliches Story Storming (siehe dazu Kapitel 8). Was bei wem über welchen Zeitraum mit welchen Mitteln erreicht werden soll, beantworten wir ausnahmsweise hier auf die Schnelle: Sie sollen innerhalb kürzester Lese- und Schaffenszeit mit Prezi vertraut sein – und das direkt am Medium Prezi!

Choose your Prezi license

Public Sign up now ›

$0 /month
Sign up ›

Free, no surprises

🔒 **PUBLIC pesentations**
All your prezis will be public

🖥 **Core features**
Edit and share prezis

100MB **100MB storage space**
Enough for a few prezis

Enjoy Start 30 day trial ›

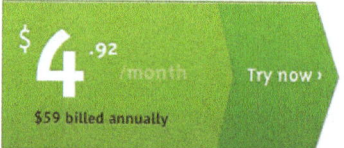

$4.92 /month
Try now ›

$59 billed annually

🔒 **PRIVATE presentations**
Choose who to share with

TM **Use your own logo**
Get rid of the Prezi logo

💬 **Premium support**
Answers in less than a day

500MB **500MB storage space**
Lots of prezis

Pro Start 30 day trial ›

$13.25 /month
Try now ›

$159 billed annually

🖥 **WORK OFFLINE securely**
Use Prezi Desktop

🔒 **PRIVATE presentations**
Choose who to share with

TM **Use your own logo**
Get rid of the Prezi logo

💬 **Premium support**
Answers in less than a day

2GB **2GB storage space**
Lots of prezis

 Student & Teacher licenses ›

 Multiple licenses ›

Prezi umsonst nutzen

30 Tage lang brauchen Sie sich keine Gedanken über Gebühren für die Prezi-Nutzung zu machen. Denn genau so lange dürfen Sie die Pro-Version inklusive aller Vorzüge, ganz besonders Prezi DESK-TOP, nutzen. Spätestens dann sollten Sie sich Gedanken machen, welche Version Ihren speziellen Vorstellungen entspricht. Die nebenstehende vereinfachte Darstellung finden Sie, gegebenenfalls aktueller, auf *www.prezi.com/pricing*.

Prezi Public (umsonst!): Der Prezi Public-Nutzer stellt seine Prezi-Kreationen grundsätzlich der Weltöffentlichkeit vor. Sobald Sie eine Prezi erstellen und zu bearbeiten beginnen, ist sie theoretisch unter *www.prezi.com/explore* öffentlich zugänglich. Daher ist die Public-Lizenz eher ungeeignet für diejenigen Nutzer, die die Verbreitung ihres geistigen Eigentums grob unter Kontrolle haben wollen. Für Schüler oder Studenten, für die die Edu-Lizenz keine Option ist, reicht die Public-Lizenz vollkommen aus. Für Dozenten ist das Modell schon weniger geeignet, und auch in der freien Wirtschaft finden sich wenige professionelle Anwender, die sich mit der Public-Lizenz zufriedengeben. Das liegt auch daran, dass das Prezi-Logo unten links auf dem Präsentationsbildschirm weder entfernt noch gegen das eigene Unternehmenslogo ausgetauscht werden kann.

Von der Lektüre und Nutzung dieses Buchs sind die Public-User natürlich nicht ausgeschlossen – sobald wir auf die wenigen Features eingehen, die den Public-Nutzern nicht zugänglich sind, weisen wir darauf hin!

Tipp

Prezi Edu: Für Uni-Angehörige mit einer *.edu*-E-Mail-Adresse ist die Enjoy-Version gratis, die Pro-Version im Jahrespreis von 159 USD auf 59 USD reduziert. Prezi erkennt mittlerweile aber auch manche Uni-E-Mail-Adressen ohne *.edu*-Endung. Probieren, wenn Sie studieren!

Ein eigenes Logo können Sie nur als zahlender Nutzer in Ihre Präsentationen einbinden.
Es erscheint während Ihrer gesamten Präsentation unten links wie ein Senderlogo im Fernsehen.

Die Prezi-Lizenzen Enjoy & Pro

Für 59 bzw. 159 USD jährlich erhalten Sie die Prezi-Version **Enjoy** bzw. **Pro** mit 500 MB bzw. 2 GB Speicherplatz in der Prezi-Cloud. Beide Versionen haben den großen Vorteil, dass Sie Ihre Prezis als „privat" ablegen können, ohne dass x-beliebige Nutzer auf sie zugreifen können. Nur diejenigen, denen Sie die jeweilige URL Ihrer Prezis zusenden, kommen in den Genuss Ihrer Präsentationen. Ein weiterer großer Vorteil – gerade in der freien Wirtschaft – ist, dass Sie das Prezi-Logo aus Ihren Präsentationen entfernen und auf Wunsch durch ein eigenes Logo ersetzen können.

Die Pro-Version unterscheidet sich von der Enjoy-Version nicht nur durch einen um 100 USD höheren Preis und die 1500 MB Speicherplatz in der Cloud, die Sie zusätzlich nutzen können. Der wichtigste Unterschied ist die Option, offline arbeiten zu können. Und diese Option bietet Ihnen mit dem Programm **Prezi Desktop** nur die Pro-Version. Das Programm Prezi Desktop hat mehr oder weniger den gleichen Funktionsumfang wie die Online-Version auf *www.prezi.com* – nur eben (auch) offline.

Die Pro-Version eignet sich also für diejenigen Nutzer, die zwischendurch auch einmal offline (zum Beispiel im Zug) an einer Präsentation feilen oder in letzter Minute vor der Vorlesung oder vor der Präsentation beim Kunden noch schnell Änderungen vornehmen müssen – klar, das sollte eigentlich nicht passieren. Aber *nobody's perfect*, und so ist die Pro-Version, gerade in solchen Momenten, in denen das eigene Leben schnell zu werden scheint, die sicherere Variante. Apropos **Sicherheit** – die Prezis in der Cloud auf den Servern von Prezi sind natürlich theoretisch sicher, solange Sie sie als „privat" markieren. Dennoch liegen sie natürlich auf einem Server außerhalb Ihres Einflussbereichs und könnten in einem Worst-Case-Szenario in fremde Hände fallen: ein definitiver Grund, warum sich Sicherheitsfanatiker für die Pro-Version entscheiden werden.

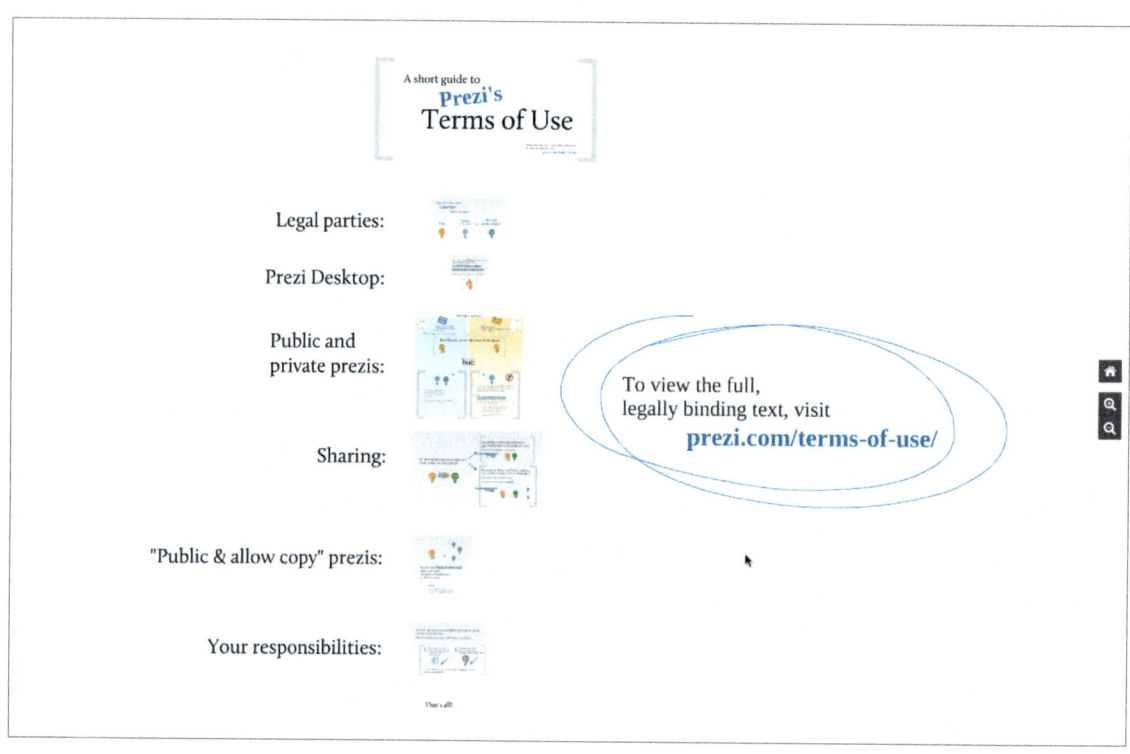

In 5 Minuten durch die Anmeldung

Ein Klick oben rechts auf die „Sign Up"-Schaltfläche auf *www.prezi.com* führt Sie zur Wahl Ihrer bevorzugten Lizenz. Alternativ können Sie sich mit einem Klick auf den „Facebook Sign Up"-Button auch mit Ihrem Facebook-Konto anmelden. Prezi übernimmt dann automatisch von dort Ihre Daten und Ihr Profilbild. Entscheiden Sie sich, wenn Sie vor die Wahl „Free", „Enjoy" oder „Pro" gestellt werden, vorerst für die Public-Lizenz, und klicken Sie auf „Start now". Sie gelangen nun zu dem minimalistischen Formular, das Ihren Schlüssel zur Prezi-Welt darstellt.

Um sich als Nutzer zu registrieren, können Sie theoretisch eine erfundene E-Mail-Adresse angeben, da Sie diese nicht verifizieren müssen. Allerdings bietet es sich an, eine echte E-Mail-Adresse anzugeben, auf deren Posteingang Sie Zugriff haben. Erstens bekommen Sie nur so Hilfestellung, sollten Sie jemals Ihr selbst festgelegtes Passwort vergessen. Und zweitens können wir Ihnen die Angst nehmen, dass Sie nach der Registrierung regelmäßig unerwünscht Post bekommen. Ganz im Gegenteil – Sie bekommen sehr selten Post, wenn aber, dann mit hocherfreulichem Inhalt: Meistens erhalten Sie Neuigkeiten über gleich zwei, drei neue Funktionen auf einmal, die eigentlich immer positive Auswirkungen auf Ihre Arbeit mit Prezi haben.

Tipp

Lesen Sie sich, bevor Sie das Häkchen bei „I understand that all my prezis will be published on prezi.com/explore and I agree to the Terms of Use" setzen, diese *Terms of Use* wirklich durch – oder besser, zoomen Sie sich durch! (Sie finden sie außerdem hier: *www.prezi.com/terms-of-use/*). Unter Punkt 4 finden Sie die Nutzungsbedingungen in Prezi-Form. Wir würden uns wünschen, der übliche Paragrafensalat würde öfter so dargestellt werden. Schön und einfach visualisiert, steht dem tatsächlichen Verstehen dessen, was man da mal eben mit einem Häkchen versieht, nichts mehr im Wege!

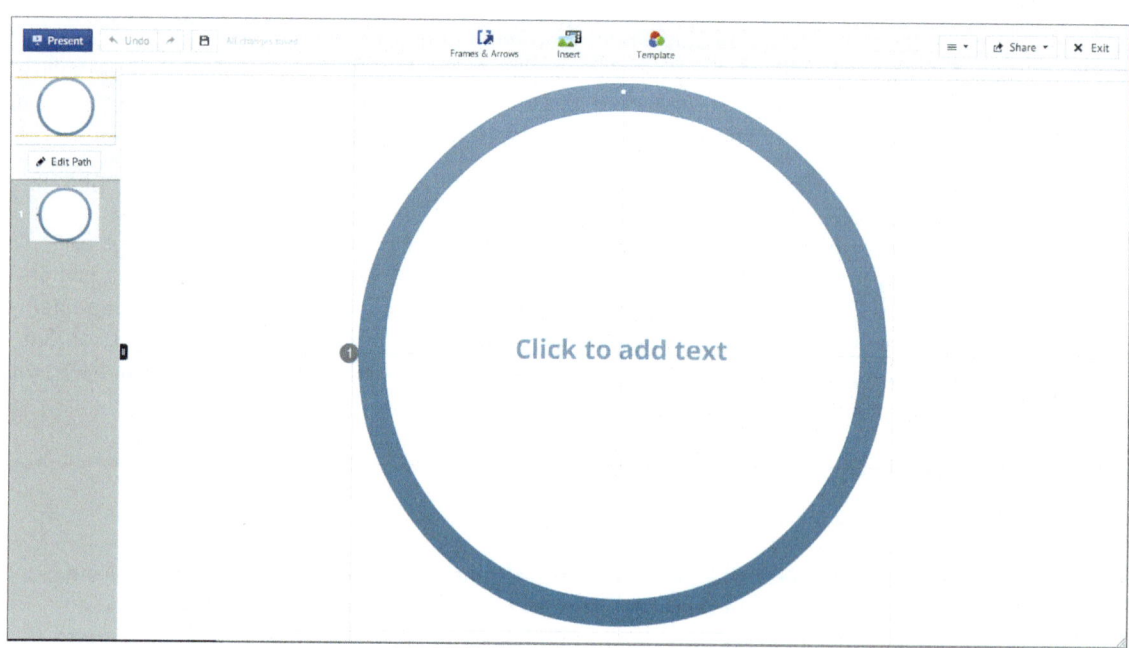

Eine Prezi anlegen

Sobald Sie sich angemeldet haben, werden Sie direkt in Ihre eigene Cloud geleitet: die Übersichtsseite über Ihre Prezis. Diese gestaltet sich noch übersichtlich, was sich aber schnell ändern soll. Also erstellen Sie Ihre erste Prezi mit einem Klick auf „New prezi".

Nach einem kurzen Ladevorgang werden Ihnen Designvorlagen vorgeschlagen, die von minimalistischen Strukturen bis hin zu grafisch aufwendigen 3D-Optionen reichen. (Genaueres dazu finden Sie auf Seite 183.) Wählen Sie zunächst die Option „Blank", und bestätigen Sie mit „Choose".

Sie sehen jetzt die Arbeitsoberfläche, mit der Sie es im Bearbeitungsmodus zu tun haben. Neben dem Disketten-Symbol oben links steht der unauffällige Hinweis „All changes saved". Willkommen in der Cloud! Sämtliche Änderungen, die Sie an Ihren Präsentationen vornehmen, werden automatisch ständig zwischengespeichert – zumindest solange Sie über eine Internetverbindung verfügen. Trotzdem schadet ein Klick auf den „Speichern"-Button ab und an natürlich nicht – insbesondere vor dem Import großer Dateien.

Die Tatsache, dass Ihre Prezi ganz komfortabel automatisch zwischengespeichert wird, hat den Nebeneffekt, dass andere Prezi-Nutzer Ihre Prezi theoretisch ab jetzt unter „Explore" auf der Prezi-Homepage einsehen können. Peinlicherweise besteht Ihre Prezi bis jetzt nur aus den wenigen vorgegebenen Elementen – legen wir also los!

Links oben sehen Sie eine Übersicht über Ihre gesamte Prezi-Oberfläche und direkt darunter den Ausschnitt Ihrer Prezi-Oberfläche, mit dem Sie die Präsentation nach dem jetzigen Stand beginnen würden.

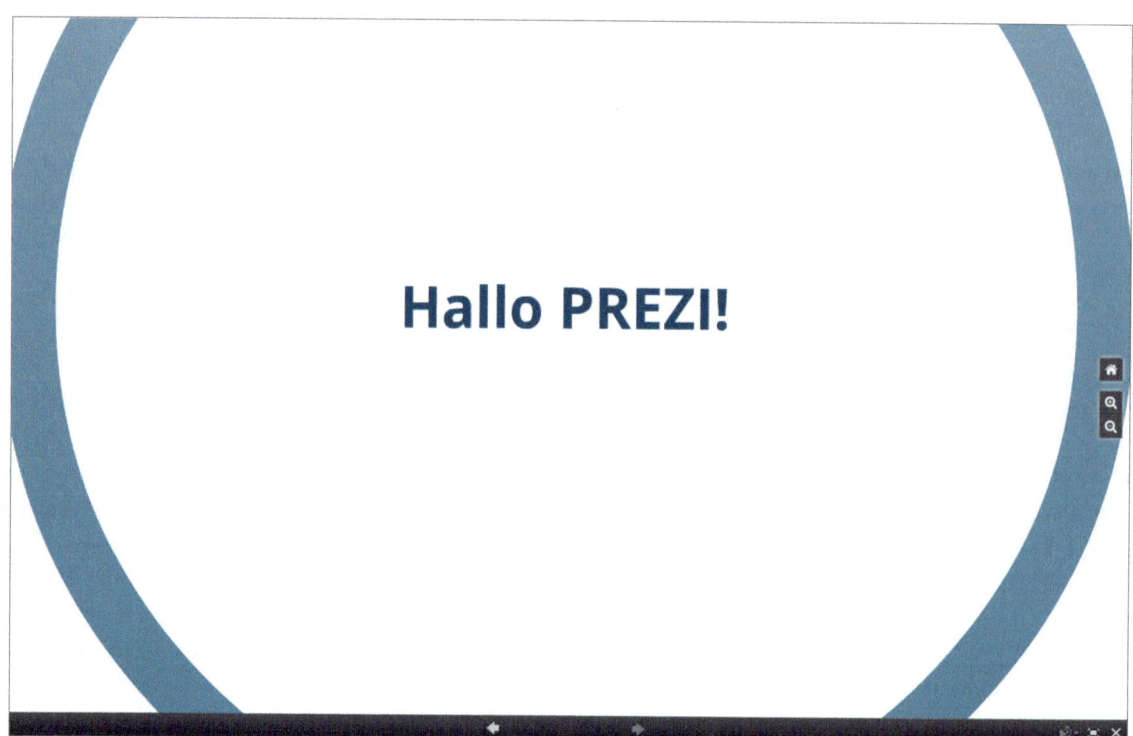

Die Prezi mit Texten versehen

Folgen Sie fürs Erste einfach den Anweisungen auf Ihrem Bildschirm: Klicken Sie auf „Click to add text" und definieren Sie Ihre Überschrift „Hallo Prezi!". Klicken Sie nun auf die freie, weiße Fläche. Fertig ist Ihr erstes selbst gestaltetes Textobjekt.

Jetzt wollen wir doch mal sehen, oder? Mit einem Klick auf den „Present"-Button oben links gelangen Sie in den noch simpleren Präsentationsmodus – den Modus, in dem Sie präsentieren.

Der „Home"-Button am rechten Rand bringt Sie jederzeit zur Übersicht zurück. Mit den „Zoom"-Buttons direkt darunter können Sie – wie auch mit dem Mausrad und den ↑- und ↓-Tasten – die Ansicht vergrößern oder verkleinern.

Die Pfeile in der unteren Leiste dienen dem Hin- und Herspringen zwischen den Pfadpunkten. Da bisher nur ein Pfadpunkt definiert ist, können Sie auch nur zu diesem zurückspringen.

Klicken Sie an eine beliebige Stelle auf die Oberfläche und ziehen Sie die Maus bei gedrückter Maustaste hin und her. So können Sie sich frei auf der Oberfläche bewegen – das funktioniert übrigens auch im Bearbeitungsmodus!

Einige weitere Details zum Präsentationsmodus erfahren Sie später (siehe Seite 127). Vorerst verlassen Sie bitte den Präsentationsmodus wieder, indem Sie entweder unten rechts auf das kleine X klicken oder die Esc-Taste drücken.

Frames & Arrows

Insert

Template

Das Hauptmenü und das Transformation Tool

Der Bearbeitungsmodus

Keine Angst – zu all dem, was wir an dieser Stelle andeuten, gibt es im weiteren Verlauf noch genauere Details. Allerdings wissen wir aus unseren Seminaren der Prezi Akademie, dass man gerade am Anfang den Drang verspürt, einfach mal „loszuprezeln" – ohne Sinn und Verstand. Intuitiv erarbeitet man sich so direkt die Ansätze des für Prezi typischen Workflow!

Der Rechtsklick kommt zunächst kaum zum Einsatz, der Linksklick dafür umso häufiger. Auf jede leere Fläche der Leinwand setzen Sie mit einem Linksklick ein Textobjekt. Mit der komfortablen und verständlichen Texteingabemaske können Sie den Text in seiner grundsätzlichen Gestaltung an Ihre Wünsche anpassen.

Ein Linksklick auf ein vorhandenes Objekt lässt das Herzstück der Prezi-Gestaltung erscheinen: **das Transformation Tool**. Alle grundsätzlichen Änderungen, die Sie an Texten, Bildern und allen anderen Objekten bei Prezi durchführen können, finden sich übersichtlich auf diesem simplen Werkzeug:

- Objekte bewegen (Drag-and-Drop auf die Hand in der Mitte),
- Objekte vergrößern und verkleinern (Klick auf das Plus- und das Minus-Symbol ober- bzw. unterhalb der Hand; oder Drag-and-Drop an den äußeren Ecken) und
- Objekte drehen (Drag-and-Drop an den „Wurmfortsätzen", die eingeblendet werden, wenn Sie die Maus über eine der vier Ecken des blauen Rahmens bewegen).

Ebenso wichtig ist das Hauptmenü ganz oben – mit sage und schreibe nur drei Buttons! Hier finden Sie sämtliche Gestaltungsmöglichkeiten, die das Transformation Tool nicht bietet.

Und das war's auch schon. Sie sind mit sämtlichen Grundfunktionen vertraut.

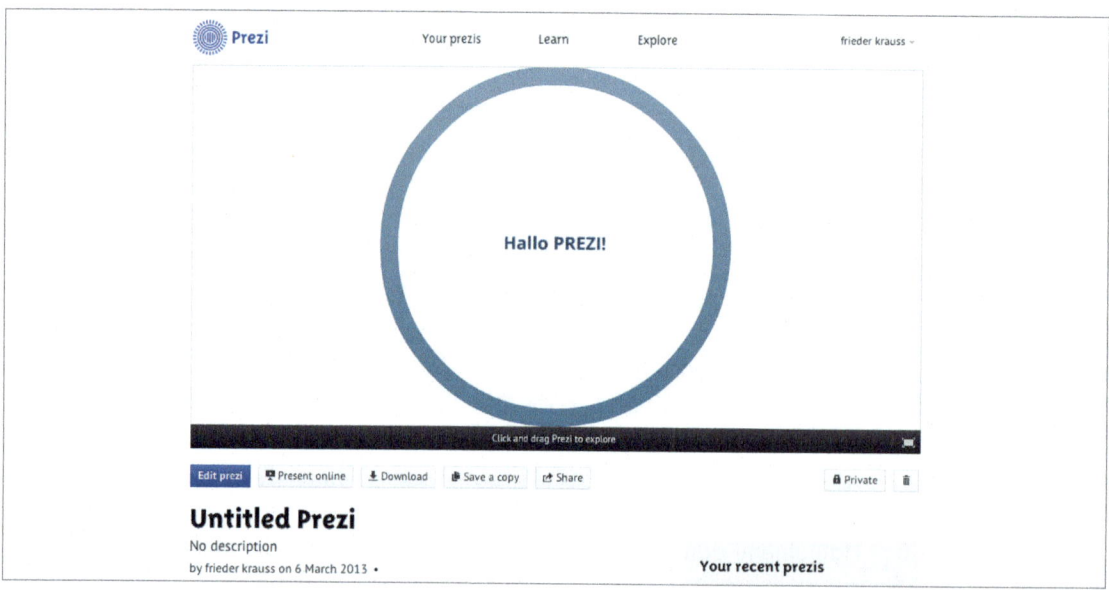

Ihre Prezi in der Cloud

Verlassen Sie den Bearbeitungsmodus, indem Sie auf den „Exit"-Button ganz oben rechts klicken, und Sie sehen, wie Ihre Prezi sich der Weltöffentlichkeit präsentiert. Die Prezi ist direkt in die Webseite eingebunden und lässt sich entweder durch Betätigung der „Nach vorne"- und „Nach hinten"-Buttons betätigen oder mithilfe all der anderen Möglichkeiten, die Sie bereits im Präsentationsmodus kennengelernt haben (siehe Seite 37 und 127).

Die sieben Buttons im Menü unterhalb des Rahmens, in dem Ihre Prezi abgespielt werden kann, bleiben Ihnen als Autor vorbehalten:

- **Edit prezi:** Bringt Sie zurück in den Bearbeitungsmodus, in dem Sie Ihre Prezi gestalterisch weiterentwickeln können.
- **Present online:** Macht Prezi zum Webinar-Tool. Sie präsentieren, und Ihre per Mail eingeladenen Zuschauer sehen Ihre Präsentation in Echtzeit.
- **Download:** Bereitet Ihnen eine mobile Prezi (präsentierbar ohne Prezi Desktop) oder eine *.pez*-Datei für die Bearbeitung und Präsentation in Prezi Desktop vor und stellt diese zum Download bereit.
- **Save a copy:** Dupliziert Ihre Prezi und legt eine exakte Kopie in Ihre Cloud, und zwar unter „Your Prezis".

Rechts neben dem hier beschriebenen Menü sehen Sie den „Share"-Button. Mithilfe der bereitgestellten Optionen lassen sich Prezis kinderleicht in Webseiten einbauen oder per Link an Freunde, Bekannte, Kollegen und Kunden versenden.

Ein Klick auf das Papierkorb-Symbol ganz rechts löscht Ihre Prezi. Gleich daneben finden Sie als zahlender Nutzer die Option, Ihre Prezi als „Private" zu markieren, d. h., vor der Öffentlichkeit zu verbergen.

Mithilfe des „Share"-Buttons können Sie Ihre Prezi mit anderen teilen – per E-Mail und über die sozialen Netzwerke. So weit ist Ihre Prezi noch nicht? Starten wir noch einmal: mit einer Vorlage!

Mit Vorlagen arbeiten

Die Auswahl der Vorlagen, die Sie präsentiert bekommen, wenn Sie eine neue Prezi erstellen, ist groß – aber endlich. Dem geschulten Auge eines Prezi-affinen Zuschauers Ihrer Präsentation wird es also nicht entgehen, wenn Sie eine Vorlage verwenden. Zum Glück gibt es aber (noch) nicht so viele geschulte Augenpaare, was Prezi angeht. Und Sie als Early Adopter des Programms dürfen deshalb zu Anfang selbstverständlich auf die Templates zurückgreifen.

Der Vorteil der Vorlagen ist eindeutig, dass Sie sich eine große Bandbreite Prezi-spezifischer Features zunutze machen. So wird grundsätzlich viel gezoomt und zwischen dem großen Ganzen und kleinen Details hin- und hergewechselt. So verhält es sich beispielsweise auch beim Template „The Journey". Innerhalb von 10 Minuten kommen Sie zu einer recht ansehnlichen Präsentation.

Tipp

Prezi verändert sich ständig, auch was die Sammlung der Templates, also der Designvorlagen, angeht. Ständig kommen neue hinzu und alte werden weggelassen. Lassen Sie sich nicht irritieren, falls Sie „The Journey" nicht mehr finden sollten – vom Grundprinzip her funktionieren alle Designvorlagen gleich!

Die vorgegebenen Grafiken in Fußstapfenform geben die Story vor. Bilder, Videos oder Textobjekte lassen sich ganz einfach einfügen, und in Kürze entsteht eine optisch ansprechende Präsentation mit Bildern und einem YouTube-Video. Auch der vorgegebene Pfad funktioniert meistens direkt perfekt.

Was will man also mehr?

Nun ja, eigentlich will man Prezi ja unter anderem deshalb nutzen, weil es einem mehr gestalterische Freiheit gibt – weil man seine Ideen nicht mehr so einengen muss wie in der PowerPoint'schen Folienwelt. Widerspricht dieser kreativen Freiheit nicht die Nutzung von Vorlagen?

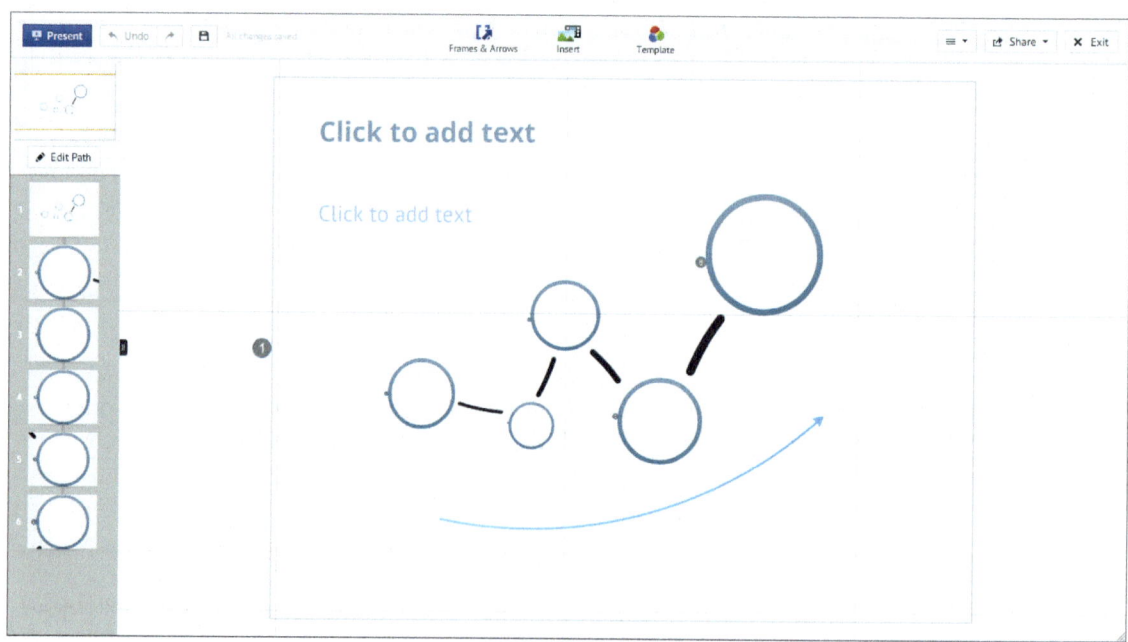

Vor- und Nachteile von Vorlagen

Die Vorlagen haben durchaus ihre Daseinsberechtigung, gerade in der Einarbeitungsphase. Sie sorgen für eine einheitliche Formsprache und eine eindeutig erkennbare Logik der Präsentation. Die Vorlagen bringen aber auch einige Nachteile mit sich.

Änderungen an der Farbgebung der Gesamtpräsentation führen häufig dazu, dass die Präsentation an vielen Stellen unübersichtlich wird. Textobjekte verschieben sich in Größe und Ausrichtung, und auch andere Objekte werden schwer sichtbar oder gar unsichtbar, weil die Farben nicht aufeinander abgestimmt sind.

Weiterhin sind die Vorlagen mittlerweile relativ bekannt, gerade weil sie für Anfänger so leicht zu anschaulichen Ergebnissen führen. Die Chancen, dass Sie Ihre Zuschauer mit einer Standard-Designvorlage vom Hocker reißen, sinken mit der zunehmenden Popularität des Programms.

Wann sollten Sie also auf die Vorlagen zurückgreifen?

- Wenn Sie sich und Prezi ausprobieren wollen – vielleicht inspiriert eine Vorlage Sie ja sogar zu einer eigenen Herangehensweise an Prezi?
- Wenn's schnell gehen muss – die Vorlagen lassen sich in der Regel innerhalb von 10 Minuten befüllen.
- Wenn Sie sich an 3D-Prezis herantrauen wollen (siehe auch Seite 183). Die Arbeit mit 3D-Prezis ist ohne entsprechende 3D-Vorlage momentan (noch) mit viel Trial-and-Error-Arbeit verbunden.

Probieren wir es im ersten Schritt mit der Vorlage „Phases of a Process"!

Tipp

Wie Sie Ihre eigene Standardvorlage bzw. einen „Masterfoliensatz" erstellen können, erfahren Sie auf Seite 87.

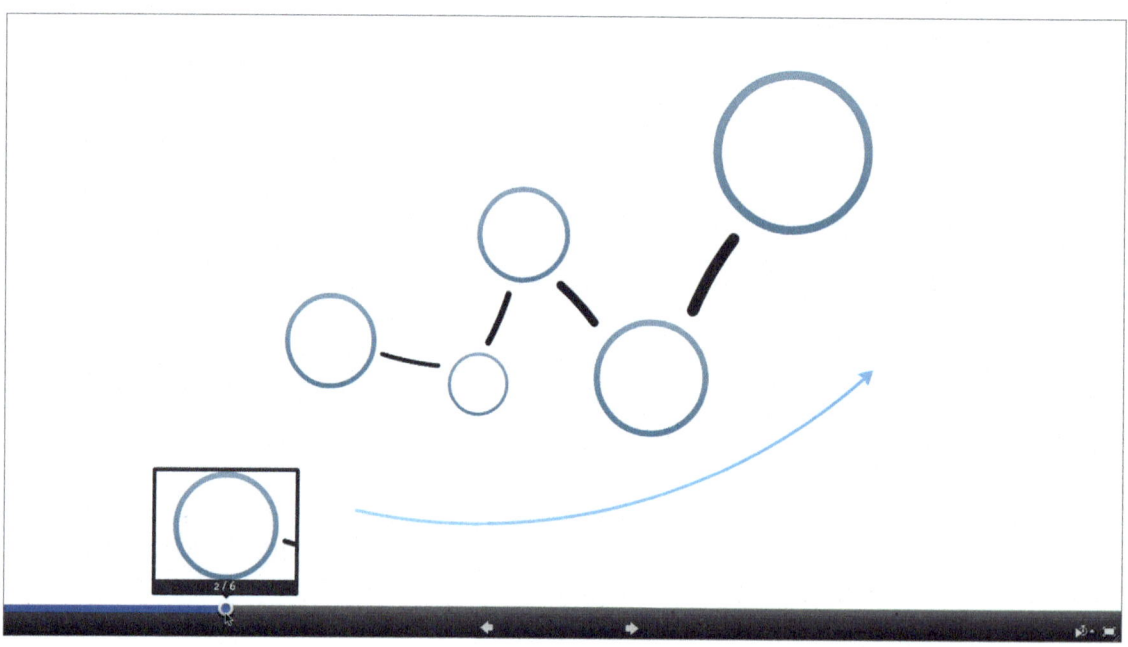

Die Dramaturgie der Vorlage

Wenn Sie eine Vorlage verwenden, kommen Sie in den Genuss des Komforts, dass auch die Dramaturgie der Prezi schon teilweise vorgegeben ist. Sehen Sie es sich im Präsentationsmodus an (ein Klick auf den „Present"-Button oben links bringt Sie dorthin). Klicken Sie sich mit den Pfeiltasten durch, und verlassen Sie den Präsentationsmodus wieder mithilfe der [Esc]-Taste oder durch einen Klick auf das kleine X unten rechts.

Die Vorlage gibt uns also – ohne dass wir etwas tun müssen – direkt eine Art Story vor. In diesem Fall beginnt die Präsentation mit einer Gesamtübersicht über einen Prozess und zeigt uns anschließend nacheinander fünf Stationen, nämlich die fünf Phasen eines Prozesses.

Der große Vorteil einer so simplen, aus wenigen Formen bestehenden Vorlage ist, dass Sie sie selbst ganz einfach anpassen können. So könnten Sie beispielsweise leicht neue Prozessphasen hinzufügen oder durch eine andere Anordnung ganz einfach einen Kreislauf aus dem Prozess machen.

Richten wir uns also ausnahmsweise zur Übung einmal nach der Vorlage, statt die Präsentation nach eigenen Vorstellungen frei zu gestalten. Im Folgenden entwickeln wir als Fingerübung eine Präsentation über die ersten Schritte des Prezi-Gestaltens. Passen Sie die Überschrift und den Untertitel direkt dementsprechend an – oder ändern Sie ihn so, dass er Ihren Wünschen entspricht.

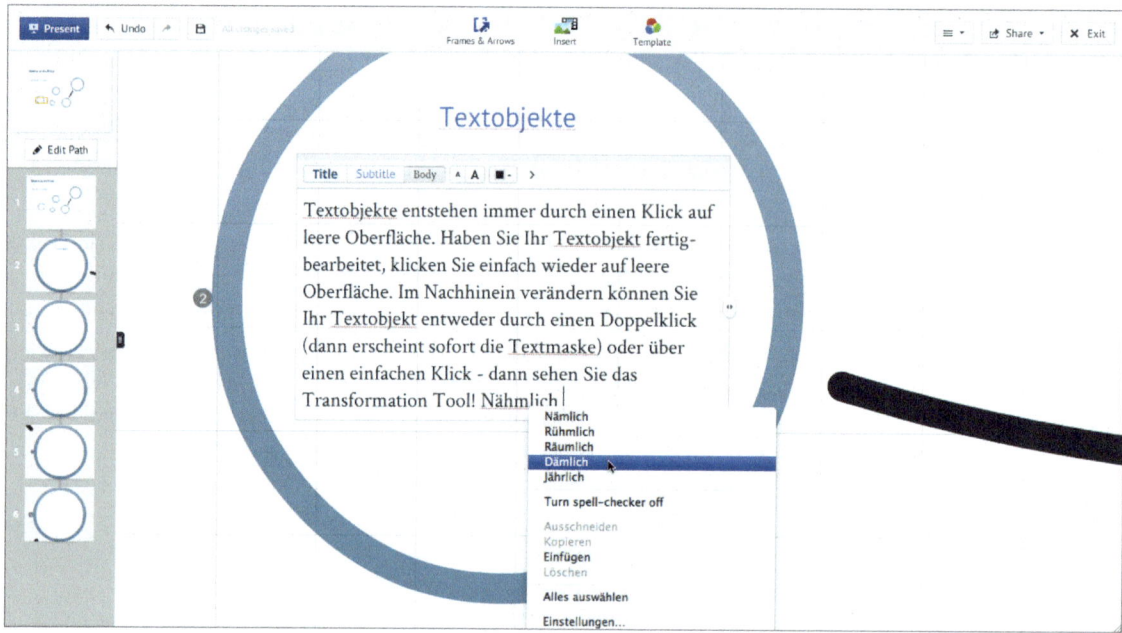

Texte in Prezi #1

Textobjekte haben in Prezi eine Sonderstellung. Jeder Klick mit der linken Maustaste auf die freie Ober-fläche aktiviert die Texteingabemaske, mit der Sie blitzschnell Text erstellen und Ihren Vorstellungen gemäß anpassen können.

Für jedes einzelne Textobjekt lässt sich die Farbgebung und die Ausrichtung des Textes (sogar Blocksatz) in dieser Maske bestimmen. Einzüge können frei gestaltet werden – auch Aufzählungen mit Stichpunkten sind möglich. Diese Einstellungen nehmen Sie mithilfe der Symbolleiste oberhalb des Textfelds vor. Mit dem Pfeil, den Sie auf dem Bild ganz rechts in der oberen Leiste sehen, können Sie die Leiste verkürzen und verlängern.

Tipp

Ein Linksklick auf einen der drei Textstile (Title, Subtitle und Body) hat immer zur Folge, dass sich der ganze Text verändert. Nehmen Sie also grundsätzlich immer zuerst diese Grundein-stellung vor. Danach können Sie auch einzelne Buchstaben oder Wörter markieren und ihnen über das Farbauswahl-Dropdown-Menü Farben zuweisen.

Wenn Sie neben das Textobjekt auf die freie Oberfläche klicken, schließt sich die Maske. Wenn Sie auf ein Textobjekt doppelklicken, ist sie wieder da.

Mit dem grauen Punkt unten rechts am Rahmen der Maske lässt sich der gesamte Text per Drag-and-Drop vergrößern und verkleinern.

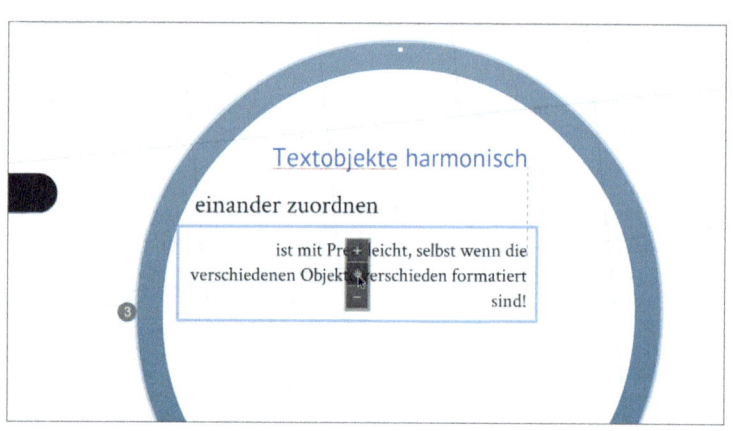

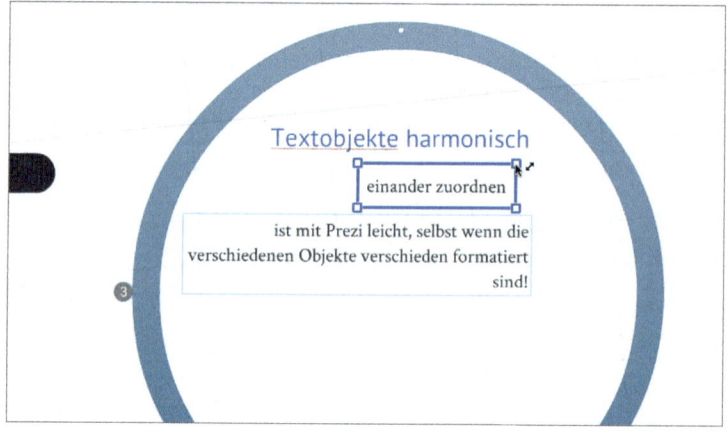

Texte in Prezi #2

Die Rechtschreibprüfung funktioniert, vorausgesetzt, Sie schreiben auf Englisch, Spanisch, Französisch, Deutsch oder Niederländisch. Sie aktiviert sich vollautomatisch, sobald Sie zehn Wörter in einer dieser Sprachen verfasst haben. Ein Rechtsklick auf ein rot gestrichelt unterstrichenes Wort lässt Sie aus den vorgeschlagenen Alternativen eines zur Verbesserung auswählen. Ausschalten können Sie die Rechtschreibprüfung so natürlich auch. Selbstverständlich sind die roten Unterstreichungen nur im Bearbeitungsmodus zu sehen.

Auch die sonstigen Grundlagen der Textverarbeitung funktionieren selbstverständlich in Prezi. Markieren Sie Textpassagen, schneiden Sie sie aus (⌨Strg+⌨x), oder kopieren Sie sie (⌨Strg+⌨c), und fügen Sie sie an anderer Stelle wieder ein (⌨Strg+⌨v). Natürlich lässt sich so auch Text von einem Textobjekt in ein anderes bringen. All diese Optionen erreichen Sie auch mit dem Rechtsklick auf Ihre markierte Textpassage.

Um einen Text, der in einer bestimmten Schriftart formatiert ist, mit einer Überschrift in einer anderen Schriftart zu versehen, müssen Sie zwei Textobjekte erstellen und den jeweiligen Texten die gewünschten Formatvorlagen zuordnen. Auch wenn Sie einen Text beispielsweise in zwei Spalten darstellen wollen, müssen Sie diese Idee von Hand mit den vorhandenen Mitteln umsetzen: Mit zwei Textobjekten nebeneinander.

Für die Ausrichtung verschiedener Textobjekte gibt es in Prezi diverse kleine Helfer. Erstellen Sie einfach ein paar Textobjekte, und verteilen Sie diese auf der Oberfläche.

Sobald Sie die Textobjekte verschieben, zeigen Ihnen dünne, hellblau gepunktete Ordnungslinien, ob sich die Objekte entweder zentriert übereinander befinden, ob sie den gleichen Einzug haben oder ob sie sich auf exakt gleicher Höhe befinden.

Wenn Sie die Textobjekte drehen oder ihre Größe verändern, hilft Ihnen Prezi bei der finalen Bestimmung der Größe oder des Neigungswinkels, indem es immer die anderen Objekte hellblau umrahmt anzeigt, die die gleiche Größe oder den gleichen Neigungswinkel haben.

Wie, Sie wissen nicht genau, wie man Objekte dreht oder verschiebt? Auf den nächsten Seiten lernen Sie das Transformation Tool kennen, die Allzweckwaffe bei der Prezi-Gestaltung!

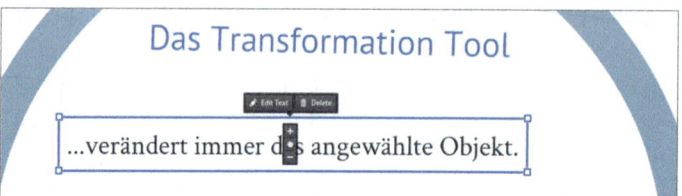

Wenn man ein Rahmen-Objekt anwählt, verändert das Transformation Tool den gesamten Rahmen-Inhalt direkt mit.

Das Transformation Tool zum Anpassen von bestehenden Objekten

Den überwiegenden Teil Ihrer Arbeit mit und an Prezi verbringen Sie mit dem Hauptmenü und dem Transformation Tool. Die beiden unterscheiden sich ganz eindeutig in ihren Zuständigkeitsbereichen.

Mit dem Transformation Tool können Sie bereits vorhandene Objekte auf der Arbeitsoberfläche verändern. Sie rufen es mit einem Klick auf das zu ändernde Objekt auf.

Tipp

Das **Transformation Tool** denkt mit – wenn Sie mit der linken Maustaste auf Objekte klicken, die wegen einer ungeschickt eingestellten Zoomstufe zu weit weg oder zu nahe an der „Kamera" erscheinen, können Sie es nicht aktivieren. Also einfach zoomen und noch einmal versuchen!

Das Transformation Tool funktioniert – bis auf eine kleine Ausnahme – immer gleich, egal, ob Sie ein Video, einen Pfeil oder ein Textobjekt verändern wollen. Der blaue Rahmen (Linksklick auf eine der vier Ecken + Mausbewegung) lässt Sie Objekte vergrößern und verkleinern. Über die Plus- und Minussymbole können Sie ebenfalls mit einem Linksklick für eine Vergrößerung oder Verkleinerung des Objekts sorgen. Zum Drehen eines Objekts bewegen Sie den Mauszeiger über einer der vier Ecken, dann klicken und ziehen Sie den nun erscheinenden blauen „Wurmfortsatz" an der Ecke. Die Drehung läuft grundsätzlich stufenlos ab, es sei denn, der Neigungswinkel des gedrehten Objekts gleicht sich dem Neigungswinkel eines Objekts in der Nähe an. Dann rastet die Drehung kurz ein: gut für Ihre Orientierung! Gleiches gilt übrigens auch für Größenänderungen.

Das Hand-Symbol in der Mitte (Linksklick + Mausbewegung) dient zum Verschieben des Objekts, ein Klick auf „Delete" löscht es. Der Bleistift ist die kleine Ausnahme: Je nach Objekttyp bietet er andere Funktionen, z. B. bei Texten versteckt sich dort die Textmaske.

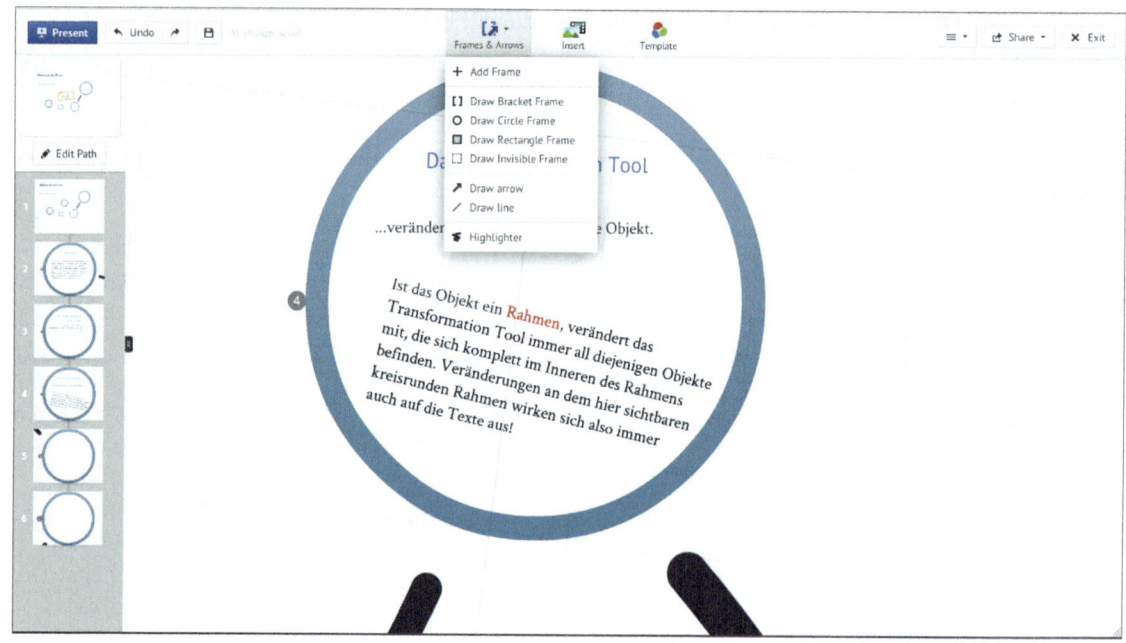

Ein Klick auf „Frames & Arrows" öffnet das entsprechende Dropdown-Menü. Klicken Sie im Menü dann beispielsweise auf „Draw Circle Frame", können Sie mit der Maus einen kreisförmigen Rahmen auf der Oberfläche aufziehen.

Das Hauptmenü

Das Hauptmenü verfügt über drei farbige Buttons. Hinter jedem von ihnen verbergen sich übersichtliche Untermenüs, die Ihnen Ihre Optionen eindrücklich zeigen.

Die Faustregel zur Unterscheidung der Funktionen im Transformation Tool und im Hauptmenü lautet: **Das Hauptmenü fügt Objekte hinzu, das Transformation Tool verändert bereits vorhandene Objekte.**

Unter „Frames & Arrows" finden Sie – die Spannung steigt – Rahmen und Pfeile. Außerdem steht Ihnen hier ein Textmarker oder Highlighter zur Verfügung, mit dem Sie beispielsweise importierte PDF-Dokumente farblich aufpeppen können.

Unter „Insert" können Sie Ihre Prezi mit diversen multimedialen Objekten füllen: Bilder, Cliparts, vorgefertigte Objektkombinationen (z. B. Flowcharts), Youtube-Videos, Musik- und Videodateien, PDF-Dokumente, Objekte aus Ihrem Fundus und PowerPoint-Folien.

„Template" beherbergt alle Einstellungsmöglichkeiten in Sachen Farben und Vorlagen. Es ist sogar möglich, die gesamte Vorlage im laufenden Betrieb zu ändern. Während die Anpassung einzelner Farben eigentlich immer reibungslos abläuft, gelingt es nur selten, eine ganze Prezi mit einer komplett anderen Vorlage auszustatten. Doch auch dazu später mehr.

Oben links finden Sie neben dem eigentlichem Hauptmenü den Button „Undo", mit dem Sie den letzten Schritt rückgängig machen können, und den Button „Redo" zum Wiederherstellen der Korrektur.

Oben rechts finden Sie noch einige Funktionen, wie z. B. die Druckfunktion oder die diversen Sharing-Möglichkeiten. Über einen Klick auf „Exit" verlassen Sie den Bearbeitungsmodus. Nun können Sie Ihre Präsentation auf der Prezi-Homepage bewundern.

Frames & Arrows
Insert
Template
Image...
Symbols & shapes...
Diagram...
YouTube video...
Add Background Music...
From file (PDF, video)...
From My Collection...
PowerPoint...

Insert Image
From Google Images
prezi
Search only for images licensed for commercial use
From your computer
Select files...

Present
Undo
Frames & Arrows
Insert
Template
Share
Exit
Edit Path
Bilder
Prezi
prezi
Insert

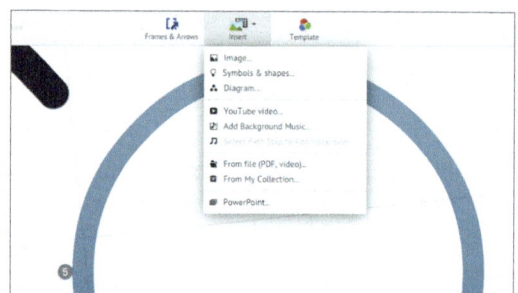

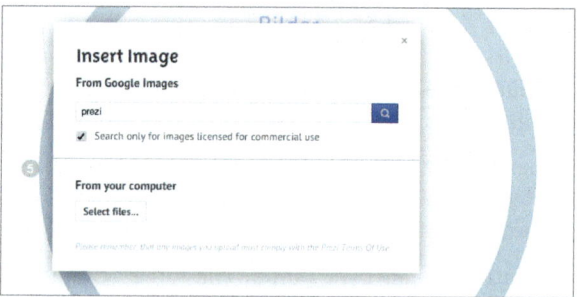

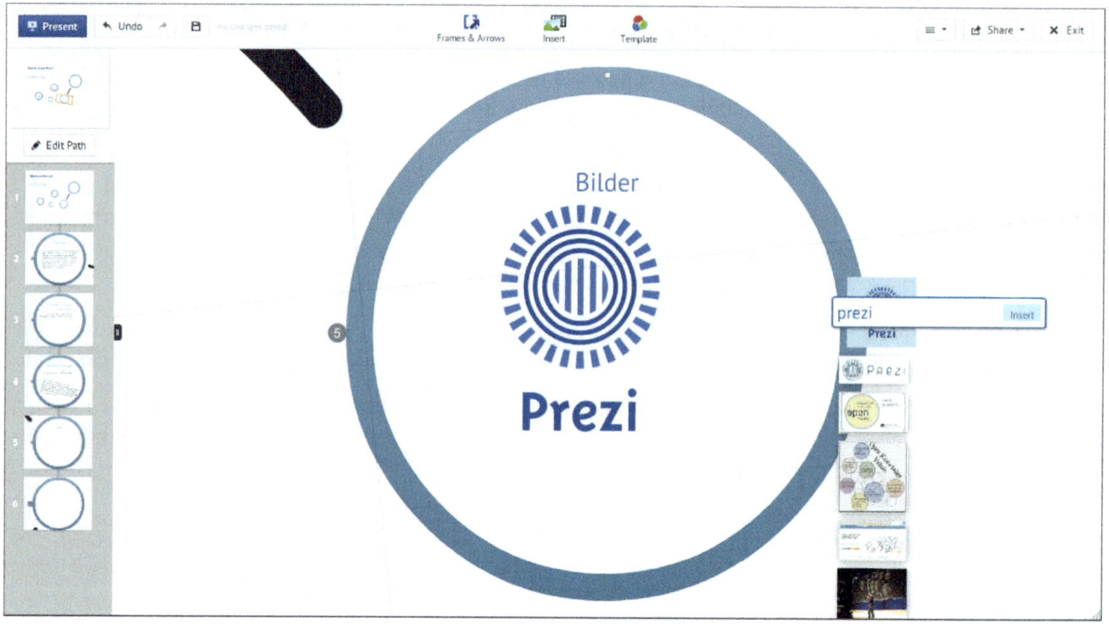

Bilder einbinden

Unsere Prezi ist bisher sehr textlastig. Das wollen wir jetzt ändern und sie mit Bildern ausstatten. Bewegen Sie entweder die Maus über die Oberfläche, bis Sie einen leeren, geeigneten Rahmen für ein Bild gefunden haben (dieser wird dann blau umrahmt dargestellt), oder wählen Sie direkt einen der voreingestellten Bildschirmausschnitte in der linken Seitenleiste.

Ein Klick im Hauptmenü auf „Insert" → „Image" lässt Sie im nun eingeblendeten Dialog entweder ein Bild von Ihrer Festplatte auswählen oder eine Bildersuche im Web durchführen.

Sollten Sie kein passendes Bild auf Ihrer Festplatte parat haben, können Sie im Feld „From Google Images" ganz einfach eine Google-Bildersuche nach einer entsprechenden Darstellung im Internet durchführen. Setzen Sie unterhalb des Texteingabefelds einen Haken, und es werden Ihnen nur Bilder gezeigt, die für die kommerzielle Nutzung in Prezi rechtlich freigegeben sind.

Scrollen Sie durch die Ergebnisse, und bestätigen Sie das Bild, das am ehesten Ihren Vorstellungen entspricht, mit „OK". Prezi zeigt Ihnen kurz an, dass das Bild verarbeitet wird, und schon haben Sie es auf Ihrer Präsentationsoberfläche.

Tipp

Mit einem Linksklick auf das Bild aktivieren Sie das Transformation Tool. Mit einem weiteren Klick auf den Befehl „Crop Image" am oberen Rand des nun erscheinenden blauen Rahmens können Sie den sichtbaren Bildausschnitt mithilfe der Anfasser verändern. Der ausgeblendete Rest des Bildes lässt sich jederzeit wiederherstellen – klicken Sie dazu einfach erneut auf das Objekt, um das Transformation Tool zu aktivieren, klicken Sie auf „Crop Image", und ziehen Sie den Rahmen an den nun erscheinenden Anfassern wieder auf.

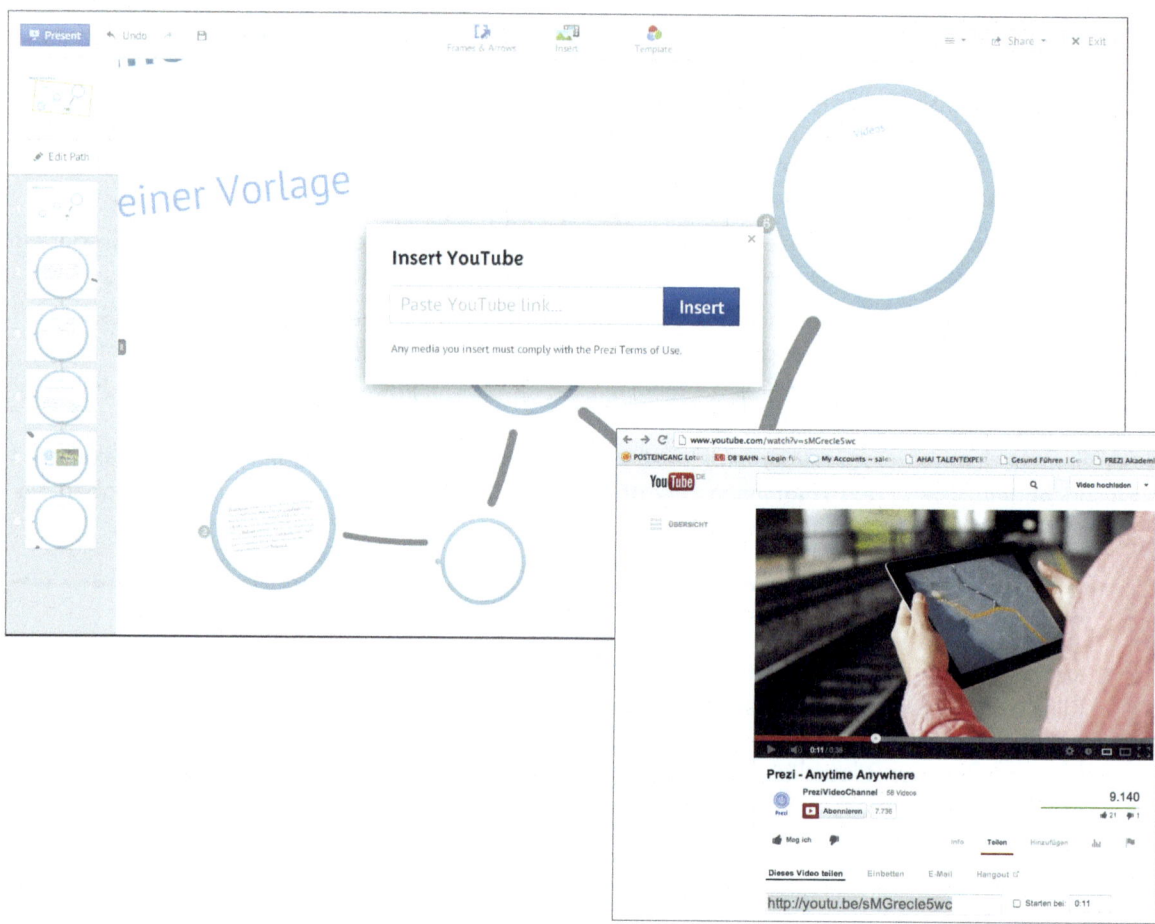

Videos einbinden

Nutzen wir die Multimediafunktionen von Prezi aus und importieren einfach mal ein Youtube-Video. Die Eingabemaske, die Sie über „Insert" → „YouTube video" erreichen, ist nicht ganz so komfortabel wie die für die Bildersuche. Das Video müssen Sie nämlich von Hand auf *www.youtube.com* suchen. Öffnen Sie dazu ein neues Browserfenster, gehen Sie zu YouTube, und durchstöbern Sie das Portal nach einem passenden Video. Wenn Sie ein Video gefunden haben, kopieren Sie die URL aus der Adresszeile Ihres Browsers und fügen sie bei Prezi in die entsprechende Maske ein. Bestätigen Sie die Eingabe mit „Insert".

Alternativ können Sie die URL des Videos herausfinden, indem Sie unterhalb des Videos auf „Teilen" klicken. Die Kurz-URL ist automatisch korrekt markiert, und Sie können sie durch die simple Anwendung von [Strg]+[C] und [Strg]+[V] kopieren und in die Maske einfügen.

Tipp

Wir raten von der Nutzung von Videos mit vorangeschalteter oder überblendender Werbung ab. Was Sie bei YouTube leicht überspringen bzw. mit dem kleinen "x" wegklicken können, verhält sich sich bei Prezi sehr widerspenstig und verdirbt den Videogenuss.

Ein Hinweis sei noch erlaubt. Alle YouTube-Videos funktionieren nur mit bestehender Internetanbindung. Bei einer Offline-Präsentation müssen Sie dementsprechend auf Videodateien von Ihrer Festplatte zurückgreifen. Verschieben lässt sich das Video (genau wie Bilder und andere Objekte) entweder direkt durch einen Linksklick und Mausbewegung oder indem Sie das Transformation Tool durch einen Linksklick aktivieren, auf das Hand-Symbol in der Mitte klicken, die Maustaste gedrückt halten und die Maus dann bewegen.

Sie können jetzt, wenn Sie wollen, auch die restlichen kreisförmigen Rahmen bzw. Ihre gesamte Oberfläche jeweils mit Text, Bildern oder Videos versehen. Experimentieren Sie ruhig ein wenig!

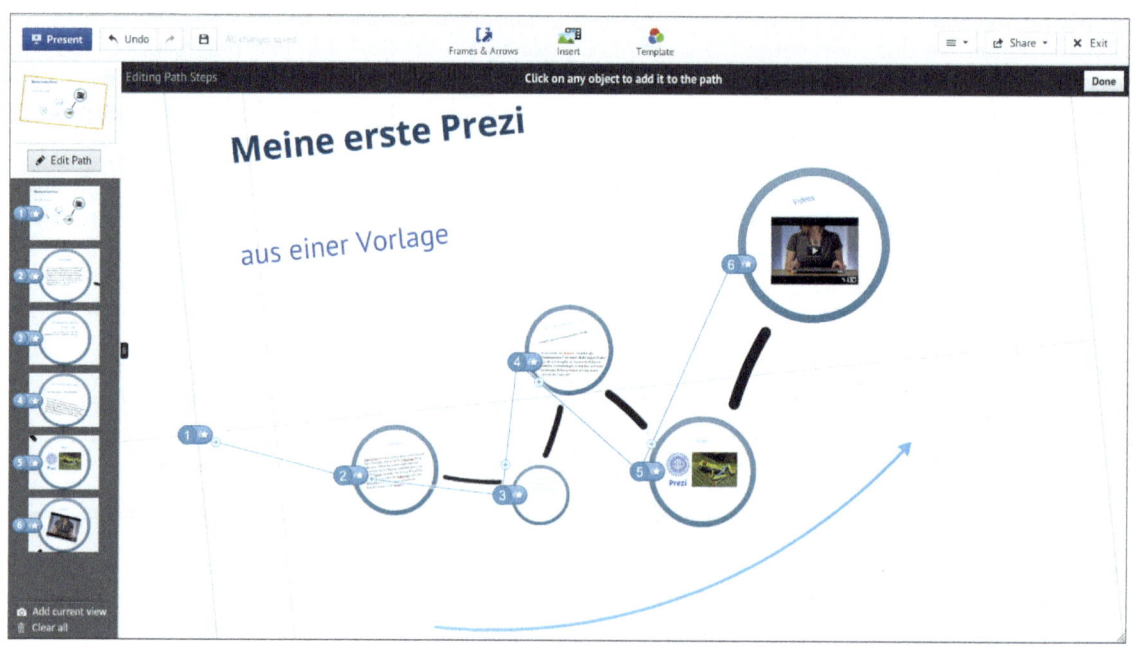

Die Pfadpunkte 1 bis 6 sind bereits vergeben (zu erkennen an den hellblau hinterlegten Ziffern und den hellblauen Linien). Über den blauen Pfad und die linke Seitenleiste können Sie kinderleicht antizipieren, wie die „Kamerafahrt" im Präsentationsmodus ablaufen wird.

Den Path anpassen #1

In welcher Reihenfolge wollen Sie Ihre Inhalte nacheinander zeigen? Dafür ist der „Path" zuständig!

Wenn Sie die Prezi im Präsentationsmodus „durchzappen", fällt vielleicht auf, dass der automatische Pfad etwas langweilig daherkommt: Von einer Gesamtübersicht angefangen, werden einfach nur die fünf kreisförmigen Rahmen angefahren. Es gibt weder Zoom-Effekte auf einzelne Objekte, noch startet das Video (hier am letzten Pfadpunkt) automatisch. Es lässt sich im Präsentationsmodus nur manuell starten, indem Sie mit der Maus darauf klicken.

Wenn Sie sich per Klick auf den „Edit Path"-Button links unter der Gesamtübersicht in den Path-Modus versetzen, verändert sich grundsätzlich etwas: Wenn Sie ein Objekt per Linksklick anklicken, erscheint nicht mehr das **Transformation Tool**, sondern stattdessen wird automatisch der jeweils nächste Pfadpunkt auf das angeklickte Objekt gelegt und ein Vorschaubild für die linke Seitenleiste erzeugt.

Wenn Sie auf einen schon vorhandenen Pfadpunkt klicken und diesen mit gehaltener linker Maustaste auf ein anderes Objekt ziehen, setzen Sie den Pfadpunkt auf eben dieses Objekt. Entfernen können Sie einen Pfadpunkt, indem Sie den Pfadpunkt vom Objekt auf einen leeren Bereich der Oberfläche ziehen und dort loslassen.

Alternativ können Sie Pfadpunkte zwischen zwei schon vorhandene Punkte verschieben und entfernen, indem Sie die entsprechenden Vorschau-Bilder in der linken Seitenleiste hin und her schieben oder auf das rot hinterlegte kleine Kreuz oben rechts beim jeweiligen Bild klicken.

Einen neuen Pfadpunkt zwischen zwei schon vorhandenen Punkten fügen Sie hinzu, indem Sie das kleine Plus-Symbol auf einer Path-Linie auf das Objekt ziehen, an dem Sie den Path-Punkt festmachen wollen.

Eine Herausforderung, um die wir uns auf der nächsten Seite kümmern, lässt sich ebenfalls mit dem Path-Tool bewältigen: einen Path-Punkt so zu legen, dass einzelne Textobjekte bildschirmfüllend zu sehen sind oder dass ein Video automatisch gestartet wird.

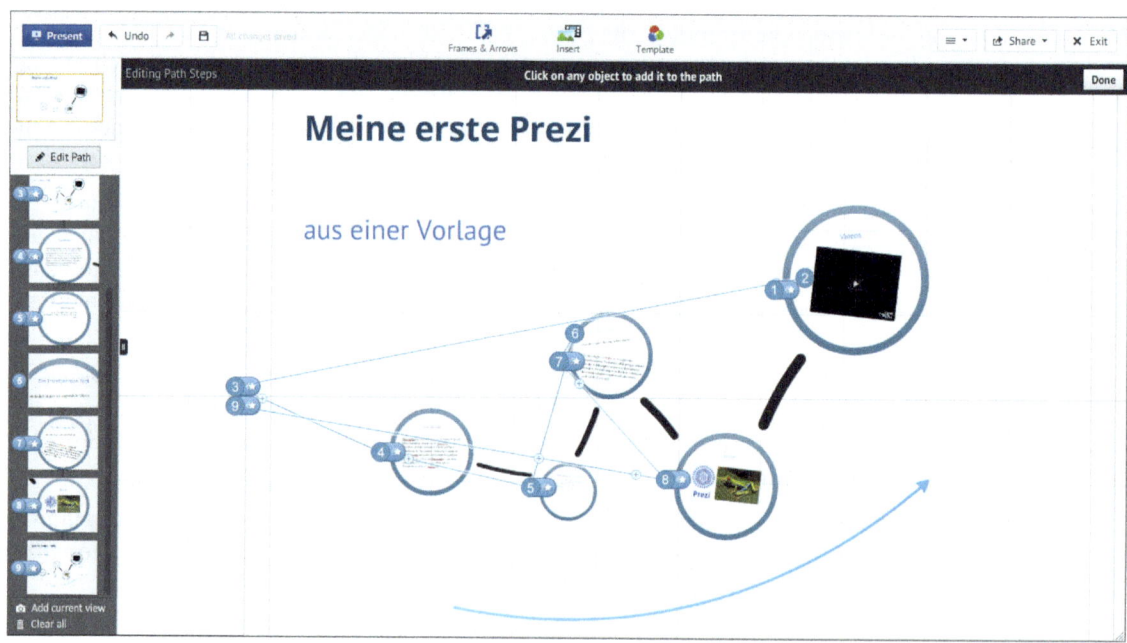

Den Path anpassen #2

Für die Beispielpräsentation begnügen wir uns mit den grundlegenden Möglichkeiten der Pfadgestaltung.

Ganz unten links in der Leiste der Vorschau-Bilder sehen Sie die „Clear all"-Schaltfläche. Klicken Sie darauf, um selbstständig von vorne beginnen zu können.

Eine vorstellbare spannende Story zu dieser Präsentation wäre, dass zuerst das glorreiche Ende des Prozesses gezeigt wird, dann die Übersicht über den ganzen Prozess und erst dann die einzelnen Schritte, die das glorreiche Ende möglich gemacht haben.

Klicken Sie zuerst auf den Rahmen ganz rechts (Pfadpunkt 1 wird angelegt) und dann auf das Video (Pfadpunkt 2 wird angelegt). Das Video wird jetzt, da der Pfadpunkt direkt mit dem Videoobjekt verknüpft ist, im Präsentationsmodus automatisch starten.

Als Nächstes ist die Gesamtübersicht dran: Zoomen Sie dazu mithilfe des Mausrads oder der beiden Schaltflächen, die unterhalb des „Home"-Buttons an die rechte Seitenleiste angrenzen, so weit von Ihrer Oberfläche weg, dass Sie den Rahmen um die darin liegenden Objekte „zu fassen bekommen". Damit Sie Path-Punkte auf Objekte setzen können, müssen diese nämlich grundsätzlich komplett im Bildschirm zu sehen sein. Achtung: Klicken Sie immer auf den Rahmen, nicht auf seinen Inhalt, um einen Pfadpunkt mit einem Rahmen zu verknüpfen!

Versehen Sie die restlichen Stationen des Prozesses ebenfalls mit Pfadpunkten. Versuchen Sie auch einmal, ein einzelnes Textobjekt mit einem Pfadpunkt zu versehen, und sehen Sie sich das Ergebnis im Präsentationsmodus an! Cineastisch, oder?

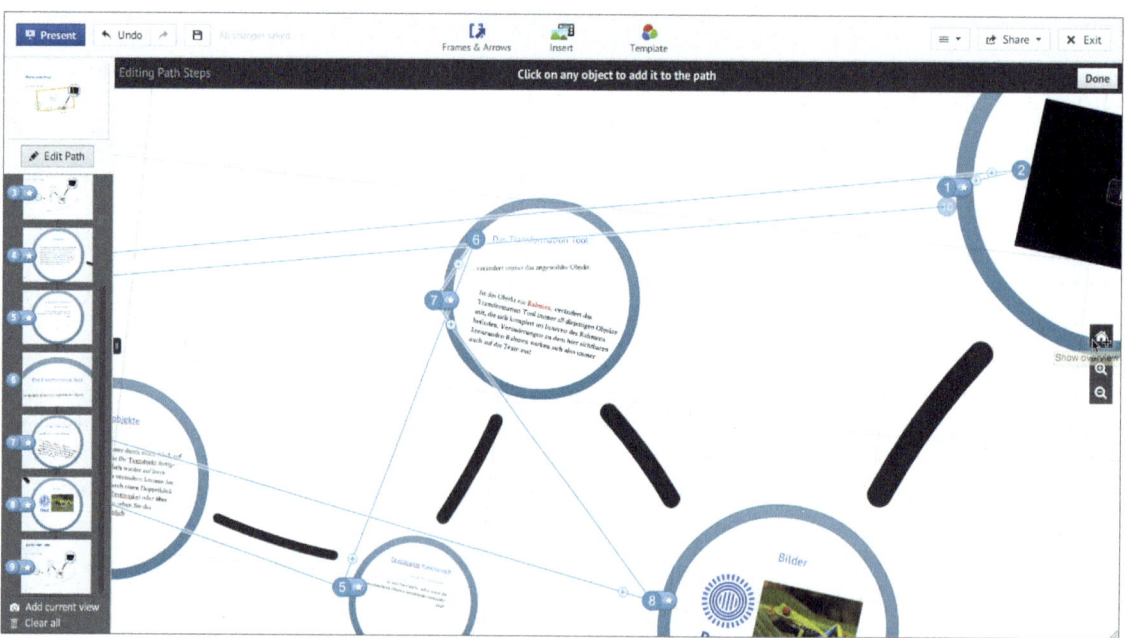

Die Orientierung behalten

Spätestens in dieser Phase kann es vorkommen, dass Sie die Orientierung verlieren. Wenn Sie den Präsentationsmodus in einem Moment verlassen, in dem ein eigentlich schiefes Objekt korrekt ausgerichtet dargestellt wird, schauen Sie quasi schief auf Ihre Oberfläche. In unserer Beispielpräsentation kann das zum Beispiel passieren, wenn Sie im Präsentationsmodus die fünfte Station des Weges angefahren haben und dann den Präsentationsmodus über [Esc] oder die „Exit"-Schaltfläche verlassen.

Dass Ihre Präsentation schief angezeigt wird, merken Sie unter anderem auch daran, dass die horizontalen und die vertikalen Orientierungslinien plötzlich nicht mehr parallel zu den Grenzen des Bildschirms verlaufen, sondern schräg.

Aus dieser Misere befreien Sie sich immer (sowohl im Präsentations- als auch im Bearbeitunsmodus) durch einen Linksklick auf den „Home"-Button am rechten Bildschirmrand (symbolisiert durch ein Haus). Der Button erscheint übrigens nur dann, wenn Sie die Maus am rechten Bildschirmrand bewegen.

Hilfreich bei der Orientierung innerhalb einer Prezi ist außerdem die Gesamtübersicht oben links. Wenn Sie einmal nicht wissen, wo genau Sie sich auf Ihrer Oberfläche befinden, sehen Sie den aktuellen Bildschirmausschnitt in der Übersicht als kleinen, gelben Rahmen angezeigt.

Tipp

Wenn Sie vor lauter Zooming nicht genau wissen, wo Sie sind: Der „Home"-Button bringt Ihnen die Orientierung zurück!

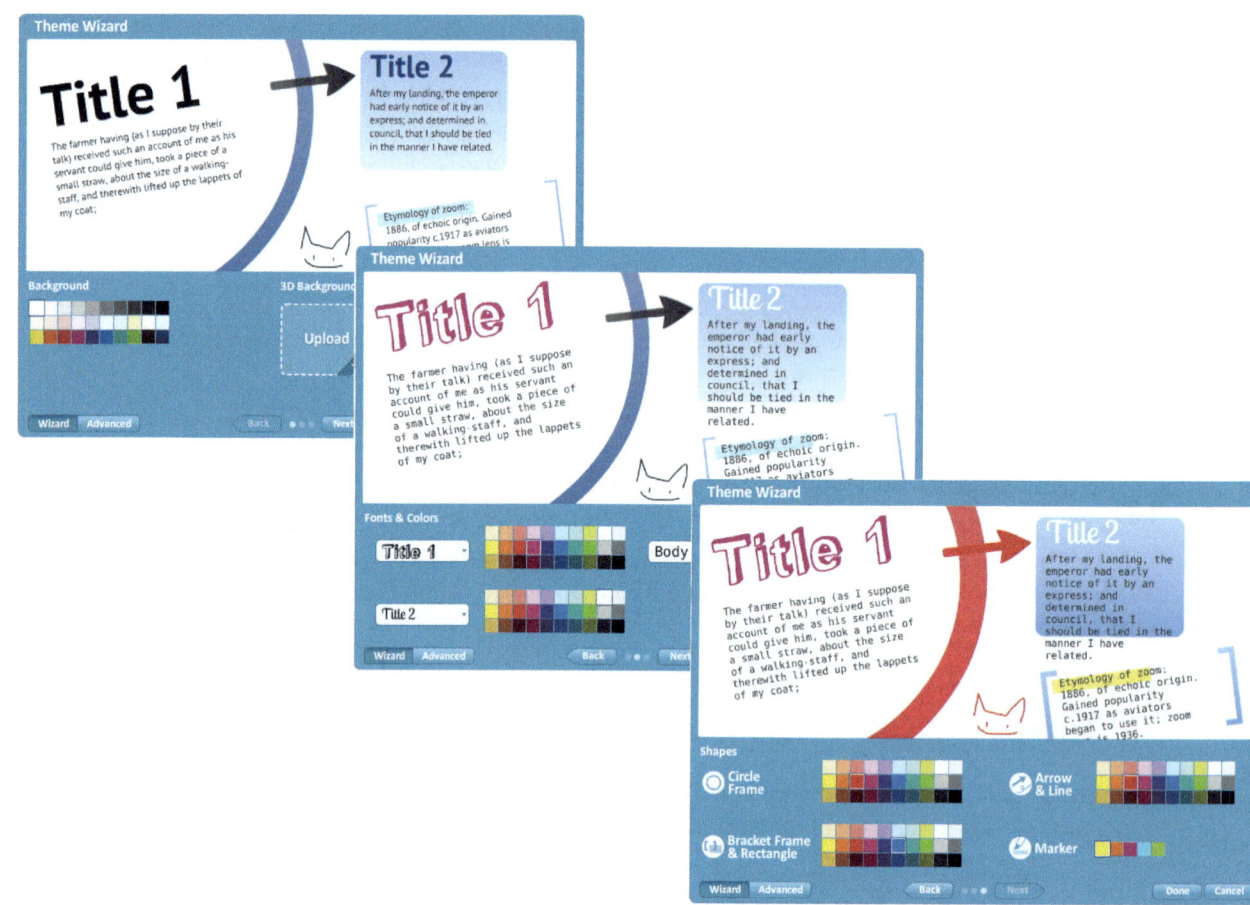

Designs anpassen

Sie können jede Prezi jederzeit mithilfe des Theme Wizard optisch im Großen und Ganzen abändern. Es ist allerdings empfehlenswert, sich über die ungefähre Farbgebung und die verwendeten Schriftarten **gleich zu Beginn** Gedanken zu machen.

Klicken Sie zum Anpassen des Farbschemas und der Schriftarten im Hauptmenü auf „Template". Es erscheint eine Auswahl vordefinierter Designvorlagen („Themes"). Klicken Sie auf den Link „Customize Current Theme", um die Farben und Schriften Ihrer Prezi einzeln festzulegen.

Anpassungen nehmen Sie entweder im Wizard-Modus oder im Advanced-Modus vor. Der Wizard ist tatsächlich ein regelrechter Zauberer. Verlassen Sie sich vorerst auf ihn – um den Profi-Modus kümmern wir uns später (siehe Seite 85).

Im ersten Schritt bestimmen Sie die Hintergrundfarbe (alternativ einen 3D-Hintergrund), und in der Enjoy- und Pro-Version können Sie außerdem festlegen, ob und wenn ja, welches Logo Ihre Präsentation unten links zieren soll. Im oberen Vorschaufenster sehen Sie direkt, wie sich die von Ihnen vorgenommenen Änderungen auf das Layout auswirken.

Ein Klick auf „Next" bringt Sie zu den Text-Formatvorgaben. Prezi beschränkt die erstellbaren Vorlagen auf zwei verschiedene Titel-Schriftstile und einen Stil für den Fließtext. Die vorgegebenen Schriftfarben können Sie ebenfalls direkt festlegen – und wenn Sie ein bestimmtes Textobjekt auf Ihrer Oberfläche einzeln bearbeiten, können Sie theoretisch sogar jeden einzelnen Buchstaben unterschiedlich einfärben.

Im letzten Schritt erfolgt die farbliche Feinabstimmung der verschiedenen Objektarten, die Sie bei Prezi nutzen können.

Fertig? Mit „Done" übernehmen Sie Ihre neuen Richtlinien für Ihre Prezi-Präsentation. Mit den Grundfunktionen sind Sie jetzt vertraut. Im nächsten Kapitel geht es ans Eingemachte!

KAPITEL 4 | Prezi für Fortgeschrittene

In diesem Kapitel geht es schon um die ersten Profi-Tipps und -Tricks, denn – ob Sie's glauben oder nicht – Sie haben die Grundfunktionen sämtlicher Werkzeuge und Features bereits kennengelernt.

Besonders wichtig sind die diversen wertvollen Details, die in Prezi stecken. Sie finden diese Details bestimmt auch selbst innerhalb weniger Stunden oder Tage, aber mit diesem Kapitel geht es deutlich schneller:

- Wie erstelle ich Standard-Designs, auf die ich immer wieder zurückgreifen kann?
- Was unterscheidet die Invisible Frames von den anderen Rahmen, außer der Sichtbarkeit?
- Wie können Sie bestimmen, wann Ihr Video startet, anstatt sich von Ihrer Prezi überraschen zu lassen?
- Wie gelingt der Import von PowerPoint-Folien?
- Warum lohnt sich die Suche nach ein paar eindrucksvollen Vektor-Grafiken?
- Und woher bekomme ich schnell und günstig Flash-Grafiken?

Sämtliche Arbeitsschritte zeigen wir an einer Beispielpräsentation. Es geht uns in diesem und den nächsten Kapiteln aber nicht darum, dass Sie die Präsentation einfach nachbauen. Vielmehr sollen Sie die einzelnen Arbeitsschritte nachvollziehen, um sie in Ihren eigenen Projekten selbstständig ausführen zu können.

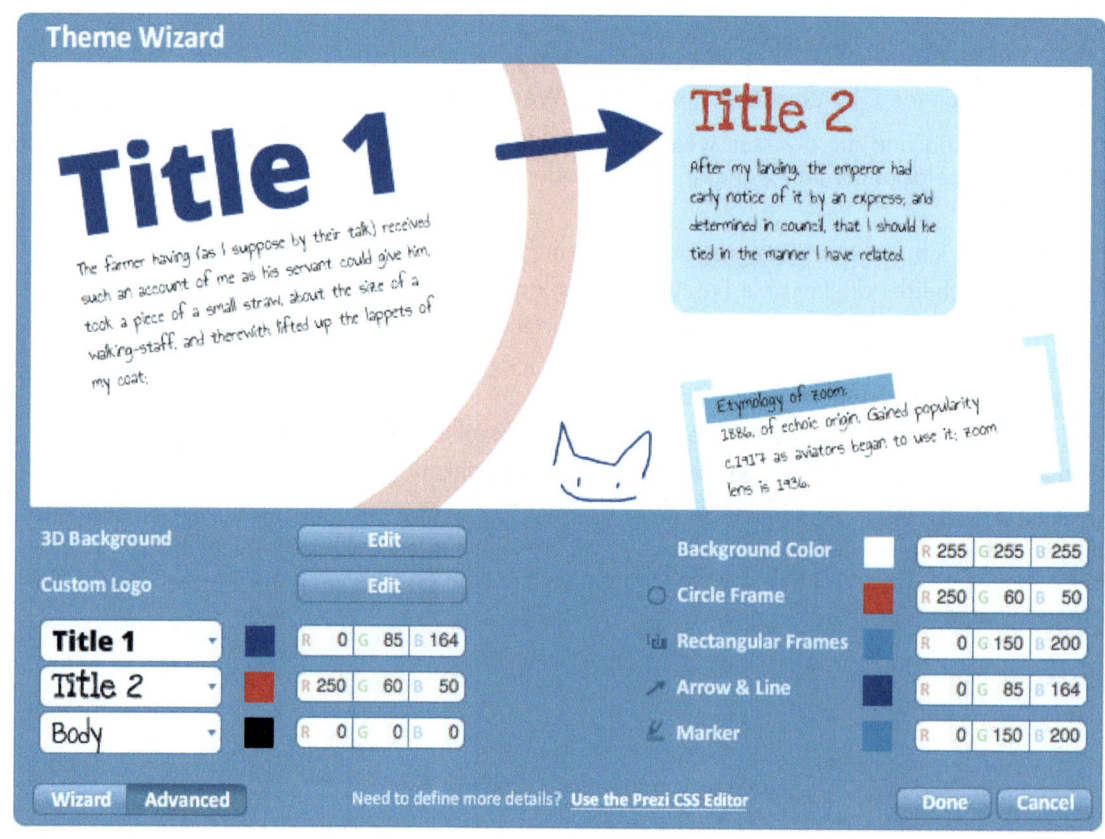

Theme Wizard

Title 1

The farmer having (as I suppose by their talk) received such an account of me as his servant could give him, took a piece of a small straw, about the size of a walking-staff, and therewith lifted up the lappets of my coat;

Title 2

After my landing, the emperor had early notice of it by an express; and determined in council, that I should be tied in the manner I have related.

Etymology of zoom.
1886, of echoic origin. Gained popularity c.1917 as aviators began to use it; zoom lens is 1936.

3D Background	Edit		Background Color		R 255	G 255	B 255
Custom Logo	Edit		○ Circle Frame		R 250	G 60	B 50
Title 1	▼	R 0 G 85 B 164	Rectangular Frames		R 0	G 150	B 200
Title 2	▼	R 250 G 60 B 50	Arrow & Line		R 0	G 85	B 164
Body	▼	R 0 G 0 B 0	Marker		R 0	G 150	B 200

Wizard Advanced   Need to define more details? **Use the Prezi CSS Editor**   Done   Cancel

Theme-Gestaltung ohne den Theme Wizard

Auch ohne den Theme Wizard ist es ganz einfach möglich, Ihre Prezi en détail an Ihre Vorstellungen oder die festgelegten Farben einer Corporate Identity anzupassen.

Erstellen Sie dazu eine neue Prezi. Beginnen Sie ohne Vorlage, und entfernen Sie die wenigen Objekte auf der Leinwand. Ziehen Sie mit gehaltener ⇧-Taste einen Auswahlrahmen um die Objekte, und löschen Sie sie. Mit dem „Template"-Button im Hauptmenü kommen Sie über „Customize Current Theme"wieder zum Theme Wizard. Wenn Sie diesen aufgerufen haben, wechseln Sie unten links vom Wizard-Modus in den Advanced-Modus. Mit ihm eröffnen sich Ihnen ganz neue Möglichkeiten. Alle grafischen Elemente wie Pfeile oder Rahmen lassen sich farblich per RGB-Wert ganz fein aufeinander abstimmen! Leider gibt es auch hier nicht die Möglichkeit, die Schriftarten vollkommen frei einzustellen. Immerhin lassen sich die Farbwerte aber gegebenenfalls an die Leitlinien Ihres Corporate Designs anpassen.

In unserer Beispiel-Prezi haben wir uns für die klassische „drapeau tricolore"-Farbgebung mit hellblauen Ergänzungen entschieden. Für den Hintergrund behalten wir also den standardmäßigen weißen Farbton bei. Das ist immer geschickt, weil man Grafiken mit weißem Hintergrund nicht erst in einem anderen Grafikprogramm „freistellen" muss.

Bei „Title 1" haben wir uns mit der Open Sans Bold für eine relativ deutliche Schriftart entschieden, um ggf. auch aus möglichst allen Zoomstufen erkennen zu können, wie die einzelnen Bereiche auf der Oberfläche betitelt sind. Die zur Auswahl stehenden „krakeligen" Schriftarten (wie z. B. die Love Ya Like a Sister) verfehlen ihre Wirkung aber auch nicht, besonders beim Zoomen. Sie können sehr einfach andere Objekte in ihnen verstecken, ohne dass diese deutlich sichtbar sind.

Tipp

Falls Sie über CSS-Kenntnisse verfügen, können Sie Ihre Prezi auch mithife von Stylesheets designen. Den CSS-Editor von Prezi erreichen Sie über den Link „Use the prezi CSS editor" (unten im „Theme Wizzard"-Fenster).

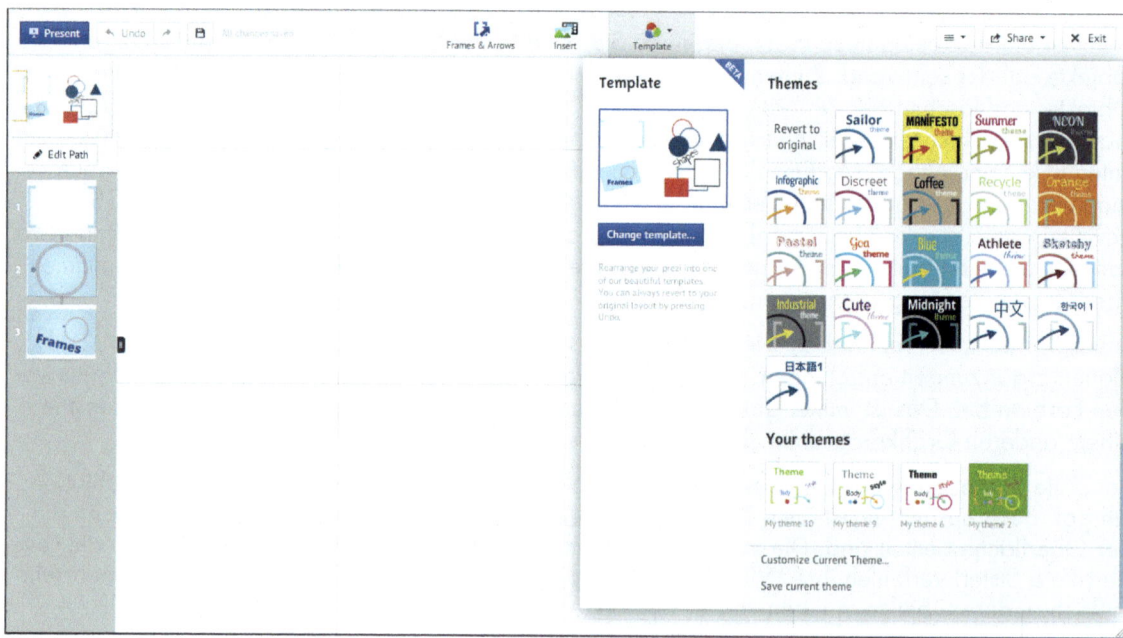

Master-Themes

Wenn Sie mit Ihrem Theme zufrieden sind und auch bei zukünftigen Prezis die Möglichkeit haben wollen, auf Ihre Form- und Farbsprache zurückzugreifen, klicken Sie im Hauptmenü auf „Theme" und in dem sich nun öffnenden Menü auf „Save current theme". Nach kurzer Ladezeit ist Ihr Theme gespeichert. Jetzt können Sie in jeder Prezi auf Ihre Vorlage zurückgreifen, sie abändern und auf Wunsch neu abspeichern – ganz gleich, ob Sie eine Prezi neu anlegen oder das Theme auf eine bestehende Prezi anwenden möchten.

Derzeit (Stand: April 2013) können Sie lediglich fünf Themes gleichzeitig speichern. Um weniger gelungene Themes zu löschen und Platz für neue, schönere zu schaffen, fahren Sie mit dem Mauszeiger über Ihre Themes und klicken Sie oben rechts auf nun erscheinende kleine rote „x".

Aber Vorsicht! Wenn Ihnen das Farb- und Formen-Arrangement einer Prezi besonders gelungen erscheint, sollten Sie unbedingt eine Sicherheitskopie davon machen! Das ist auch dann empfehlenswert, wenn Sie mit der Gestaltung Ihrer Oberfläche hochzufrieden sind und sich vorstellen können, andere Prezis darauf aufbauen zu lassen. Verlassen Sie Ihre Prezi mithilfe des „Exit"-Buttons, klicken Sie auf „Save a copy" und betiteln Sie die Kopie z. B. mit „Meine Master-Prezi". An genau dieser Prezi sollten Sie aber nie arbeiten, sondern immer nur an einer Kopie davon.

Tipp

Sie können eine Prezi ganz einfach umbenennen, indem Sie mit dem Mauszeiger über den fettgedruckten Titel fahren und auf die nun erscheinende „Bleistift"-Schaltfläche klicken. Jetzt können Sie einen Namen Ihrer Wahl eingeben.

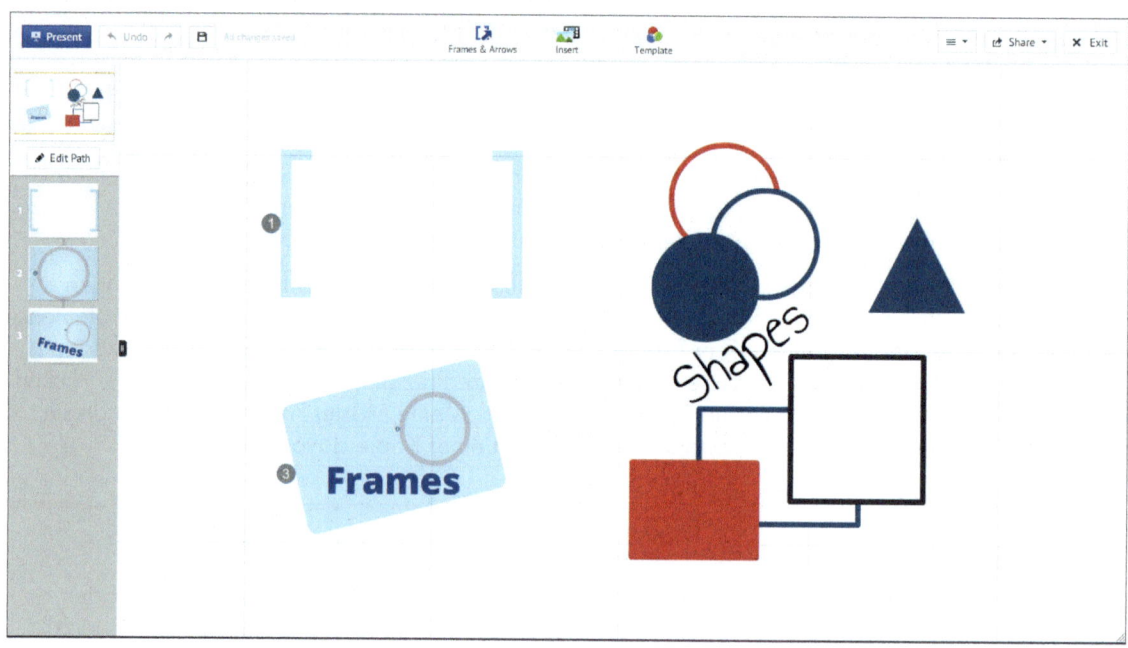

Von Rahmen und Formen #1

Rahmen erstellen Sie über den „Frames & Arrows"-Button im Hauptmenü. Sie können den Rahmen anschließend mit dem Transformation Tool verändern – die Ausmaße lassen sich relativ genau mithilfe der Anfasser justieren, die erscheinen, sobald Sie den Rahmen anklicken.

Grundsätzlich gibt es drei Sorten von Rahmen, die für die Gestaltung der Oberfläche interessant sind: den Rahmen aus eckigen Klammern (Bracket Frame), den viereckigen Rahmen mit abgerundeten Kanten (Rectangle Frame) und den Kreis-Rahmen (Circle Frame).

Diese Rahmen sind nicht nur nett anzusehen, sondern gruppieren automatisch alle Objekte, die (komplett) innerhalb ihrer Grenzen liegen. Wenn Sie das Transformation Tool auf den Rahmen anwenden, verändern Sie den Rahmen und sämtliche Inhalte gleichermaßen.

Rahmen (Frames) haben bis auf zwei Ausnahmen die gleichen Eigenschaften wie Formen (Shapes), die Sie im Hauptmenü über „Insert" → „Symbols & shapes" finden. Auf einer Form können Sie nicht schreiben – allerdings können Sie etwas neben die Form schreiben und das Textobjekt anschließend auf die Form schieben. Probieren Sie es aus, und bewerten Sie je nach Situation, ob Sie auf Formen oder Rahmen zurückgreifen wollen. Oft ergibt sich die Entscheidung für das eine oder das andere (oder sogar eine Mischung) aus einem Bauchgefühl heraus. So auch hier: Wir entscheiden uns für die farblich eindeutigere Variante – die Shapes.

Fügen Sie eine Form auf Ihrer Oberfläche hinzu, bleibt der Path grundsätzlich unverändert. Beim Hinzufügen eines Rahmens werden manchmal direkt Pfadpunkte mit erstellt.

Wie Sie Rahmen separat, also ohne die Objekte in ihrem Inneren, verändern, drehen und verschieben, erfahren Sie auf der nächsten Seite.

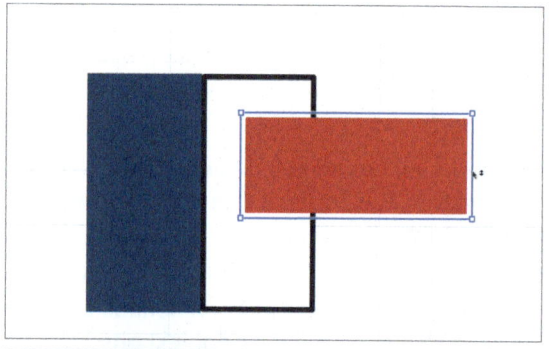

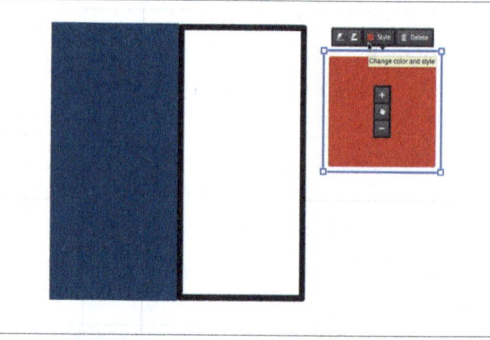

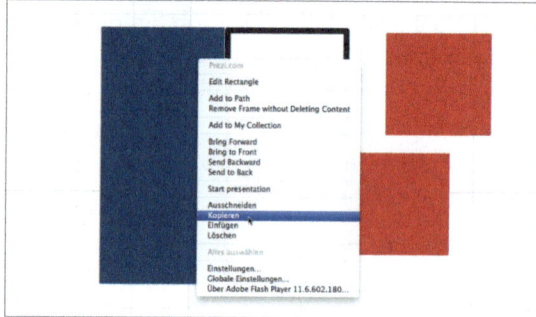

Von Rahmen und Formen #2

Unsere Präsentation wollen wir in drei Themengebiete gliedern, die jeweils etwa gleich viel Platz auf der Oberfläche einnehmen. Wir gestalten also drei relativ große, stehende Rechtecke (nach dem Vorbild der französischen Flagge) als Grundlage für die gesamte Präsentation.

Klicken Sie zum Erstellen eines Rahmens oder einer Form einfach im geöffneten „Add Frames"-Menü oder unter „Insert" → „Symbols & shapes" auf das gewünschte Objekt. Die Abmessungen des Rahmen können Sie direkt bei der Erstellung anpassen. Ziehen Sie den Rahmen mit gedrückter Maustaste einfach in der gewünschten Größe auf. Sobald Sie die Maustaste loslassen, befindet sich das Objekt auf der Oberfläche und liegt somit im Zuständigkeitsbereich des Transformation Tools.

Ein Linksklick auf das Objekt öffnet das Transformation Tool. Hiermit können Sie das Objekt vergrößern, verkleinern, drehen und verschieben.

Sie duplizieren Objekte, indem Sie mit der rechten Maustaste darauf klicken, sie kopieren und sie an anderer Stelle über das Kontextmenü (Rechtsklick + Einfügen) wieder einfügen. So stellen Sie auch sicher, dass die Objekte gleich groß sind.

Detailveränderungen an Ihren Formen nehmen Sie über den „Style"-Button im Transformation Tool vor. Die Breite und Höhe von Formen und Rahmen verändern Sie, indem Sie auf die blau eingeblendeten Seitenlinien klicken und mit gehaltener Maustaste nach innen oder außen ziehen.

Tipp

Hin und wieder kommt es vor, dass man einen Rahmen oder eine Form verändern oder löschen möchte, ohne alle darin befindlichen Objekte mitzuverändern bzw. zu löschen. Aktivieren Sie dazu das Transformation Tool mit gehaltener Alt-Taste – schon verändern Sie nur die Rahmen bzw. Formen ohne die Inhalte. Löschen können Sie die Rahmen bzw. Formen ohne Inhalt auch über das Kontextmenü (Rechtsklick auf das Objekt + „Remove Frame without deleting content").

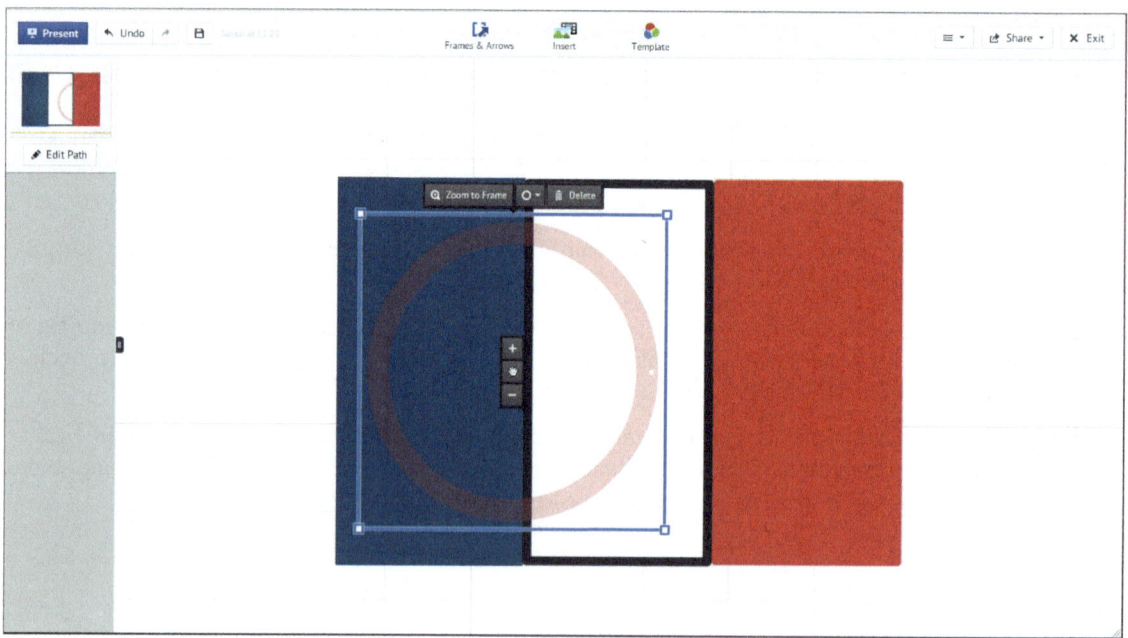

Von Rahmen und Formen #3

Im Präsentationsmodus verhalten sich Rahmen und Formen wie andere Objekte auch. Klickt man mit dem Mauszeiger auf sie, werden sie bildschirmfüllend und korrekt ausgerichtet angezeigt. Rahmen können also auch dazu dienen, gezielt die Kameraperspektive zu drehen.

Tipp

Bedenken Sie von Anfang an grundsätzlich, dass die Fläche, die Ihr Beamer während der Präsentation bescheint, bzw. die Fläche Ihres Bildschirms, auf dem Sie präsentieren, sich niemals ändern wird. Das Seitenverhältnis (typischerweise zwischen 4:3 und 16:9) ist und bleibt gleich. Prezi hilft Ihnen auf Wunsch dabei: Klicken Sie im Bearbeitungsmodus oben rechts auf den Button mit den drei horizontalen Linien und legen Sie ein Seitenverhältnis fest. Wenn Sie einen neuen Rahmen aufziehen, rastet er automatisch ein, sobald er das richtige Seitenverhältnis aufweist.

Zu Demonstrationszwecken haben wir links einen kreisrunden Rahmen („Circle Frame") erstellt und gedreht. Doch wo ist bei einem Kreis oben und unten? Im Bearbeitungsmodus zeigt Ihnen Prezi mithilfe eines kleinen, transparenten Lochs im Kreisrahmen, dass dort oben ist. Links im Bild ist der Rahmen also um 90° nach rechts gedreht. Ein Pfadpunkt auf dem Rahmen würde dazu führen, dass die Kameraperspektive um 90° nach rechts gedreht wird.

Bei rechteckigen Rahmen erkennen Sie bei Drehungen leider nicht, wo oben und unten ist. Probieren geht über studieren!

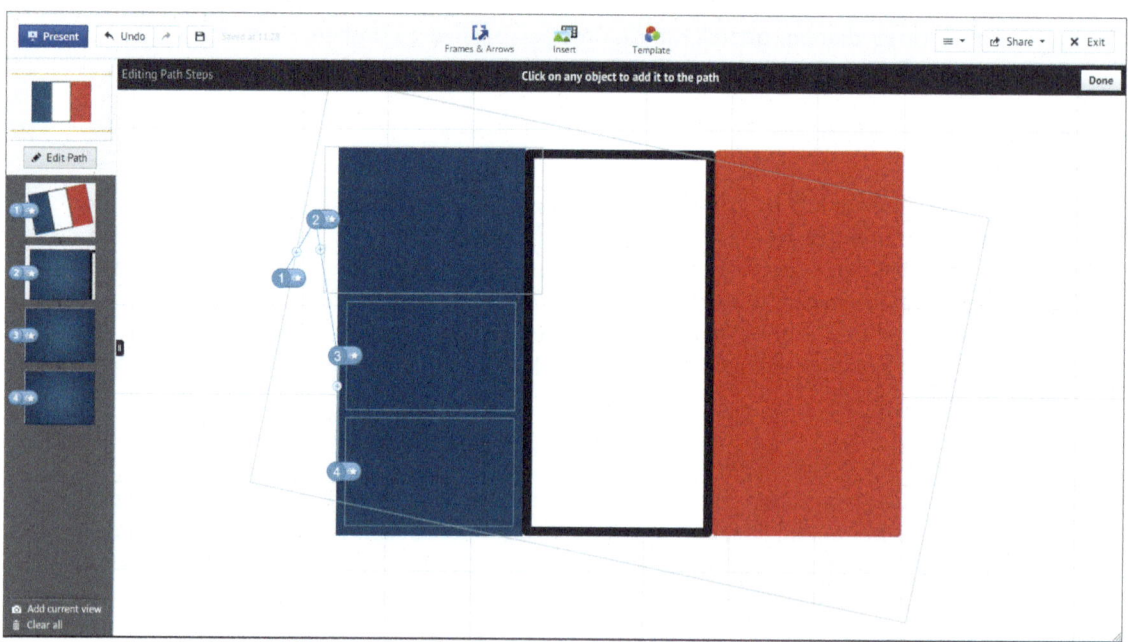

Invisible Frames

Invisible Frames nutzen Sie, um einen Ausschnitt der Oberfläche dauerhaft zu markieren, ohne dass dies im Präsentationsmodus direkt sichtbar wird. Wenn Sie während der Präsentation in den Bereich des unsichtbaren Rahmens klicken, zoomt die Kamera an ihn heran und zeigt ihn bildschirmfüllend.

Anwendungsbeispiel: Sie wollen im Verlauf des Path tief in ein Bild, z. B. ein Porträt-Foto hineinzoomen? Kein Problem – platzieren Sie einfach einen relativ kleinen Invisible Frame um das Detail, das Sie hervorheben wollen (z. B. das Auge), und legen Sie einen Path-Punkt auf eben diesen Ausschnitt. Natürlich können Sie den Rahmen drehen, wenn Sie einen leichten Dreh-Effekt hinzufügen wollen.

In unserem Beispiel wollen wir die auf dem linken Rechteck dargestellten Inhalte dreiteilen und haben deshalb drei Invisible Frames platziert und mit Pfadpunkten versehen. Außerdem wollen wir im Präsentationsmodus zuerst eine leicht schräge Sicht der Oberfläche zeigen, da sonst alles sehr streng geordnet aussieht.

Dazu haben wir einen großen Invisible Frame um unsere Inhalte gezogen. Mit einem Linksklick mit gehaltener Alt-Taste auf die Rahmenlinie des Invisible Frames haben wir das Transformation Tool aktiviert und anschließend mithilfe der „Wurmfortsätze", die erscheinen, wenn man die Maus über die Anfasser bewegt, ganz leicht im Uhrzeigersinn gedreht. Anschließend haben wir im „Edit Path"-Modus einen Pfadpunkt auf die Rahmenlinie des Invisible Frames gelegt. Das anschließend ganz unten platzierte Vorschaubild, auf dem unsere Oberfläche leicht schräg dargestellt ist, haben wir dann mit gedrückter Maustaste nach oben an die erste Position gezogen. Im Präsentationsmodus wird der gewünschte Effekt eindrucksvoll dargestellt!

Tipp

Ein Produktportfolio, z. B. im PDF-Format, lässt sich so hervorragend gliedern und klickbar gestalten. Probieren Sie's aus!

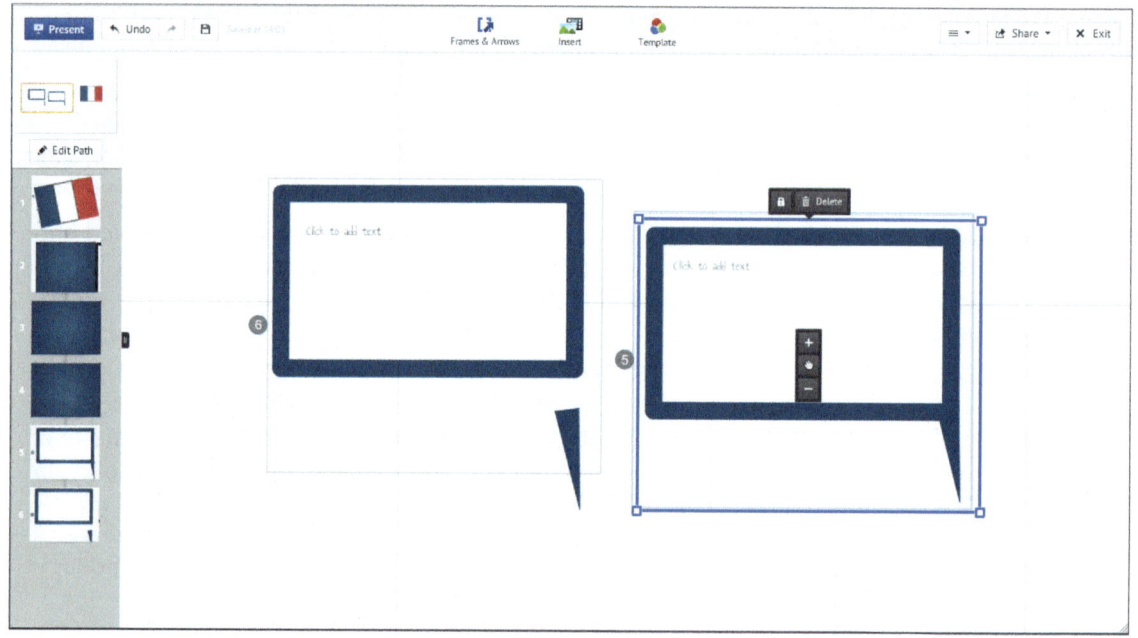

Die Diagramme, die Sie über das Hauptmenü („Insert" → „Diagram") zu Ihrer Oberfläche hinzufügen können, bestehen immer aus einer Gruppierung von Einzelobjekten. Wollen Sie die Objekte einzeln bearbeiten, klicken Sie auf das Vorhängeschloss-Symbol im Transformation Tool.

Mehrere Objekte gleichzeitig verändern

Alle Rahmen gruppieren die Objekte, die komplett in ihrem Inneren liegen. Das heißt: Wenn Sie das Transformation Tool auf auf den Rahmen anwenden, verändern sich alle Objekte im Innern ebenso mit.

Wollen Sie mehrere Objekte gleichzeitig verändern, ohne einen Rahmen anzulegen (z. B. weil beim Anlegen eines rechteckigen Rahmens auch Objekte gruppiert würden, die nicht Teil der Auswahl sein sollen), nutzen Sie die Gruppierungsmöglichkeiten von Prezi:

Halten Sie die ⬙-Taste gedrückt, und:

- ziehen Sie einen Auswahlrahmen um die zu gruppierenden Objekte, indem Sie die linke Maustaste gedrückt halten und mit dem Mauszeiger bzw. den Mausbewegungen quasi ein Areal abgrenzen, oder
- klicken Sie die Objekte, die Sie auswählen wollen, einzeln an.

Wenn Sie fertig sind, lassen Sie die ⬙- und die Maustaste los. Das Transformation Tool wird dann direkt aktiviert, und Sie können die entsprechenden Anpassungen der ausgewählten Objekte vornehmen, das heißt, sie verschieben usw. Sobald Sie auf die Oberfläche oder ein einzelnes Objekt klicken, verschwindet das Transformation Tool und Ihre Auswahl gehört der Vergangenheit an.

Sind einige Objekte Ihrer Präsentation grundsätzlich Teil eines großen Ganzen und werden nur miteinander und nie einzeln per Transformation Tool verändert? Dann macht eine dauerhafte Gruppierung Sinn: Markieren Sie die zu gruppierenden Objekte wie oben beschrieben als Auswahl. Klicken Sie auf das offene Schloss im äußersten Prezi-Kreis. Die Objekte lassen sich nicht mehr einzeln verändern, sondern nur gemeinsam. Ein erneuter Klick auf das jetzt geschlossene Schloss befreit die Objekte wieder aus ihrer Zwangsgemeinschaft.

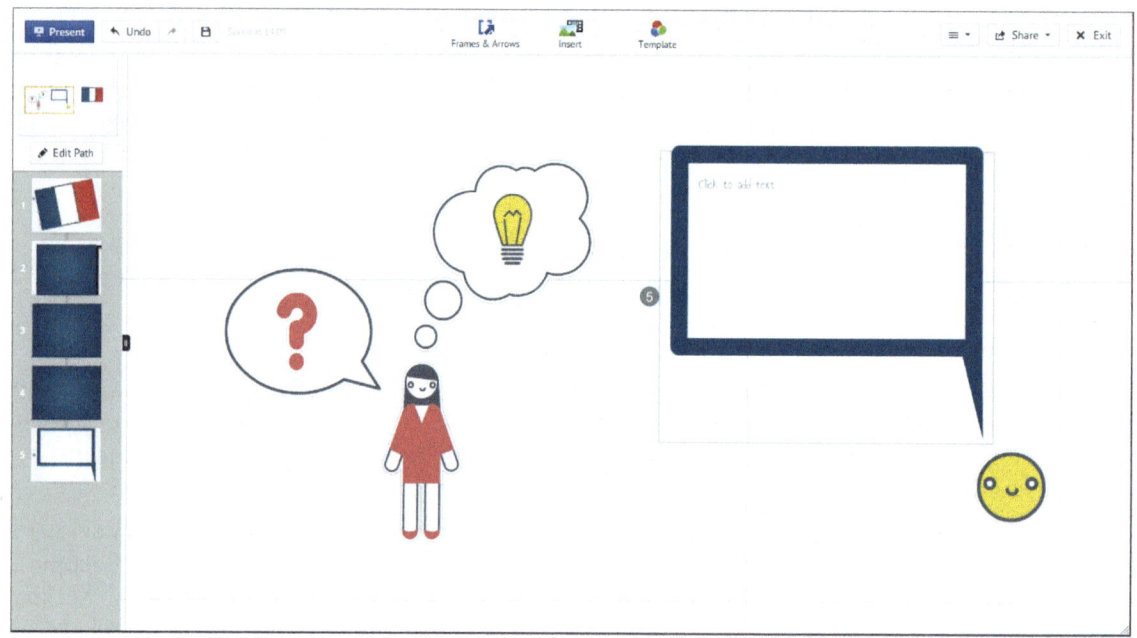

Rechts sehen Sie das Diagramm „Callout Box" vollständig in seinem Urzustand, allerdings mit aufgehobener Gruppierung. Die Einzelobjekte sind also frei veränderbar und verschiebbar. Links daneben sehen Sie eine Auswahl an Grafiken, die Sie unter „Insert" → „Symbols & shapes" finden.

Layouts und Symbole

Prezi bietet in Sachen Visualisierung einige Hilfestellungen zur Arbeitserleichterung! So finden Sie haufenweise Clipart-Grafiken („Symbols") im Hauptmenü unter „Insert" → „Symbols & shapes". Komplexere Visualisierungen finden Sie im Hauptmenü unter „Insert" → „Diagram".

Die Auswahl an Diagrammen ist nicht unendlich, aber dennoch wertvoll, weil Sie sie problemlos erweitern oder an Ihre Bedürfnisse anpassen können. Ist Ihnen zum Beispiel die rechteckige Sprechblase zu hoch, die in der Auswahl der Layouts angeboten wird? Passen Sie das Rechteck einfach entsprechend an!

Als fortgeschrittener Nutzer werden Sie die Diagramme nur selten komplett und ohne Anpassungen einsetzen. Früher oder später sind sie nur noch ein Ersatzteillager, aus denen Sie vorgefertigte Objektkombinationen entnehmen und in eigene Zusammenhänge einfügen. Damit lässt sich eine Menge Zeit sparen – wie mit vielen Features in Prezi, wenn man sie „un-eigentlich" verwendet, also anders, als eigentlich gedacht.

Für unsere Zwecke (in der Beispielpräsentation) bedienen wir uns bei dem Diagramm „Callout Box", und ändern es ein wenig ab. Außerdem geben wir der Sprechblase ein Gesicht, und zwar ein Smiley aus der Symbolauswahl.

Prezi ist, was seine Ausstattung mit Symbolen betrifft, im Wettbewerb mit der Microsoft-Konkurrenz noch unterlegen. Die praktischen SmartArt-Grafiken aus den Microsoft-Produkten (Word, PowerPoint) können Sie aber einfach und effektiv für Prezi nutzen. Erstellen Sie einfach die gewünschte Grafik im Microsoft-Programm Ihrer Wahl, speichern Sie das Dokument im PDF-Format, und importieren Sie es in Prezi. Wie das funktioniert, erfahren Sie auf Seite 105 und Seite 117.

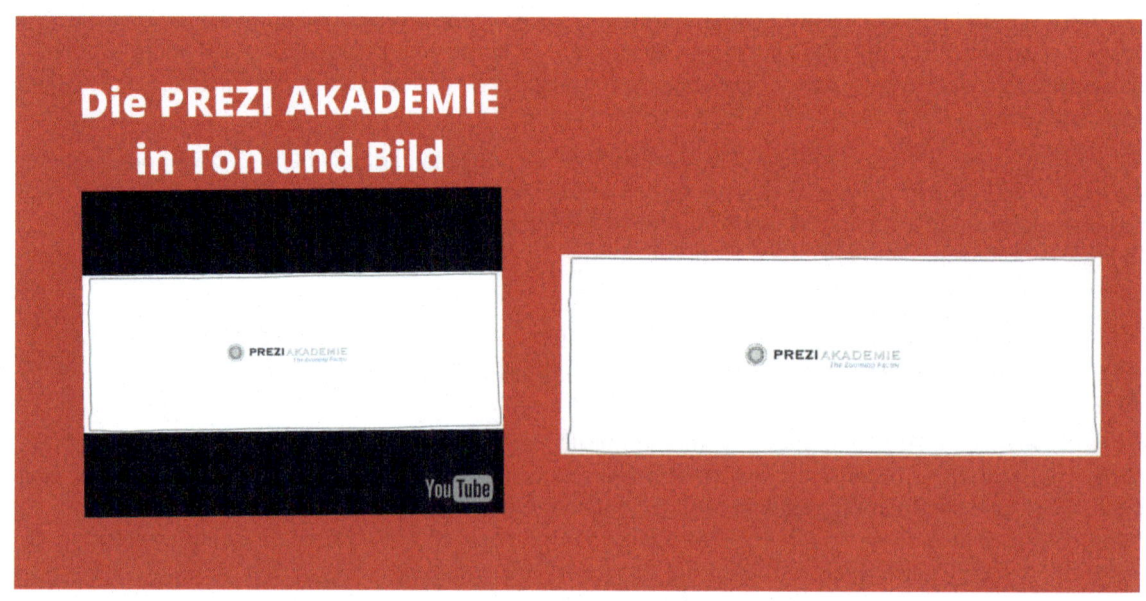

Links ein Youtube-Video, rechts ein MP4-Video auf einer Prezi-Oberfläche: Youtube zeigt die Videos grundsätzlich im Seitenverhältnis 4:3 an, egal, wie groß die tatsächlich genutzte Fläche auf der „Leinwand" ist.

YouTube-Videos und eigene Filme einbinden

Wie Sie YouTube-Videos in Ihre Prezi einfügen, haben Sie bereits auf Seite 73 erfahren: über den „Insert"-Button im Hauptmenü. YouTube-Videos erscheinen aber auch ganz einfach durch die Eingabe der Video-URL als Textobjekt in Ihrer Prezi – natürlich nur, wenn Sie online sind.

Grundsätzlich sollten Ihre Videos natürlich auch Teil Ihrer Prezi sein, wenn Sie offline arbeiten, zum Beispiel wenn Sie die Prezi auf einem USB-Stick dabeihaben und sich nicht sicher sind, ob Sie in der Präsentationssituation Internetzugriff haben werden. Vorteilhaft wäre es also, wenn Ihr Video auf Ihrer Festplatte oder einem externen Speichermedium vorläge. Folgende Formate können Sie in Ihrer Prezi nutzen: FLV, F4V, AVI, MOV, WMV, F4V, MPG, MPEG, MP4, M4V, 3GP

Wenn Sie ein Video auf Ihrer Festplatte vorliegen haben, sind Sie also auch für Offline-Präsentationen gerüstet. Klicken Sie auf „Insert" im Hauptmenü und anschließend auf „From File (PDF, video)". Sie müssen dann noch über den nun angezeigten Dateimanager zur Videodatei navigieren, die Datei auswählen und mit einem Klick auf „Speichern" bestätigen.

Eigens erstellte Videos können Sie ganz einfach in mindestens einem der genannten Formate speichern oder umkodieren. Bei YouTube-Videos funktioniert das Ganze etwas aufwendiger: Suchen Sie in der Suchmaschine Ihres Vertrauens nach „youtube download", und Sie finden eine Unmenge von Programmen und Möglichkeiten, wie Sie YouTube-Videos in einem der benötigten Formate (idealerweise FLV oder MP4) auf Ihrer Festplatte speichern können. Einige Online-Tools erlauben dies sogar, ohne dass Sie hierfür erst ein Programm installieren müssen – dafür müssen Sie jedoch extrem viele Werbebanner und Pop-ups ertragen.

Rechtlich bewegen Sie sich bei dieser Praxis in einer Grauzone. YouTube geht regelmäßig gegen entsprechende Plattformen vor, obwohl das Ziehen von Kopien für den privaten Gebrauch nicht gegen die Geschäftsbedingungen von YouTube verstößt – so zumindest die aktuelle Meinung von Rechtsexperten.

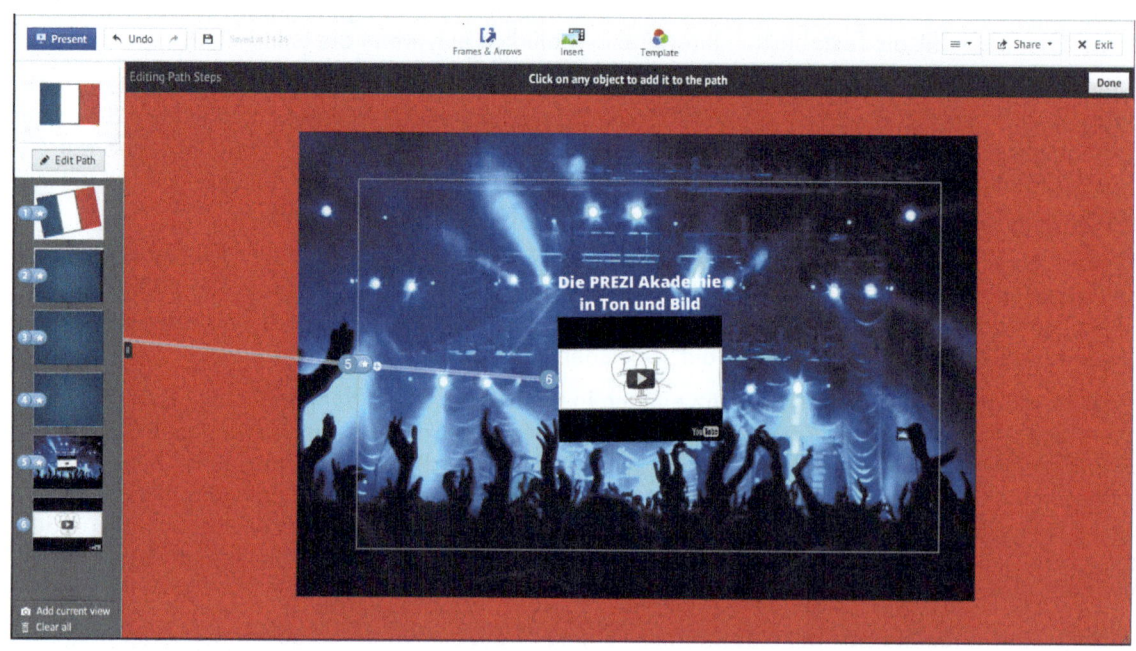

Der Invisible Frame zeigt einen relativ großen Ausschnitt des Bildes. Im Präsentationsmodus erkennt man eindeutig, dass ein Video der nächste Schritt sein wird.

Ein Videoschaufenster erstellen

Ein weiteres Anwendungsbeispiel für den Invisible Frame ist die moderatorenfreundliche Einbindung eines Videos in die Prezi.

Standardmäßig bedeutet ein Path-Punkt, den man direkt auf ein Video legt, dass das Video unmittelbar abgespielt wird, sobald der Bildschirmausschnitt sich richtig ausgerichtet hat. Je nach Aufbau der Präsentation kann das im Präsentationsmodus dazu führen, dass der Präsentator noch den Übergang zwischen dem vorherigen Pfadpunkt und dem Pfadpunkt mit dem Video erläutert – und plötzlich plärrt schon die Tonspur des Videos aus den Lautsprechern.

Ein solcher Fauxpas kann mal vorkommen, sollte Ihnen aber nicht passieren. Falls Ihre Präsentation zu umfangreich ist, um sich wirklich haargenau die Abfolge der Pfadpunkte einzuprägen, sollten Sie einen Invisible Frame nutzen.

Setzen Sie Ihr Video in einen Invisible Frame, und fügen Sie bei Bedarf einen Titel in Text-Form in den unsichtbaren Rahmen ein. Sie tun das weniger für Ihre Zuschauer, sondern für sich selbst als Präsentator, damit Sie den folgenden Videoclip passend anmoderieren können.

In unserer Beispielpräsentation wollen wir, leicht versteckt, ein wenig Werbung für die Prezi Akademie einbauen. Um den Videoclip erstens leicht finden zu können und zweitens vorbereitet zu sein, wenn der Pfadpunkt im Laufe des Pfads angezoomt wird, gestalten wir ein entsprechendes Videoschaufenster. Als Hintergrundgrafik verwenden wir ein Bild, das uns über „Images" im Hauptmenü und von der Funktion „From Google Images…" als lizenzrechtlich unbedenklich empfohlen wurde.

Je nach Ihrer persönlichen Präferenz legen Sie den Path-Punkt entweder auf den Invisible Frame und betätigen den „Play"-Button auf dem Video dann selbst mit dem Mauszeiger. Oder Sie legen einen zweiten Pfadpunkt auf das Video und starten es somit im Präsentationsmodus automatisch, sobald Sie den nächsten Pfadpunkt „ansteuern".

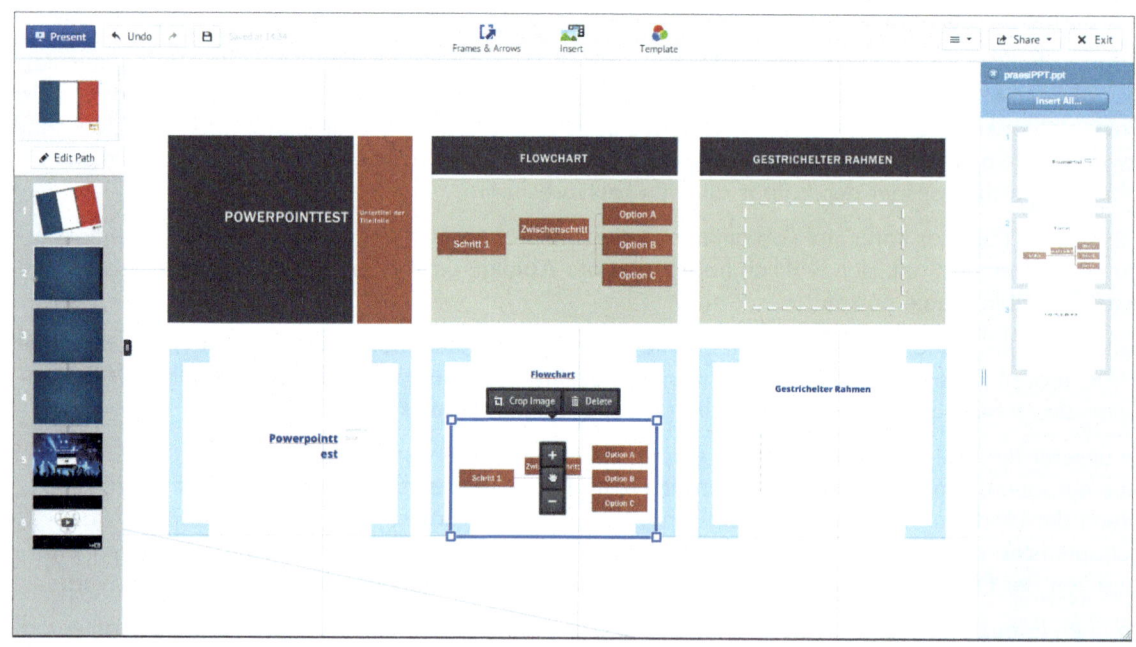

Die unteren drei Folien sind die aus der PPT-Import-Leiste rechts entnommenen Folien der Präsentation im PPT-Format. Unten sehen Sie die gleichen drei Folien, die jedoch zuvor als PDF-Datei gespeichert und im Hauptmenü über „Insert" → „From File" importiert wurden.

PowerPoint-Folien importieren #1

Das geht eigentlich ganz einfach über den „PowerPoint"-Button im Hauptmenü. Jetzt kommt das große „Aber": Das Feature hat gerade erst das Beta-Stadium hinter sich gelassen. Dementsprechend unreif und unrund läuft es. Aber sehen wir uns Schritt für Schritt an, wie das Ganze funktioniert.

Wählen Sie eine PowerPoint-Präsentation aus, die Sie gerne importieren würden. In unserem Fall haben wir im Dateiauswahl-Dialog, der erscheint, wenn Sie den „PowerPoint"-Button klicken, eine drei Folien umfassende Beispielpräsentation mit einem Flowchart und einem eigentlich netten Standarddesign gewählt.

Zunächst lädt Prezi Ihnen Vorschaubilder Ihrer Folien rechts in die seitlich aufpoppende Leiste. Die Vorschaubilder haben nur eine grobe Ähnlichkeit mit den Folien, wie sie in PowerPoint dargestellt werden. Wenn Sie die Vorschaubilder einzeln auf Ihre Oberfläche ziehen (oder sie alle über den „Insert All..."-Button importieren), können Sie die Folie genau platzieren und die Platzierung mit dem grünen Haken bestätigen.

Was dann erscheint, sieht oft deutlich schlechter aus als das PowerPoint-Original. Prezi offenbart dabei drei Hauptprobleme:

- Prezi ignoriert den Master-Foliensatz völlig. Anstatt das Masterfolien-Design zu nutzen, wird ein transparenter Hintergrund angenommen.
- Prezi versteht offenbar das Ebenen-System von PowerPoint nicht und platziert Text dementsprechend oft hinter die farbigen Flächen, auf denen der Text eigentlich erscheinen sollte.
- Prezi passt sämtliche Schrift-Elemente an die im Prezi-Theme eingestellten Schriftarten an.

Tipp

Auch hier gilt wieder: Arbeiten Sie „un-eigentlich"! Der PowerPoint-Import ist eigentlich unausgereift und führt selten zu guten Ergebnissen. Benutzen Sie ihn anders, als eigentlich intendiert. Wie? Blättern Sie um!

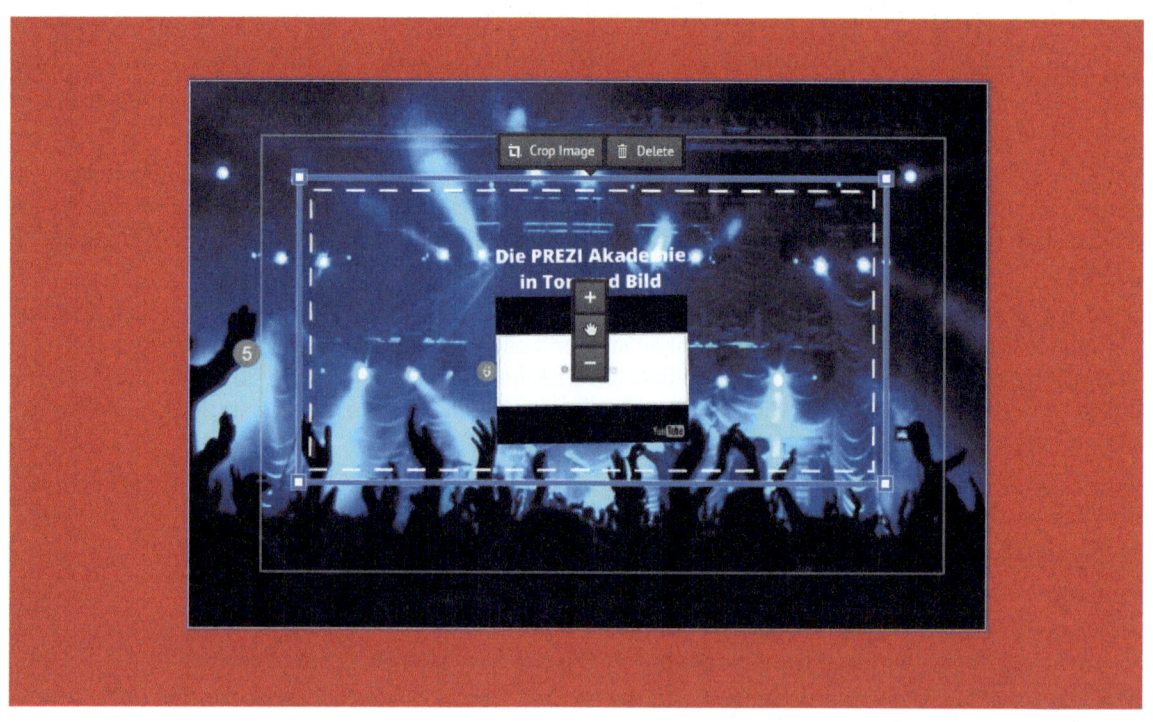

Für den Import ganzer Folien eignet sich der PDF-Import besser. Für unsere Beispielpräsentation entnehmen wir aus dem „Ersatzteillager", das bei unserem PowerPoint-Import entstanden ist, den gestrichelten Rahmen und verschönern damit das Videoschaufenster.

PowerPoint-Folien importieren #2

So komisch es sich liest, aber für den PowerPoint-Folien-Import nutzen Sie am besten nicht den PowerPoint-Folien-Import. Speichern Sie Ihre PowerPoint-Präsentationen einfach im PDF-Format, und importieren Sie diese Datei dann über „Insert" →„From File (PDF, video)" auf Ihre Oberfläche.

Im PDF-Format geladen, sieht Ihre Präsentation genau so aus, wie Sie sie für gewöhnlich an die Wand projizieren bzw. drucken oder im Präsentationsmodus sehen. Natürlich gehen Animationen verloren, aber alles andere bleibt: die Schriftarten, der Masterfoliensatz, die Ebenen.

Nutzen Sie den PowerPoint-Import nicht, wie eigentlich vorgesehen, sondern „un-eigentlich": für den Import von aufwendigen, farbigen Grafiken, für Formen in einer völlig frei gewählten Farbe, für Tabellen, für Rahmen mit gestrichelten oder welligen Linien usw. – und das alles in Vektoren, also ohne dass die Objekte beim Heranzoomen verpixeln! Prezi-Profis verwenden den PPT-Import im Grunde nur für den Import von Einzelteilen aus PPT-Dateien. Ganze Folien werden nur als PDF-Dateien importiert! Das PPTX-Format eignet sich übrigens weniger für den „Ersatzteil-Transfer", oft werden aufwendig gestaltete Objekte hier einfach ignoriert.

Wir sind von Prezi absolut begeistert – aber gleichzeitig der Meinung, dass man in Kombination mit PowerPoint quasi „the best of both worlds" nutzen kann und auch nutzen sollte. Gerade weil bei Prezi der Spielraum, was die farbliche Anpassung und Auswahl von Formen angeht, sehr begrenzt ist, sind wir große Fans des PowerPoint-Imports.

Für all diejenigen, die nicht „mal eben so" Vektorgrafiken aus dem Ärmel schütteln können, ist der PowerPoint-Import eine tolle Möglichkeit, um sich mit nicht-verpixelnden Grafiken zu versorgen.

Vektorgrafiken? Verpixeln? Dabei geht es um unterschiedliche Typen von Bildern. Mehr dazu erfahren Sie auf der nächsten Seite.

Die gelbe Ei-Grafik ist eine für diese Präsentation angefertigte Vektorgrafik. Trotz ihrer Größe sind alle Linien klar. Die Pixelgrafik oben rechts sieht in kleiner Ausführung gut aus, die vergrößerte Detailansicht unten rechts ist hingegen verpixelt.

Pixelbilder und Vektorgrafiken #1

Sämtliche JPEG-, GIF- und BMP-Dateien (und viele mehr) basieren grundsätzlich auf einem Pixelraster. Jedem Bildpunkt ist ein Farbwert zugeordnet. Eine Grafik mit der Auflösung 200 x 150 px hat also insgesamt 30.000 Bildpunkte (Pixel), deren Farbwert jeweils genau bestimmt ist. Je größer Sie eine solche Grafik auf Papier ausdrucken, desto „verpixelter" sieht das Bild aus, das heißt, desto extremer treten die einzelnen Bildpunkte als quadratische Einzelteile hervor. Eine schräge Linie erscheint dann nicht mehr gerade, sondern in Zickzack-Optik. Dieser Effekt stellt sich auch bei Prezi ein, wenn man nahe an ein Pixelbild heranzoomt: unschön!

Die Alternative zu Pixelbild sind Vektorgrafiken, die meist im PDF-Format vorliegen. Sie basieren auf einer mathematischen Bildbeschreibung, die exakt die Einzelteile definiert, aus denen ein Bild aufgebaut ist – Einzelteile wie Linien, Kreise oder sonstige geometrische Formen. An diese Grafiken können Sie endlos heranzoomen, ohne dass sich die berühmt-berüchtigte „Verpixelung" einstellt.

Es liegt auf der Hand, dass Vektorgrafiken wegen des ausgiebigen Zoomens in Prezi besser geeignet sind als Pixelbilder. Aber nicht nur wegen des Nicht-Verpixelns sollten Sie bei der Arbeit mit Prezi Vektorgrafiken den Vorzug geben: Vektorgrafiken sind bei Weitem nicht so speicherhungrig wie Pixelgrafiken und eignen sich daher besser für schwindelerregende Zoomfahrten – diese werden nämlich durch zu große Datenmengen der Pixelgrafiken oft abgebremst und ruckeln dann merklich.

Da wir vorhaben, innerhalb der Eierschale und auf dem Dotter weitere Objekte zu platzieren, greifen wir hier auf eine Vektorgrafik zurück. Eine Pixelrastergrafik würde beim Heranzoomen zu stark verpixeln.

Pixelbilder und Vektorgrafiken #2

Die Verwendung von zu vielen hochaufgelösten Pixelgrafiken kann Ihren Rechner während des Präsentierens an die Grenzen seiner Belastbarkeit bringen. Um das zu verhindern, können Sie schon bei der Gestaltung Ihrer Prezi prüfen, ob die Rechenkapazität für die Präsentation ausreicht. Sobald Sie sich nicht mehr ruckelfrei auf Ihrer Oberfläche bewegen bzw. in sie hinein- und aus ihr hinauszoomen können, liegen zu viele hochaufgelöste (und damit große) Bilddaten innerhalb des aktuellen Oberflächenausschnitts vor.

Präventiv sollten Sie deshalb stets darauf achten, Ihre Bilddaten so klein wie möglich zu halten!

- Verwenden Sie Bilder, die ungefähr die Auflösung Ihres Bildschirms haben, wenn Sie nicht in sie hineinzoomen wollen. Diese Auflösung reicht absolut, wenn Sie das Bild nur bildschirmfüllend anzeigen lassen wollen. Was für eine Auflösung Ihr Bildschirm hat, kann Ihnen diese Webseite sagen: www.whatismyscreenresolution.com/

- Verwenden Sie – wo es geht – Vektorgrafiken statt Pixelbilder. Vektorgrafiken vertragen sich deutlich besser mit Zooms bei Prezi und verpixeln nie, auch wenn Sie noch so nah an sie heranzoomen.

- Komprimieren Sie Ihre JPEG-Dateien effektiv, d.h. so, dass die Kompression nicht sichtbar wird, die Grafik aber, was die Datenmenge angeht, schlank bleibt. 100 % Qualität bei der Kompression bzw. Speicherung zu wählen macht ebenso wenig Sinn wie 50 %. Die goldene Mitte liegt bei etwa 75 % bis 85 %.

Für unsere Beispielpräsentation haben wir uns ein Zuckerl gegönnt, das wir uns als Vektorgrafik im Flash-Format (SWF) haben erstellen lassen. Zu erklären, wie man mithilfe von Drittprogrammen solche und ähnliche Vektrografiken erstellt, würde weit über die Grenzen von Prezi und dieses Buchs hinausführen. Besuchen Sie regelmäßig die Internetadressen im Anhang, um Tipps zu frei nutzbaren Vektoren zu finden und Hinweise auf Programme zu erhalten, mit denen Sie günstig und schnell Vektoren erstellen können.

Bilder zuschneiden in Prezi

Egal ob Pixelbild oder Vektorgrafik – über das Transformation Tool und einen Klick auf „Crop Image" können Sie Ihr Bild ganz elegant zuschneiden. Drücken Sie auf Esc, wenn Sie die vorgenommene Änderung annehmen möchten. Allerdings bleibt Ihnen der abgeschnittene Rest erhalten. Sollten Sie sich „verschnitten" haben, klicken Sie einfach noch einmal auf den Bleistift. Schon können Sie Ihren Zuschnitt wieder abändern!

Auch für das Bearbeiten von Bildern ist also kein externes Programm nötig. Prezi vereinfacht Ihnen auch hier die Arbeit: Doppelklicken Sie auf ein Bild (respektive klicken Sie einmal „Crop Image" im Transformation Tool), und schon öffnet sich das kleine Werkzeug, mit dem Sie Ihre Bilder zuschneiden können.

Im Präsentationsmodus ist nichts davon zu merken, dass der Rest des Bildes im Edit-Modus theoretisch wiederherstellbar ist.

> **Tipp**
>
> Auch einzelne Seiten eines importierten PDF-Dokuments lassen sich so ganz leicht zuschneiden.

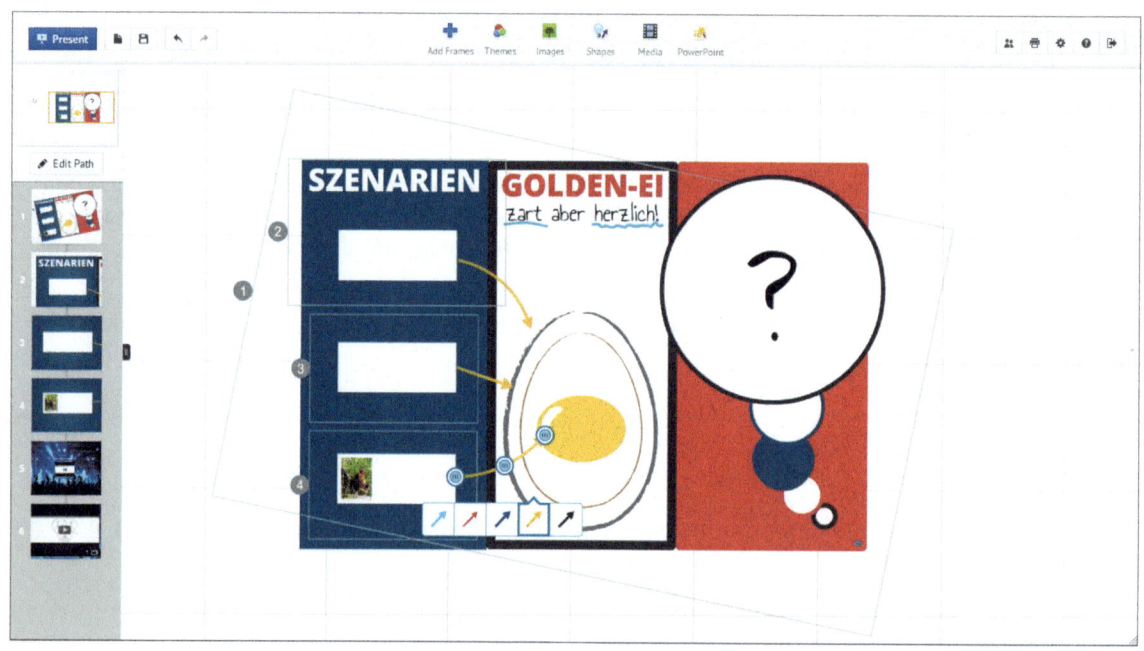

Bis auf unser winziges Videoschaufenster-Bild (unten rechts, kaum zu erkennen) und das Hühnerfoto unten links sind alle Objekte auf der Leinwand vektorbasiert und somit flüssig zoombar.

Formen für Fortgeschrittene

Die knappe Auswahl an Formen (zu erreichen über „Insert" → „Symbols & shapes" im Hauptmenü) wird jetzt, da Sie die Vorteile von Vektorgrafiken kennen, viel wertvoller: Sämtliche Formen bei Prezi sind nämlich vektorbasiert und verpixeln nicht, wenn Sie an sie heranzoomen – übrigens genau wie die Schrift bei Prezi. Das gilt nicht nur für die geometrischen Formen, sondern auch für die Pfeile, Linien und den Neonmarker unter „Frames & Arrows".

Neonmarker: Ohne ruhige Hand sind Sie entweder aufgeschmissen – oder Sie sind selbstbewusst und nutzen dieses Markierungstool trotzdem.

Rechteck, Kreis und Dreieck: Der Style-Button im Transformation Tool hilft bei der farblichen Anpassung und beim Ändern der Eckpunkte. Falls Ihnen die dort angebotenen Optionen nicht zusagen, können Sie im Theme Wizard nachbessern. Um das ganze Spektrum der unterschiedlichen Farboptionen selbst einzustellen, kommen Sie allerdings nicht um die Nutzung des CSS-Editors herum (siehe dazu den Tipp auf Seite 85).

Pfeil & Linie: Mit dem Bleistiftsymbol können Sie hier auch die Farbe des Objekts austauschen und den Anfangs- und den Endpunkt Ihrer Geraden oder Ihres Pfeils verändern. Außerdem können Sie gebogene Linien und Pfeile erstellen, indem Sie den mittleren Punkt verschieben.

Tipp

Ihre Linien und Pfeile werden je nach Zoomstufe in verschiedenen Ausmaßen erstellt. (Speziell die Breite der Linie variiert stark, auch beim Pfeil). Wenn Sie mehrere gleich dicke Linien oder Pfeile erstellen wollen, duplizieren Sie einfach einen Pfeil immer wieder per Strg+C und Strg+V.

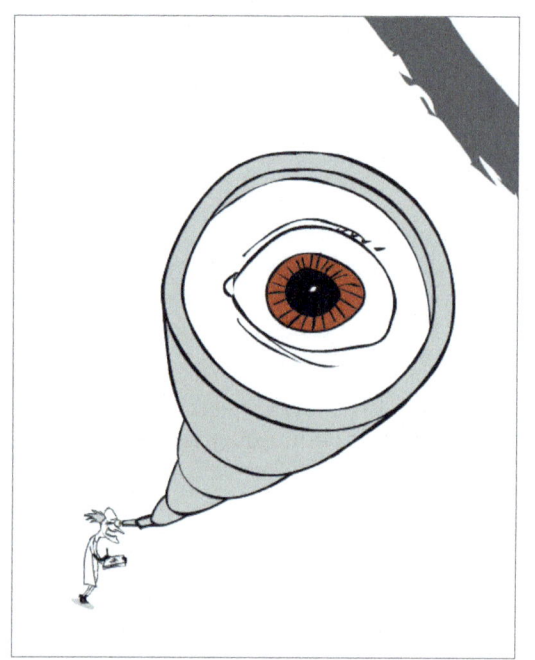 

Das Auge im Fernglas öffnet und schließt sich wieder in ständiger Wiederholung. Außerdem kritzelt der gelehrte Herr etwas auf seinen Notizblock. Beides belebt die gesamte Prezi.

Flash-Animationen und PDFs einbetten

Die wenigsten Prezi-Nutzer sind Flash-Profis. Dementsprechend selten findet man in der Prezi-Community Prezis, die Flash-Animationen enthalten. Manche von ihnen entpuppen sich aber als wahre Glücksfälle – und zwar dann, wenn man sie kopieren und in seiner eigenen „Your Prezis"-Sektion ablegen kann! Das funktioniert bei allen Prezis in der „Reusable Prezis"-Sektion: www.prezi.com/explore/copyleft-prezis/.

Für unsere Beispielpräsentation bemächtigen wir uns einer Animation aus einer mittlerweile klassischen Prezi der Prezi-Macher: www.prezi.com/dpqe5z-tpuqb/academy-inserting-animations-in-prezi/. Diese Prezi zeigt, wie sich eine Story durch Animationen verstärken lässt, und untermalt dies – wie könnte es anders sein – mit Animationen.

Kopieren Sie die Prezi mit einem Klick auf „Make a copy" unten links. Schon liegt eine Kopie der Prezi in Ihrem Prezi-Arsenal. Öffnen Sie sie jetzt im Edit-Modus, und rechtsklicken Sie auf eine beliebige Animation. Sie können die Animation nun kopieren und in eine Prezi Ihrer Wahl einfügen, die Sie in einem anderen Browser-Fenster geöffnet haben, indem Sie auf die Oberfläche rechtsklicken und dann „Einfügen" wählen.

Eigene Flash-Animationen können Sie im FLV-Format selbstverständlich auch einfügen, und zwar über „Insert" im Hauptmenü. PDFs fügen Sie ebenso ein. Die einzelnen Seiten des Dokuments werden alle in der gleichen Größe importiert und in einer Art Raster-Ordnung angeordnet.

Vorsicht! Die PDFs werden im Rahmen des Imports auf den Prezi-Servern verarbeitet. Dementsprechend können Sie in der Desktop-Version keine PDF-Dateien importieren, wenn Sie nicht währenddessen online sind.

Tipp

Achten Sie darauf, dass Sie die PDF-Seiten zunächst auf eine relativ leere Fläche importieren. Falls sich kleine, fremde Objekte unter den PDF-Seiten befinden, verschieben Sie diese mit, wenn Sie eigentlich nur die PDF-Seiten gruppieren und „zurechtrücken" wollen.

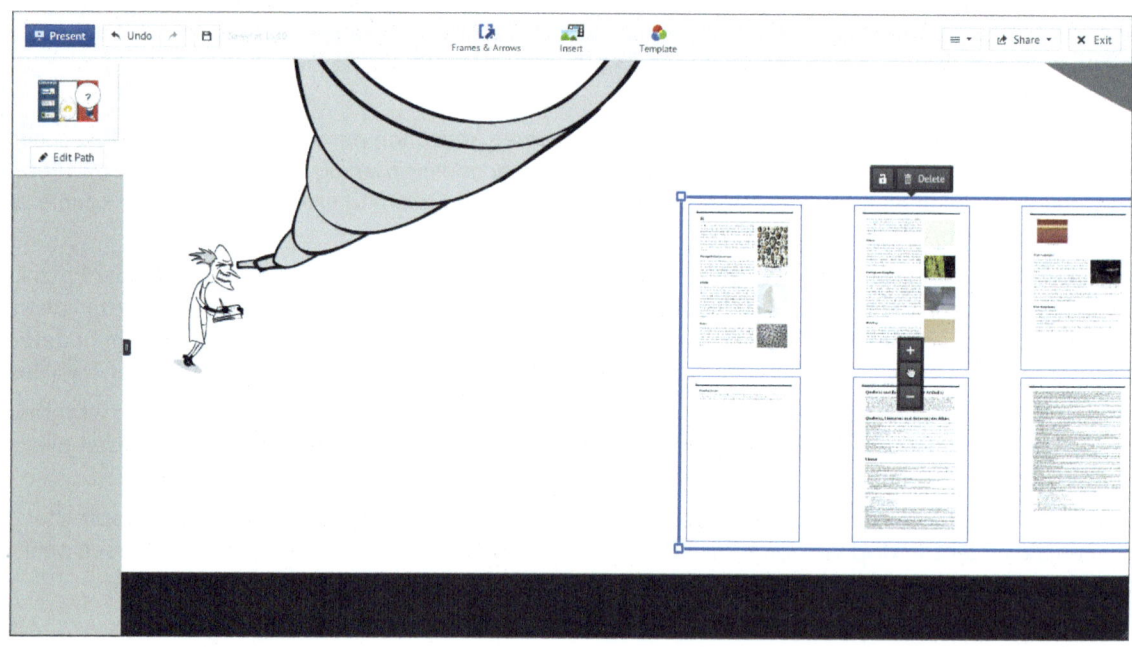

In unserer Beispielpräsentation haben wir dem eifrig kritzelnden Wissenschaftler kurzerhand den Wikipedia-Artikel zum Thema „Ei" im PDF-Format zur Seite gestellt.

Online-Ressourcen einbinden

Wenn Sie aus Ihrer Prezi heraus auf Online-Ressourcen zugreifen möchten, müssen Sie eine URL als Textobjekt auf der Prezi-Oberfläche einfügen und dann im Präsentationsmodus einfach auf diesen Link klicken.

Spätestens nachdem Sie die Prezi einmal geschlossen und wieder geöffnet (also den Edit-Modus einmal verlassen und wieder betreten) haben, ist der Link im Präsentationsmodus aktiviert, und Sie haben jederzeit die Möglichkeit, aus der Prezi direkt zur gewünschten Seite zu kommen.

Eine elegante Möglichkeit, um auch bei einer Offline-Präsentation auf vorbereitete Online-Inhalte zurückgreifen zu können, bietet sich über den Import von PDF-Dateien an („Insert" → „File").

Sie speichern die gewünschten Inhalte ganz einfach als PDF und importieren sie so auf Ihre Oberfläche. Wikipedia bietet diese Funktion beispielsweise direkt in der linken Seitenleiste unter „Drucken/Exportieren". Auf Apple-Systemen findet sich der Dialog zum Erzeugen von PDF-Dateien grundsätzlich überall dort, wo die Druckfunktion aufgerufen wird. Je nach Browser existieren außerdem verschiedene Widgets und Plugins, um Internetseiten als PDF zu speichern.

Unter Windows helfen Ihnen auch Tools, wie zum Beispiel **Bullzip** (*www.bullzip.com/products/pdf/info.php*).

Einmal installiert, fungiert Bullzip als eine Art Drucker, den Sie nutzen können, wenn Sie eine Internetseite als PDF speichern wollen. Wählen Sie als Drucker einfach „Bullzip" aus – das Programm erzeugt dann direkt eine PDF-Datei.

Noch ist kein Pfad festgelegt, aber Sie haben eine ganze Menge kleiner Details und Invisible Frames. Mit dem Feintuning beschäftigen Sie sich im nächsten Kapitel.

Mit Invisible Frames den Path vorbereiten

Erst die Oberfläche, dann der Path! Diesen Grundsatz müssen wir uns selbst auch oft ins Gedächtnis rufen, wenn wir mitten in der heißen Phase der Anreicherung der Oberfläche mit Inhalten und Objekten damit beginnen, Path-Punkte über die Oberfläche zu legen.

Es ist immer sinnvoll, einen Arbeitsschritt erst nach Abschluss des anderen in Angriff zu nehmen. Die klassische und bewährte Form ist, zunächst die Konzeption zu beenden, dann die räumliche Ordnung auf der Oberfläche zu schaffen, um anschließend eine Dynamik über den Path zu erzeugen.

Bei Missachtung dieses Dreisprungs kommen bei der Prezi-Gestaltung zu oft stark lineare Adaptionen eines klassischen PowerPoint-Ablaufs heraus.

Wir wollen unsere revolutionäre Eier-Beispielpräsentation dergestalt vollendet wissen, dass theoretisch auch bei der Benutzung ohne Pfad klar ist, wo sich welche Inhalte wiederfinden. Im linken Drittel wecken wir das Bedürfnis nach unserem Produkt in drei Szenarien. Die Lösung für die drei Herausforderungen ist – grafisch durch die Pfeile erkennbar – das Ei.

Das mittlere Drittel beschäftigt sich wissenschaftlich und praktisch mit den diversen „Features", die ein gewöhnliches Ei mit sich bringt. Wissenschaftlich arbeitet unser animierter Gelehrter links unten. Als eher populärwissenschaftlich ist der Rest dieses Drittels der Präsentation zu sehen.

Das rechte Drittel stellt sozusagen den Ausblick dar: Wie lässt sich ein Ei in Kombination mit anderen „Dingen" theoretisch noch nutzen? Was ist alles möglich? Außerdem ist das dritte Drittel natürlich die Heimat unseres kleinen Werbefilms für die Prezi Akademie, des Ideensponsors der gesamten Präsentation sozusagen.

Dass wir ein wenig Sinnhaftigkeit und Spannung im Rahmen des Story Stormings opfern mussten, um möglichst alle Prezi-Funktionen zu zeigen, sei zur unserer Verteidigung noch demütig angemerkt!

KAPITEL 5 | Der Prezi-Feinschliff

Unter „Feinschliff" verstehen wir die letzte Arbeitsphase in Prezi, während der wir dafür sorgen, dass alles „sauber durchläuft", dass die Präsentation „rund" ist und dass sowohl die einzelnen Path-Punkte als auch die Kamerafahrt von einem Path-Punkt zum nächsten einen angenehmen Eindruck vermitteln.

Vieles in dieser Arbeitsphase wird mit etwas Expertise schon von Anfang an bedacht und instinktiv nonstop mitbeachtet. Dieses Kapitel wird Ihnen dabei helfen, bei Ihrer nächsten Prezi ebenfalls schon das zu bedenken, was Ihrer Prezi den letzten Schliff verleiht.

Eine extrem wichtige Funktion, die Fade-in-Animationen, werden wir Ihnen ebenfalls vorstellen. Diese Animationen sollten Sie allerdings grundsätzlich immer erst am Ende Ihrer Arbeit einpflegen, da sie eng mit dem Path verwoben sind. Es empfiehlt sich, sämtliche Path-Angelegenheiten konzentriert am Ende zu klären. Wie schon erwähnt wurde, droht sonst das Abrutschen in zu lineare und PowerPoint-esque Sphären. Glauben Sie uns, auch Profis passiert so etwas schnell einmal, wenn die Selbstdisziplin nachlässt.

Gruppieren Sie in größeren Prezis zusammengehörende Objekte dauerhaft! So behalten Sie beim Verschieben der Ebenen den Überblick.

Ordnung schaffen mit Ebenen

Theoretisch hat jedes Objekt bei Prezi eine eigene Ebene – es gibt also so viele Ebenen wie Objekte. Oft überlagern sich Objekte aber oder überlappen sich in einer Form, die ästhetisch nicht ansprechend wirkt. Da ist es essenziell, den Überblick zu behalten und den Umgang mit verschiedenen Ebenen zu beherrschen.

Sie lösen solche Szenarien grundsätzlich mit einem Rechtsklick auf ein Objekt oder eine Gruppierung:

Bring Forward: Holt das angeklickte Objekt eine Ebene weiter nach vorne.

Bringt to Front: Holt das angeklickte Objekt auf die vorderste Ebene – verbirgt also alles andere hinter sich, sofern es die bisher existierenden Objekte überragt.

Send Backward: Schiebt das angeklickte Objekt eine Ebene weiter nach hinten, in Richtung des Hintergrunds.

Send to Back: Schickt das angeklickte Objekt auf die allerhinterste Ebene, also hinter alle anderen Objekte auf der Leinwand. Das Objekt verschwindet also, wenn Sie beispielsweise auf einer größeren Grafik oder einem Rechteck-Objekt arbeiten, hinter dem Objekt und lässt sich nur durch ein Rückgängig-Machen Ihrer Aktion wieder hervorholen – oder indem Sie das verdeckende Objekt wiederum in den Hintergrund schieben.

Behalten Sie die Übersicht über Ihre Objekte, indem Sie sie gruppieren! Drücken Sie dazu die ⬓-Taste, klicken Sie mit der Maus in die Nähe der auszuwählenden Elemente, und ziehen Sie dann einen Rahmen um diese Elemente herum auf. Lassen Sie die Maus los, damit das Transformation Tool für Ihre Objektgruppe eingeblendet wird. Mit dem kleinen Schloss-Symbol können Sie temporär gemachte Auswahlen von Objekten dauerhaft zusammen „schließen". Das erhöht die Wahrscheinlichkeit, dass Ihnen keine Objekte verloren gehen, die Sie dann über chaotische Verschiebungen wieder suchen müssen!

Sämtliche hier sichtbaren Invisible Frames sind im Präsentationsmodus unsichtbar.

Komfortable Prezi-Präsentationen

Komfortable Prezi-Präsentationen sind immer solche, bei denen sich der erstellende Nutzer für den letzten Feinschliff nicht zu fein ist. Und das macht sich bezahlt.

Je mehr Mühe Sie sich beim Feinschliff der räumlichen Ordnung Ihrer Prezi geben, desto flexibler und souveräner können Sie sich auf ihr und in ihr im Präsentationsmodus bewegen.

Ideal ist es, wenn sogar Prezi-Unerfahrene (zum Beispiel auf dem iPad) Ihre Prezi frei erkunden können. Ganz intuitiv sollte ein Klick auf ein Themengebiet in Ihrer Prezi idealerweise ein gesamtes Themengebiet bildschirmfüllend zeigen statt nur ein einzelnes Objekt, z. B. ein Textobjekt.

Der freie Zoom lässt sich per Mausrad, Pfeiltasten oder mit den blauen „+"-Buttons am Bildschirmrand immer einfach nutzen. Um ganz spezielle Inhalte aber auf dem ganzen Bildschirm darzustellen, empfehlen wir, die entsprechenden Inhalte jeweils mit unsichtbaren Frames zusammenzufassen. So reicht ein Klick in den Bereich der gewünschten Inhalte, und schon zoomt Prezi genau dorthin. Ein Pfadpunkt muss dafür übrigens nicht zwingend auf den Invisible Frame gelegt werden!

Auch die Ausrichtung des Bildschirminhalts sollten Sie so direkt festlegen. Neigen Sie Ihre Invisible Frames also immer so, dass die Ausrichtung der Inhalte des Rahmens schlüssig ist. Achten Sie nicht auf rechte Winkel in der Gesamtübersicht – die sind im Präsentationsmodus sowieso nicht erkennbar!

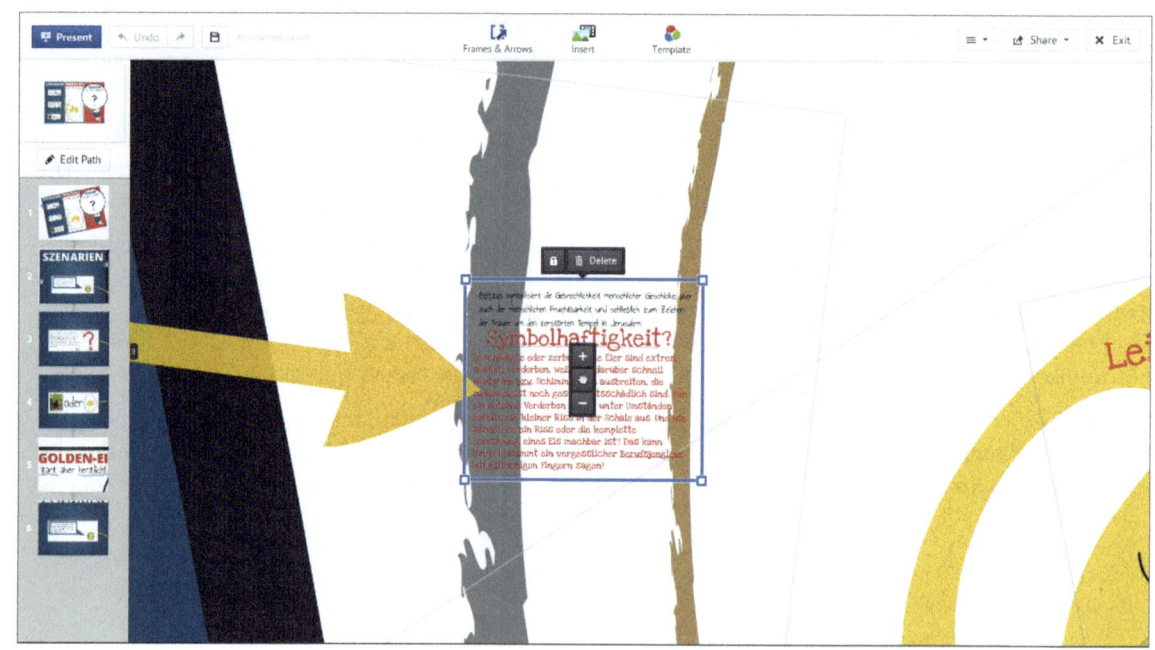

Damit eine Objektgruppe unsichtbar zusammengeschlossen wird, nutzen Sie nicht den Invisible Frame, sondern die dauerhafte Gruppierung.

Objekte wirklich unsichtbar gruppieren

Auch bei noch so kleinen Details macht es Sinn, Ordnung zu schaffen!

Als Alternative zu den Invisible Frames können Sie außerdem noch die Gruppierung mehrerer Objekte zusammen mit dem Schloss-Symbol nutzen.

Ein Vorteil der Gruppierung per Vorhängeschloss-Symbol ist, dass derartige Zusammenfassungen nie sichtbar werden. Bis kurz vor Drucklegung dieses Buches waren die Umrisse von Invisible Frames im Präsentationsmodus kurz zu erkennen, sobald man den Mauszeiger über sie bewegte. Das ist nun zwar nicht mehr so, aber diese Funktion könnte mittelfristig wieder eingeführt werden. Gehen Sie deshalb auf Nummer sicher: Die dauerhafte Gruppierung von Objekten war im Präsentationsmodus noch nie sichtbar – und das wird auch so bleiben, da legen wir uns fest!

Wenn Sie die drei verschiedenen Textobjekte, die Sie links sehen, über das Schloss-Symbol gruppieren, haben Sie tatsächlich eine unsichtbare Markierung bzw. Gruppierung der Objekte erreicht.

Klicken Sie auf eines der drei Textobjekte, wird nicht wie sonst das geklickte Textobjekt bildschirmfüllend gezeigt, denn dadurch würden Teile der anderen Textobjekte quasi aus dem Bildschirm herausragen. Vielmehr wird die Gesamtheit der drei Textobjekte bildschirmfüllend gezeigt. Die Möglichkeit, ein Textobjekt einzeln hervorzuheben, haben Sie dann nur noch per Zoom.

Die Gruppierung ist im Edit-Modus leider nur sichtbar, wenn Sie mit dem Mauszeiger über die entsprechenden Objekte fahren bzw. sie anklicken. Eine Übersicht, in der man erkennen kann, welche Objekte schon gruppiert sind und welche nicht, gibt es nicht. Wenn Sie auf ein ungruppiertes Objekt klicken, erscheint das Transformation Tool zentral auf diesem Objekt. Wenn Sie auf ein gruppiertes Objekt klicken, wird ein angedeutetes Rechteck als Zeichen der Auswahlumrandung angezeigt, und das Transformation Tool erscheint in dessen Mitte.

Die Standarddramaturgie: Der Pfad #1

Nachdem sämtliche Objekte nun entweder gruppiert oder absichtlich weiterhin als Einzelobjekte auf der Oberfläche vorliegen, folgt der nächste Schritt. Mit dem Path-Modus verleihen Sie der Prezi den „roten Faden".

Am einfachsten ist die Herangehensweise, tatsächlich der Reihe nach alle Inhalte mit einem Pfadpunkt zu versehen. Das Verschieben und Einschieben von Pfadpunkten im Nachhinein ist natürlich trotzdem möglich.

Alle Gestaltungsmöglichkeiten des Paths erreichen Sie über den Button „Edit Path" in der linken Seitenleiste. Solange Sie im Path-Modus sind, erzeugt jeder Klick auf ein Objekt auf Ihrer Oberfläche einen Path-Punkt, der mit dem Objekt fest verknüpft ist. Ebenfalls vollautomatisch wird ein passendes Vorschaubildchen in der linken Seitenleiste erstellt. Sie verlassen den Path-Modus durch einen erneuten Klick auf „Edit Path".

So können Sie auch direkt den ersten Pfadpunkt gestalten: Bei der überwältigenden Mehrheit aller Prezis ist dieser erste Bildschirmausschnitt ein Überblick über die gesamte Oberfläche. Das macht Sinn: Wir gehen vom großen Ganzen ins Detail.

Tipp

Achten Sie darauf, dass die Gesamtstruktur der Oberfläche während der Präsentation nicht zu sehr „in den Hintergrund rückt". Legen Sie bei Übergängen zwischen den Unterthemen ab und an wieder einen Pfadpunkt auf das große Ganze, so dass Ihre Zuschauer die Zusammenhänge erkennen und erinnern können!

Den Path-Modus konzentriert in einem Rutsch durchzuarbeiten macht übrigens auch deshalb Sinn, weil Sie sonst schon mal leicht die Übersicht über die Gesamtdramaturgie verlieren können!

Übersichtlich ist anders! So sieht die Prezi im Path-Modus aus. Eine große Hilfe in Sachen Übersichtlichkeit ist die linke Seitenleiste: Dort sehen Sie im Stil „what you see is what you get" zu jedem Pfadpunkt den Bildschirmausschnitt, der gezeigt wird.

Die Standarddramaturgie: Der Pfad #2

Prezis, die sich ideal auch über freies Klicken steuern lassen, sind oft so aufgebaut, dass sie vom großen Ganzen ins Detail gehen – in dieser Reihenfolge. Das heißt, Pfadpunkt X umfasst immer eine größere Region der Oberfläche als der Pfadpunkt X+1.

Das stellt viele Prezi-Nutzer vor die Herausforderung, entweder eine „Gliederung" ihrer Prezi zu Beginn zu präsentieren (d.h., die übergeordneten Themengebiete anfangs eines nach dem anderen vorzustellen) oder die Prezi ideal für das freie Klicken zu gestalten. In unserer Beispielpräsentation haben wir uns für die Gliederung entschieden. Die „unsichtbaren" Rahmen im linken Drittel werden jeweils zweimal angesteuert: einmal alle drei nacheinander im Sinne einer Gliederung, und das zweite Mal folgt auf das Szenario jeweils die dazugehörige Lösung im zweiten Drittel.

Nehmen wir an, wir wollen die Präsentation nicht von Anfang an beginnen, sondern nur auf Szenario Nummer 2 (das Szenario mit dem großen roten Fragezeichen) eingehen. Wir haben Szenario Nummer 2 mit einem „unsichtbaren Rahmen" versehen und diesen Rahmen zweimal mit dem Pfad verknüpft: Pfadpunkt 3 und Pfadpunkt 10.

Klicken wir im Präsentationsmodus auf den Bereich um Szenario 2, nimmt Prezi automatisch an, dass wir mit dem ersten verknüpften Pfadpunkt fortfahren wollen (Pfadpunkt 3). Klicken wir den „Nach rechts"-Button, geht es weiter mit Pfadpunkt 4, dem letzten Punkt der Gliederung. Leider gibt es keine Möglichkeit, zu konfigurieren, dass Prezi annimmt, wir befänden uns schon beim zweiten verknüpften Pfadpunkt (Nummer 10). Somit macht das freie Klicken hier wenig Sinn, da wir anstelle der Lösung zu Szenario Nummer 2 beim Drücken des „Nach rechts"-Buttons den Pfadpunkt 4 (also Szenario 3) zu sehen bekommen. Eine Behelfslösung wäre, im Präsentationsmodus die Gliederung zu Beginn der Präsentation per freiem Zoom und freiem Klicken zu emulieren und anschließend die Präsentation von vorn zu beginnen (durch Klicken und Halten des „Nach-links"-Buttons und durch Loslassen des Buttons über dem dann erscheinenden Button „Ganz von vorne").

Jede Hotelküche hat Eier ohne Ende auf Vorrat. Die B... Eiern statt "echten" Jonglierbällen bringt außerdem den Vo... sich, dass der Effekt eines fallenden Eis das bloße dumpfe "... eines Jonglierballs optisch und akustisch locker übertrifft.

Tadaa!

So sieht der Pfadpunkt 9 im Präsentationsmodus aus. Zugegeben, ordentlich ist anders. Gerade im Verbund mit der Gesamtpräsentation erscheint der Bildschirminhalt aber dennoch harmonisch.

Sauber oder wild?

Der Bildschirmausschnitt, den man im Präsentationsmodus an Pfadpunkt 9 unserer Beispielpräsentation zu sehen bekommt, sieht etwas unordentlich aus – gerade im Vergleich zum eher eintönig-ordentlichen Aufbau einer PowerPoint-Präsentation: Dort herrscht Folie für Folie der gleiche grundsätzliche Aufbau. Bei PowerPoint sieht man praktisch nie schräge Textpassagen halb in den Bildschirm ragen. Sollte eine Prezi ähnlich ordentlich geordnet sein? Das hängt von ihrem Inhalt, Zweck und Publikum ab.

Würden wir unsere Beispielpräsentation der Queen im Buckingham Palace vorführen, würden wir stärker darauf achten, nicht so viele ungeschriebene Regeln zu brechen: Wir würden darauf achten, dass nur der Text zu sehen ist, der zu dem Zeitpunkt behandelt wird, und auch darauf, dass nicht eine andere Textfahne schräg in den Bildschirm ragt. Vielleicht würden wir auch die durch Kreise angedeuteten Jonglierbälle haargenau am Pfeil ausrichten und dafür sorgen, dass die Spitze des Pfeils nicht halb von einem der Bälle verdeckt wird.

Auf der nächsten Seite wollen wir uns um zwei der „ungeschriebenen Regeln" en détail kümmern.

Tipp

Nicht nur die Zuschauer sollten einen Einfluss darauf haben, wie Sie Ihre Prezi optisch per-fektionieren, sondern auch der Inhalt. Ernstere und komplexere Themen als unser Eier-Thema profitieren sicher davon, wenn nicht allzu viele Fremdeindrücke auf die Zuschauer einwirken und sie vom Hauptthema des aktuellen Bildschirminhalts ablenken.

Schon anhand der Vorschaubilder in der linken Leiste können Sie erkennen, ob die jeweils gezeig-ten Bildschirminhalte einzeln und im Verbund aus einem Guss zu sein scheinen. Der Bildschirmaus-schnitt bei Pfadpunkt 9 wirkt trotz der scheinbaren Unordnung gleichmäßig und nicht ruhiger oder unruhiger als der Rest der Präsentation.

Ein Clipart, ein Foto und zwei verschiedene Schriftarten: Für den Zusammenhalt sorgt hier die zentrale Anordnung der wichtigen Elemente und eine Vielzahl an rechten Winkeln.

Ganz sauber oder ganz wild!

Die zwei grundsätzlichen ungeschriebenen Regeln, die gerade in der Feinschliff-Phase Orientierung geben, sind sozusagen „ein weites Feld". Jeder Nutzer hat eine andere Einstellung zu Ästhetik und wird die beiden Regeln für sich selbst anders interpretieren – übrigens auch bei der Gestaltung einer PowerPoint-Präsentation.

Ungeschriebene Regel Nummer 1:

Die Präsentation sollte „wie aus einem Guss" wirken: entweder komplett sauber oder komplett wild. Stellen Sie sich den links abgebildeten Bildschirmausschnitt als eine Folie in einer sonst ordentlichen, eher farblosen PowerPoint-Unternehmenspräsentation vor. Umgekehrt würde eine importierte Power-Point-Folie aus einer solchen ordentlichen Unternehmenspräsentation im Umfeld unserer bunten Prezi ebenso irritieren.

Abweichungen vom Standard (ordentlich oder wild) sind in Ordnung – sofern sie inhaltlich motiviert sind. Ein historischer Exkurs in einer sonst spielerisch-bunten Prezi darf ruhig peinlich genau geordnet sein.

Ungeschriebene Regel Nummer 2:

Das zentrale Element des Bildschirmausschnitts, den Sie zeigen, sollte erstens direkt erkennbar sein (groß, zentral angeordnet). Zweitens sollte dieses Element direkt mit dem zusammenhängen, was Sie Ihren Zuschauern erzählen, während diese den Bildschirmausschnitt sehen. Alles andere irritiert Zuschauer, da sie „den Faden verlieren" und nicht wissen, warum Sie etwas anderes zeigen als Sie „besprechen".

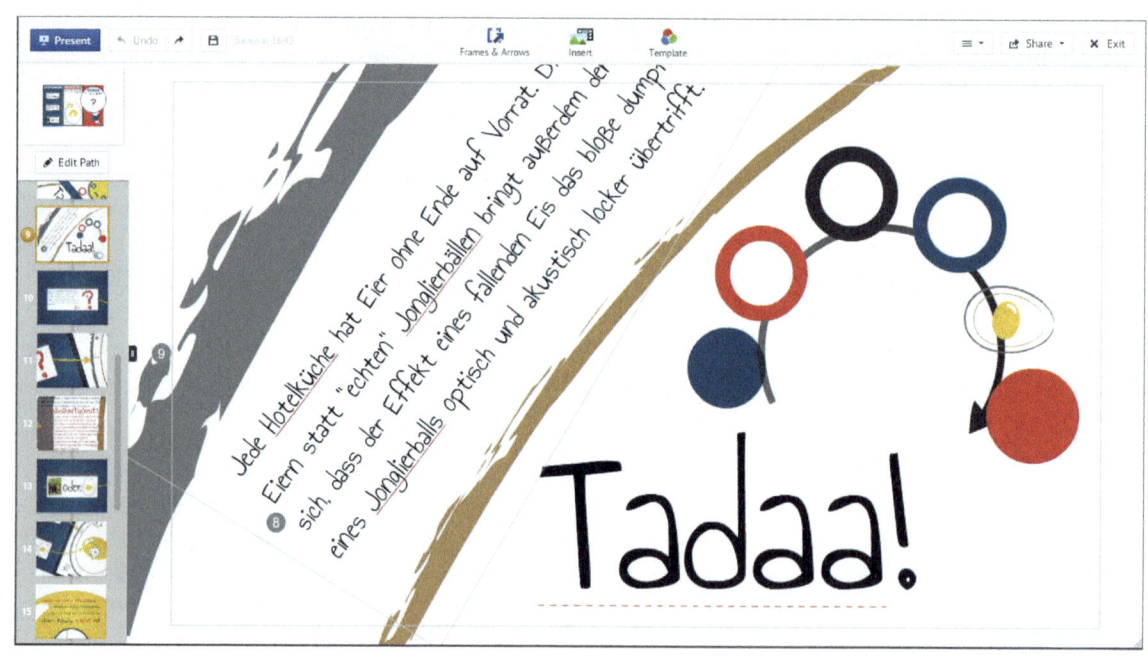

Der Goldene Schnitt befindet sich circa in Höhe des untersten Punkts des gefüllten blauen Kreises. Die braune unregelmäßige Linie unseres großen Ei-Cliparts kreuzt in etwa den Mittelpunkt des Bildes.

Augenschmeichler

Für die Gestaltung eines ruhigen bzw. für das menschliche Auge angenehmen Bildschirminhalts gibt es viele Regeln, die auch für Fotos gelten. So empfinden wir Bildschirmausschnitte als angenehm, die nach dem **goldenen Schnitt** geordnet sind, die also irgendeine Art Grenze bei ca. 61,8 % der Länge oder der Höhe des Bildschirms aufweisen. Für Rechenfaule empfehlen wir http://goldenratio-calculator.com/.

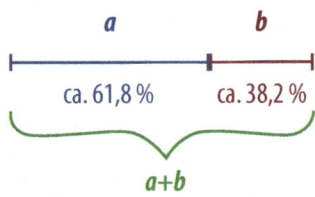

Wollen Sie beispielsweise ausschließlich eine große Überschrift zeigen, können Sie diese zentriert, aber gemäß dem goldenen Schnitt etwas oberhalb der eigentlichen Mitte des Bildschirms anordnen. Dazu legen Sie einen Invisible Frame so an, dass die Überschrift die Grenze zwischen 61,8 % und 38,2 % seiner Höhe darstellt!

Spezifisch für Präsentationen mit Prezi, PowerPoint und Co ist außerdem die Grundregel, dass mehr als zwei verschiedene Schriftbilder (also mit deutlich unterschiedlicher Farbe, Größe und Schriftart gestaltete Textteile) den gesamten Bildschirminhalt unruhig wirken lassen.

Des Weiteren sollten Linien (auch die nur gefühlten Ordnungslinien) entweder streng parallel oder orthogonal verlaufen – oder aber absichtlich krass davon abweichend.

All diese Regeln für die Darstellung der zu den Pfadpunkten gehörenden Bildschirmausschnitte können Sie beachten, Sie müssen es aber nicht tun.

Das Schöne an Prezi ist, dass die Bewegung zwischen den Pfadpunkten die Gesamtpräsentation oft „rund" erscheinen lässt – selbst, wenn die einzelnen Bildschirminhalte es einmal ganz streng genommen nicht sein sollten, zum Beispiel wenn Objekte sich überschneiden, Bilder abgeschnitten werden usw.

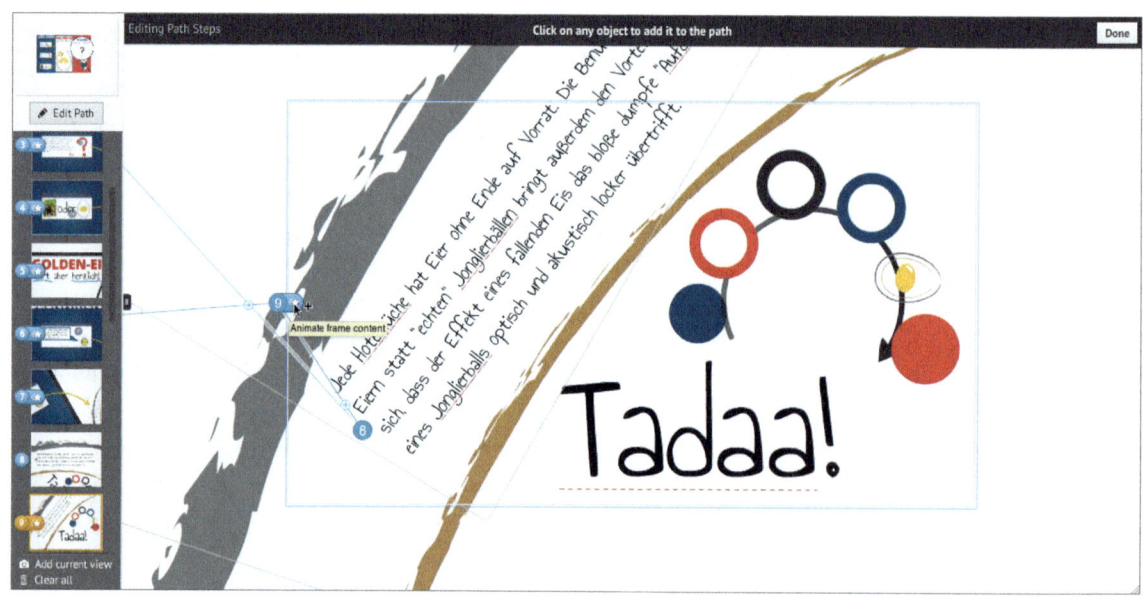

Bildschirmausschnitte, die mehrere Objekte enthalten (die theoretisch animierbar sind), sind zusätzlich zur Pfadpunktnummer mit einem Sternchen gekennzeichnet. Ein Klick auf den Stern bringt Sie in die Animationsmaske.

Fade-in-Animationen #1

Alles, was Sie in Ihrer Präsentation zeigen wollen, ist entweder von Anfang an irgendwo in irgendeiner Größe auf der Oberfläche – oder gar nicht. „Animationen" sind bei Prezi nur in dem Sinne möglich, dass Sie von vorhandenen Objekten auf der Oberfläche zu anderen Objekten springen. Das tun Sie per Zoom oder gesteuert durch den Pfad.

Außerdem gibt es die Fade-in-Animationen, die bis jetzt einzige Möglichkeit, Objekte auf Prezi nicht von Anfang an zu zeigen, sondern sie mithilfe des Pfades erst im Laufe der Präsentation erscheinen zu lassen. Je mehr Fade-in-Animationen Sie verwenden, desto weniger Objekte werden von Anfang an auf Ihrer Oberfläche präsent sein – was natürlich einen kleinen Nachteil bezüglich der freien Klickbarkeit darstellt. Wenn ich nicht sehe, wo die verschiedenen Themen platziert sind, muss ich auswendig wissen, wo ich welche Objekte angeordnet habe, denn erst mit dem Pfad erscheinen die Inhalte dann nach und nach.

Ein Beispiel für eine Prezi, die Fade-in-Animationen nutzt, gleichzeitig aber immer noch übersichtlich ist und somit auch frei klickbar, ist „Selling SaaS in the Enterprise" von Jacco van der Kooij: *www.prezi.com/m-o5zmzgylzr/selling-saas-in-the-enterprise/*.

Der Charme aller Prezis aus der Zeit vor dem Juli 2012 (erst seitdem gibt es die Fade-in-Animationen) besteht darin, dass sie überwiegend komfortabel frei klickbar sind. Mittlerweile sieht man mehr und mehr Prezis mit Fade-in-Animationen, die nicht mehr ganz so gut frei klickbar sind – dafür aber im Präsentationsmodus attraktiver wirken.

Tipp

Fade-in-Animationen nutzen oder nicht nutzen? Auf jeden Fall nutzen! Aber so, dass die räumliche Ordnung der Prezi weiterhin erkennbar bleibt und sie notfalls auch frei geklickt werden kann!

So sieht die Maske für das Erstellen von Animationen aus. Wenn Sie mit dem Mauszeiger über ein Objekt fahren, das komplett innerhalb des gewählten Ausschnitts liegt, wird es leicht gerahmt angezeigt, und das hellgrüne Animationssternchen wird angedeutet.

Fade-in-Animationen #2

Im Path-Modus (Sie aktivieren bzw. deaktivieren ihn durch einen Klick auf „Edit Path" in der linken Seitenleiste oben) sehen Sie neben manchen Path-Punkt-Nummern das kleine Stern-Symbol. Sowohl in der seitlichen Leiste mit Vorschaubildchen als auch auf der Oberfläche bringt Sie ein einziger Klick auf ein solches Sternchen in den Modus für die Bestimmung der Einzelobjekte, in dem Sie die Reihenfolge festlegen, in der die Objekte erscheinen sollen.

Wie funktioniert eine solche Animation? Ganz einfach: Objekte, die Sie in diesem Modus anklicken, erscheinen im Präsentationsmodus in der Reihenfolge, in der Sie sie angeklickt haben, und zwar ohne dass sich dabei der Zoom oder der Bildschirmausschnitt in irgendeiner Weise ändert. Objekte, die Sie nicht anklicken, also nicht mit einer Fade-in-Animation versehen, werden nicht animiert und sind grundsätzlich zu sehen.

Um etwas an der Fade-in-Animation zu ändern, gehen Sie einfach wieder denselben Weg im Edit-Modus: Aktivieren Sie den Edit Path-Modus, klicken Sie auf den Stern neben dem Path-Punkt, an dem Sie die Animation verändern wollen, und entfernen Sie die misslungenen Animationen, indem Sie auf das kleine rote Kreuz klicken, das erscheint, wenn Sie Ihren Mauszeiger über die kleinen Sterne bei den Einzelobjekten bewegen.

Einige Path-Punkte unserer Beispielpräsentation sind Beispiele für Path-Punkte, die sich nicht mit Animationen versehen lassen. Sie sind nicht mit einem Stern-Symbol versehen, das gleichzeitig der Button zum Hinzufügen von Fade-in-Animationen darstellt. Das liegt daran, dass der Pfadpunkt direkt mit einem Einzelobjekt verknüpft ist. Für Fade-in-Animationen müssen Sie grundsätzlich Rahmen anlegen. Allerdings gelten hier Formen (zum Beispiel unsere Rechtecke) auch wieder als Rahmen und können ebenfalls im Detail animiert werden.

Im Präsentationsmodus erscheint zunächst der erste Kreis, dann der Pfeil, dann der Reihe nach die weiteren Bälle, das Ei und ganz am Ende der große Schriftzug.

Fade-in-Animationen #3

Unsere kleine Jonglage-Animation in der Beispielpräsentation soll so ablaufen, dass zunächst weder das „Tadaa!", noch die Bälle, das Ei oder der Pfeil zu sehen sind.

Alles kein Problem: Wir haben nacheinander auf den blauen Ball links unten, den Pfeil, dann alle Bälle nacheinander mit dem Ei in ihrer Mitte geklickt und ganz am Ende noch auf den „Tadaa!"-Schriftzug. Und schon ist der gewünschte Effekt da:

Allerdings sollten solche klick-intensiven Animationsorgien eher sparsam eingesetzt werden. Im Präsentationsmodus lösen Sie jeden einzelnen Fade-in-Effekt genauso aus wie den Sprung von einem Path-Punkt zum nächsten: mit einem Klick auf Ihrem Presenter, mit einem Mausklick auf den „Nach-rechts"-Button unten rechts oder mit der →-Taste Ihrer Tastatur. Präsentatoren, die während ihrer Präsentation nonstop irgendetwas klicken, wirken aber selten tiefenentspannt. Im schlimmsten Falle sind Ihre Klicks sogar zu hören, und Ihre Zuschauer hören für eine relativ simple Botschaft (in unserer Beispielpräsentation sinngemäß: „Dank dem Ei kann der Jongleur seine Performance vorführen.") neun Klickgeräusche.

Streng genommen könnte man sagen, Prezis Fade-in-Animationen sind gar keine echten Animationen. Wirklich animiert ist hier nichts; Sie sorgen nur per Knopfdruck dafür, dass etwas erscheint, das davor nicht da war.

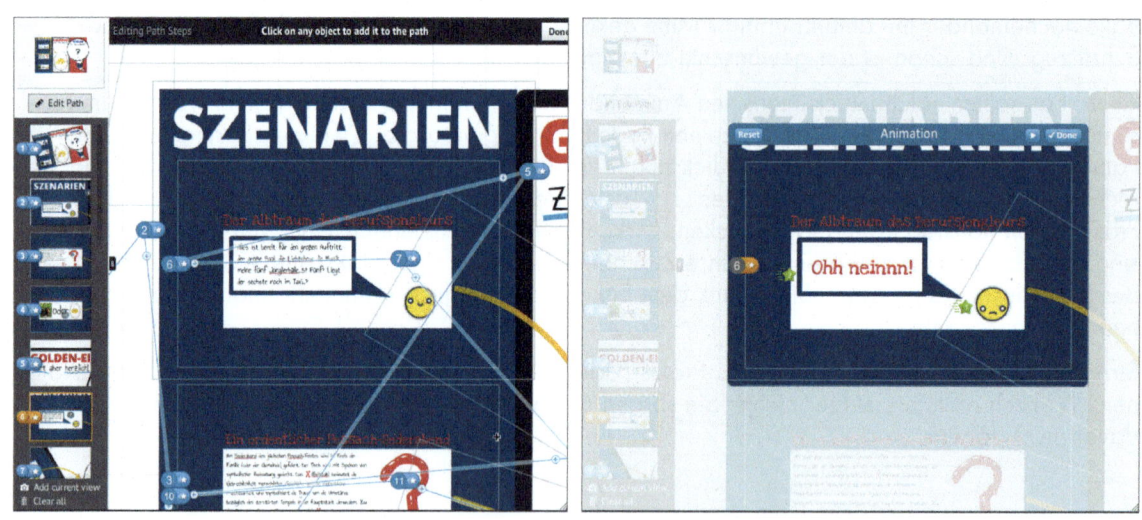

Links: Die Ansicht, bevor wir den Smiley und den Text mit den Objekten verdecken, die wir dann mit Fade-in-Animationen erscheinen lassen.

Fade-in-Animationen #4

Streng genommen gibt es bei Prezi (bis jetzt) keine Möglichkeit, Objekte im Verlauf des Paths auch verschwinden zu lassen. Durch etwas Querdenken lässt sich aber auch ohne das Vorhandensein der Funktion der Effekt fast immer herstellen – indem man das Objekt, das verschwinden soll, einfach mit einem anderen Objekt (idealerweise in der Hintergrundfarbe) überdeckt und dieses verdeckende Objekt mit einer Fade-in-Animation versieht.

So lassen sich auch etwas komplexere Geschichten erzählen. In unserer Beispielpräsentation wollen wir die einzelnen Szenarien im linken Drittel unserer Trikolore zunächst nur vorstellen und erst ins Detail gehen, nachdem die Gliederung der Gesamtpräsentation vorgestellt ist.

Wenn das Szenario Nummer eins dann ausführlich behandelt wird, wollen wir dafür sorgen, dass das fröhliche Smiley-Gesicht seine gut gelaunte Mimik verliert und dass entsprechend der schlechteren Laune auch der Inhalt der Sprechblase angepasst wird.

Dazu platzieren wir exakt auf dem gut gelaunten Smiley einen übelgelaunten (Sie finden ihn ebenfalls unter den Symbolen im Hauptmenü unter „Shapes"). Den Text in der Sprechblase überdecken wir mit einem weiß gefüllten Rechteck und dem neuen Textobjekt. Das Rechteck und das Textobjekt gruppieren wir dauerhaft, indem wir beide Objekte auswählen und auf das Schloss-Symbol des Transformation Tools klicken. So können wir die Gruppierung im Animationsmodus als ein Objekt gemeinsam erscheinen lassen und sparen uns im Präsentationsmodus einen überflüssigen Klick.

Bei Pfadpunkt 2 erscheint nur das Ursprungsbild, bei Pfadpunkt 6 werden mit zwei Klicks das traurige Gesicht und der neue Text sichtbar. Fertig ist der Miniaturcomic.

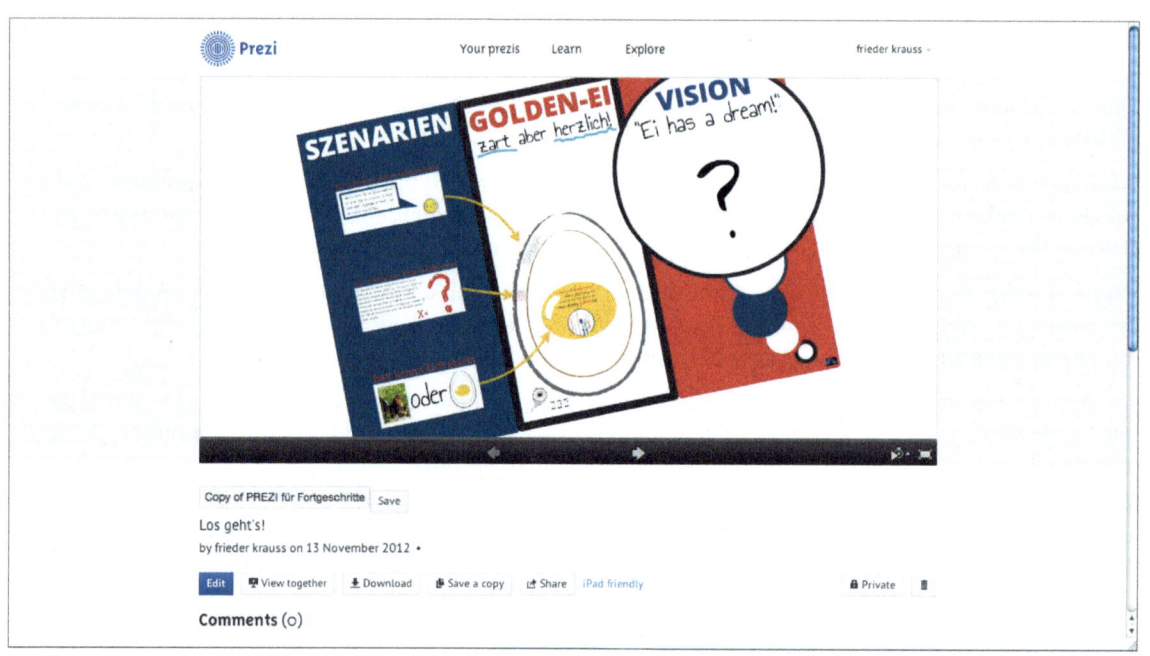

Fahren Sie mit dem Mauszeiger über den Titel oder die Beschreibung Ihrer Prezi, um Änderungen vorzunehmen. Rechts neben dem Titel bzw. der Beschreibung erscheint ein kleiner, blauer „Edit"-Schriftzug. Klicken Sie darauf, um die Texte Ihren Wünschen entsprechend anzupassen.

Richtig speichern

Gerade weil Prezi so – Verzeihung – verdammt souverän und komfortabel automatisch speichert, ist es wichtig, ab und an Sicherheitskopien anzulegen. Es sind nur wenige Fälle bekannt, bei denen eine in der Cloud gespeicherte Prezi tatsächlich plötzlich unbrauchbar wurde. Und selbst wenn das geschieht, wird einem im Support-Forum oft schnell geholfen.

Vorsichtig müssen Sie aber sein, wenn Sie an einer eigentlich fertigen und abgeschlossenen Prezi ein paar kleine Änderungen vornehmen, z. B. um die Prezi komfortabel drucken zu können. Sie verändern also zum Beispiel den Pfad völlig, damit die ausgedruckte Version ansehnlich ist. Die Änderungen, die Sie dazu vorgenommen haben, werden beim Klick auf den „Exit"-Button oben rechts dauerhaft gespeichert und sind dann nicht mehr rückgängig zu machen. In genau solchen Fällen spart man sich mit Sicherheitskopien eine Menge Arbeit.

Tipp

So geht's: Verlassen Sie Prezis Edit-Modus über einen Klick auf „Exit". In der Ansichtsversion der Prezi erzeugen Sie dann per Klick auf den Button „Save a copy" in der Leiste unter der Prezi eine Kopie und werden automatisch zu Ihrer Cloud-Übersicht „Your prezis" geschickt. Dort liegen dann Ihr Original und Ihre Kopie. Benennen Sie einfach eine der beiden Versionen in „Sicherheitskopie" um, und fertig!

Außerdem können Sie Sicherheitskopien herunterladen – als Nutzer des Programms **Prezi Desktop** sogar im veränderbaren *.pez*-Format. Ein Klick auf „Download" zeigt Ihnen Ihre Optionen. Als Free- oder Enjoy-Nutzer bleibt Ihnen immerhin noch die Option, sich eine „selbstlaufende" Version im zip-Ordner herunterzuladen. Diese können Sie allerdings nur ansehen und nicht verändern.

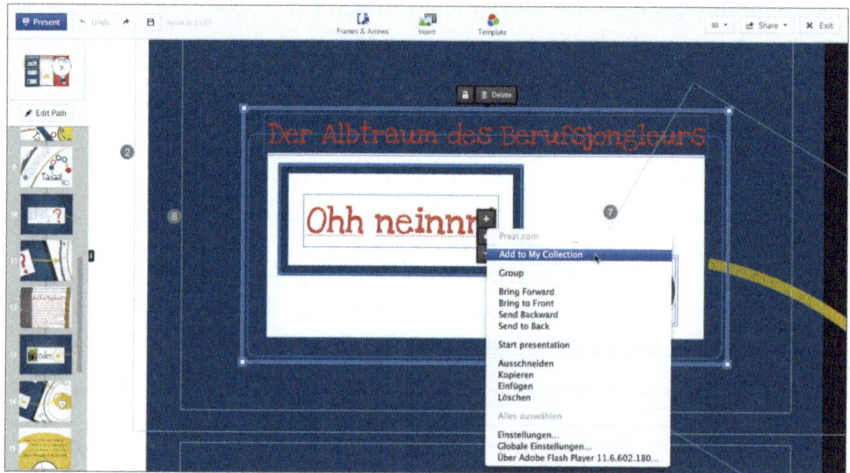

Fahren Sie mit dem Mauszeiger über den Titel oder die Beschreibung Ihrer Prezi, um Änderungen vorzunehmen. Rechts neben dem Titel bzw. der Beschreibung erscheint ein kleiner, blauer „Edit"-Schriftzug. Klicken Sie darauf, um die Texte anzupassen.

Ihr Objekt-Archiv: My Collection

Neuerdings können Sie Objekte und Objektgruppierungen, die Sie häufiger nutzen wollen, in Ihrer eigenen Sammlung ablegen. Auf diese Objekte bzw. Objektgruppierungen können Sie dann auch ganz einfach aus jeder anderen Prezi zugreifen. Diese Sammlung erreichen Sie über das Hauptmenü mit dem Befehl „Insert" → „From My Collection".

Um Ihrer Kollektion Objekte hinzuzufügen, müssen Sie diejenigen Objekte gruppieren, die Sie archivieren möchten. Halten Sie dazu die Shift-Taste gedrückt, und klicken Sie die Objekte entweder einzeln an oder ziehen Sie bei gedrückter Maustaste einen rechteckigen Auswahlrahmen auf. Nach einem Rechtsklick auf die Objektgruppe erscheint die Schaltfläche „Add to My Collection", die Sie dann nur noch anklicken müssen.

Wenn Sie eine Objektgruppe einfügen, die auf einem anderen Theme beruht als die Ursprungs-Prezi, kann es vorkommen, dass Formen ihre Farbe verändern oder Textblöcke aufgrund voneinander abweichender Schriftarten stark verrutschen. Halb so wild, lässt sich ja schnell ausbessern!

Tipp

Sichern Sie regelmäßig die von Ihnen häufig genutzten Diagramme, Symbole und Shapes in Ihrer Sammlung. Prezi verändert die vorgegebene Auswahl hin und wieder, und bei so einer Gelegenheit fallen schon einmal besonders praktische Schemata oder Symbole weg. Sichern Sie sich z. B. unbedingt die unter „Symbols & shapes" versteckte Vektorgrafik mit einer Weltkarte (in braunem und buntem Farbschema). In irgendeiner Prezi werden Sie bestimmt eine solche Grafik benötigen.

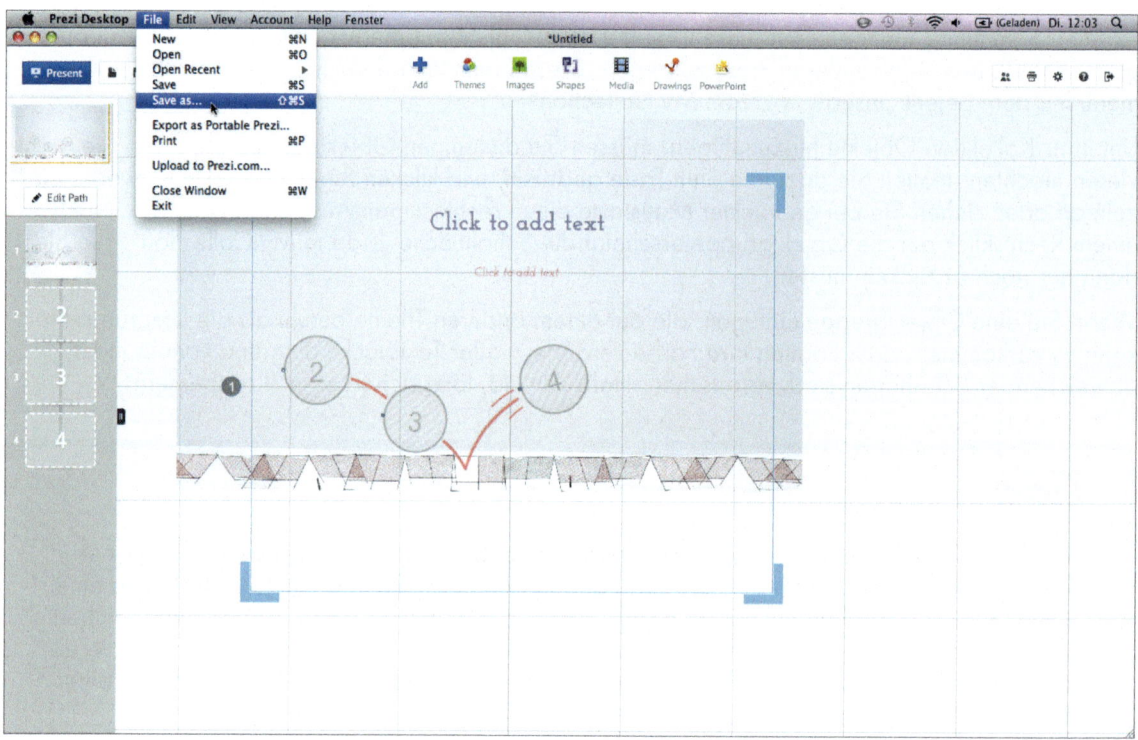

Richtig speichern mit Prezi Desktop

Das Wichtigste vorweg: Sobald Sie **Prezi Desktop** nutzen, müssen Sie **speichern, speichern, speichern!**

Sie arbeiten online an einer Präsentation in der Cloud. Über Tage hinweg brauchen Sie sich um die Speicherung keinerlei Sorgen zu machen, denn jeder Schritt wird vollautomatisch gespeichert. Sie setzen sich in den Zug zum Kunden oder in den Bus zur Uni und möchten auf dem Weg noch eben ein paar Details an der heruntergeladenen .PEZ-Datei ändern. Natürlich speichern Sie während der kompletten Wegstrecke kein einziges Mal, und kurz vor dem Aussteigen aus dem Zug hängt sich der Rechner auf: Alle Änderungen waren umsonst.

Das ist tatsächlich der größte Nachteil am Komfort der Online-Version – dass die Desktop-Version ihn überhaupt nicht bietet, nicht einmal im Ansatz!

Bei **Prezi Desktop** müssen Sie sich stets selbst darum kümmern, dass Sie Ihre Prezis beisammen haben. Und Ihr eigenes Dateiensystem hat noch einen weiteren Nachteil beim Umgang mit Prezis: Weder Mac noch Windows sind derzeit in der Lage, Vorschaubilder Ihrer .PEZ-Dateien zu erzeugen. Alle Ihre Prezis sehen gleich aus, alle sind durch ein Prezi-Logo markiert.

Auch hier fahren Sie mit der Online-Version komfortabler: Alle Ihre Werke liegen vereint auf einer Plattform, jeweils eindeutig durch ein Vorschaubild gekennzeichnet. Mit wenigen Klick-Kombinationen erreicht Ihre Prezi die Prezi-Community, Ihre Verwandt- und Bekanntschaft auf der ganzen Welt per Mail usw.

Sollten Sie trotzdem einmal wegen Internetlosigkeit in die Verlegenheit kommen, Prezi Desktop nutzen zu müssen, denken Sie daran: **speichern, speichern, speichern!**

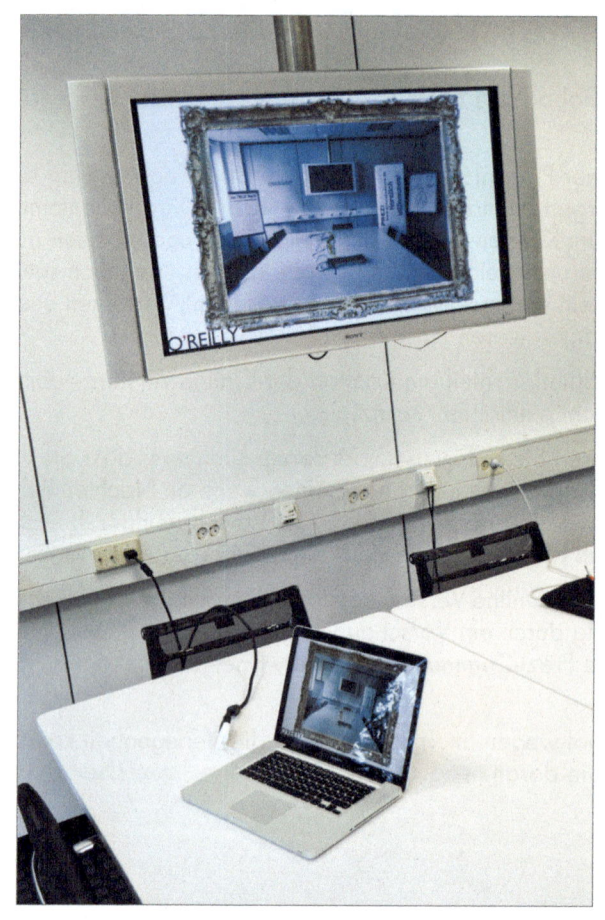

Vergessen Sie den Testlauf nicht

Eigentlich selbstverständlich: Ist die Präsentation vollendet, sollte sie einige Male testweise im Präsentationsmodus „geklickt" werden – also von vorne bis hinten auf Funktionalität und Ansehnlichkeit geprüft werden.

Das erste Augenmerk sollte dabei auf den standardmäßigen Ablauf per Path gelegt werden. Schließlich ist die Nutzung des Pfads die eigentlich beabsichtigte Herangehensweise an Ihre Prezi. Testen Sie schon in dieser Phase auch, wenn es denn möglich ist , mit einem Zweitbildschirm oder am allerbesten mit genau dem Beamer, den Sie in der Präsentationssituation nutzen wollen. Ab und an dauert es ein paar Minuten, bis man die korrekten Einstellungen am Beamer und am eigenen Rechner gefunden hat, damit die Prezi unverzerrt in ihrer ganzen Pracht betrachtet werden kann.

Vielleicht fallen Ihnen auch noch Path-Punkte auf, deren zugehörige Bildschirminhalte Ihnen noch leicht verschoben oder ungeordnet vorkommen – gerade auf der großen Leinwand.

Prezi-exklusiv sollten Sie danach noch einen weiteren Testlauf starten. Angenommen, Sie stellen vor Ort fest, dass Ihr Path-Ablauf für die aktuelle Situation nicht der ideale ist: Lässt sich die Präsentation angenehm frei zoomen oder frei klicken? Können Sie stets den Überblick behalten und souverän andere Inhalte „anzoomen"? Probieren Sie es aus!

Tipp

Ziehen Sie eine Testperson zurate! Stellen Sie Ihr Thema und Ihre Prezi vor, und fordern Sie Ihren Tester auf, sämtliche möglichen Fragen zu stellen, die ihm in den Kopf kommen. Bewerten Sie danach gemeinsam, wie souverän Ihre Reaktion auf die Fragen gewirkt hat, die Sie mithilfe von Prezi beantwortet haben.

KAPITEL 6 | Prezi-Exotik

Auf den folgenden Seiten stellen wir Ihnen einige Anwendungsideen und -möglichkeiten von Prezi vor, auf die man nicht so ohne Weiteres kommt, wenn man Prezi „nur" als ernsthaften PowerPoint-Konkurrenten betrachtet.

Tatsächlich ist Prezi eben deutlich mehr, denn es bietet eine funktionierende internationale Community von Kreativen, die Ihnen Ideen und Material zur Inspiration und teilweise zum „Abkupfern" zur Verfügung stellen.

Mit Prezi können Sie zeitgleich gemeinsam mit bis zu neun KollegInnen oder FreundInnen an ein und derselben Präsentation arbeiten.

Prezis lassen sich außerdem in Webseiten einbinden. Lesen Sie rein, es lohnt sich.

Da die räumliche und dramaturgische Anordnung (zu erkennen an den grauen Ziffern in den kleinen Kreisen) relativ willkürlich verläuft, eignet sich die Funktion „Add Frame" wirklich nur für Prezis, die extrem schnell fertig werden müssen.

Effektive Prezi-Tools

Bei Prezi gibt es einige Funktionen, die es Ihnen ermöglichen, „mal eben" eine Präsentation von Grund auf neu zu gestalten oder aufzuhübschen.

Die Vorlagen, die sich Ihnen bei jeder Erstellung einer neuen Prezi zeigen, sind ein Sammelbecken für Ausgangsmaterial, das es Ihnen schon ab einem Zeitaufwand von fünf Minuten erlaubt, optisch und inhaltlich attraktive Präsentationen zu erstellen. Sollte sich keine Vorlage über Ihr Thema stülpen lassen, bietet Prezi noch mehr:

Der „Add Frame"-Button unter „Frames & Arrows" im Hauptmenü: Sie fügen automatisch eine Art Standardrahmen und den passenden Pfadpunkt zu Ihrer Oberfläche hinzu. Die zum Pfadpunkt gehörende Vorschau fügt sich direkt links in die Aufreihung ein, und das Ganze lässt sich so oft wiederholen, wie Prezi freien Platz auf der Oberfläche findet. Die Anordnung wirkt oft ungelenk, kann aber ganz einfach durch Klicken und Ziehen verändert werden.

Diese Funktion ist erfahrungsgemäß wirklich nur dann zu empfehlen, wenn es einmal ganz schnell gehen muss!

Prezify your PDF: Sie speichern Ihr Ausgangsmaterial (Word-, Excel- oder PowerPoint-Dokument) im PDF-Format, importieren es in Prezi (mithilfe des „Insert"-Buttons) und ordnen die Seiten auf Ihrer Oberfläche sinnvoll an (je nach zeitlichem „Budget" mit mehr oder weniger Aufwand). Nun müssen Sie noch die einzelnen Seiten mit Pfadpunkten ausstatten. Den einen oder anderen Zungenschnalzer werden Sie unter den Zuschauern vernehmen, wenn Sie es in kurzer Zeit noch schaffen, per Invisible Frame („Frames & Arrows" → „Draw Invisible Frame") oder Marker („Frames & Arrows" → „Highlighter") Details in Ihrem PDF-Dokument ganz locker hervorzuheben und in sie hineinzuzoomen, indem Sie die Passagen mit Pfadpunkten ausstatten.

My Desktop template

Thank You for your SUPER MOTIVATING support - in response I created another template you can use, its a PARLA-like story board. .Enjoy.

by Jacco vanderKooij on 26 June 2012 • ⊚ 33218 ★ 125 ☐ Like 18 ☐ Tweet 13

🖺 Make a copy   ☐ Share   ♥ Like   iPad friendly

Inspiration für die eigene Arbeit mit Prezi

Inspiration ist bei Prezi alles! Viele PowerPoint-Präsentationen sind allein durch harte Arbeit entstanden. Trotz fehlender Inspiration ist das Ergebnis oft passabel.

Bei Prezi scheint uns – und das ist uns von vielen KursteilnehmerInnen bestätigt worden – harte Arbeit allein nie für ein vernünftiges Ergebnis zu reichen. Deshalb legen wir so viel Wert auf das Story Storming, auf das systematische Entdecken und Entwickeln von Ideen (siehe Kapitel 8).

Doch Ideen und Inspiration gibt es zuhauf, und zwar direkt auf www.*prezi.com*:

Explore: Unter www.*prezi.com/explore/* finden Sie Inspiration zuhauf. Die Prezi-Community funktioniert dermaßen dynamisch, dass Ihnen Nutzer teils proaktiv ihre eigenen kreativen Ideen inhaltlos als Designvorlagen (Templates) bereitstellen. Rufen Sie beispielsweise www.*prezi.com/nd5mg8hltpkx/my-desktop-template/* (oder *http://bit.ly/KJeS0a*) auf, klicken Sie unten links auf „Make a copy", und schon können Sie die ästhetisch sehr ansprechende Präsentation mit Inhalten befüllen oder sie mit relativ wenig Aufwand grafisch an Ihre Vorstellungen anpassen.

Prezi bei Facebook: Relativ regelmäßige Hinweise auf außergewöhnliche Prezis zur Inspiration bekommen Sie, wenn Sie die offizielle Prezi-Facebook-Seite und die Seite der Prezi Akademie „liken": www.*facebook.com/prezicom* und www.*facebook.com/PreziAkademie*.

Prezi-Blog: Der Prezi-Blog auf www.*blog.prezi.com/* informiert Sie über Prezi-verwandte Themen, die „New Features"-Sektion über Neuigkeiten bei Prezi: www.*prezi.com/learn/new-features/*, wobei wir uns auch hier gern in Ihre Lesezeichen einreihen möchten: www.*preziakademie.de*.

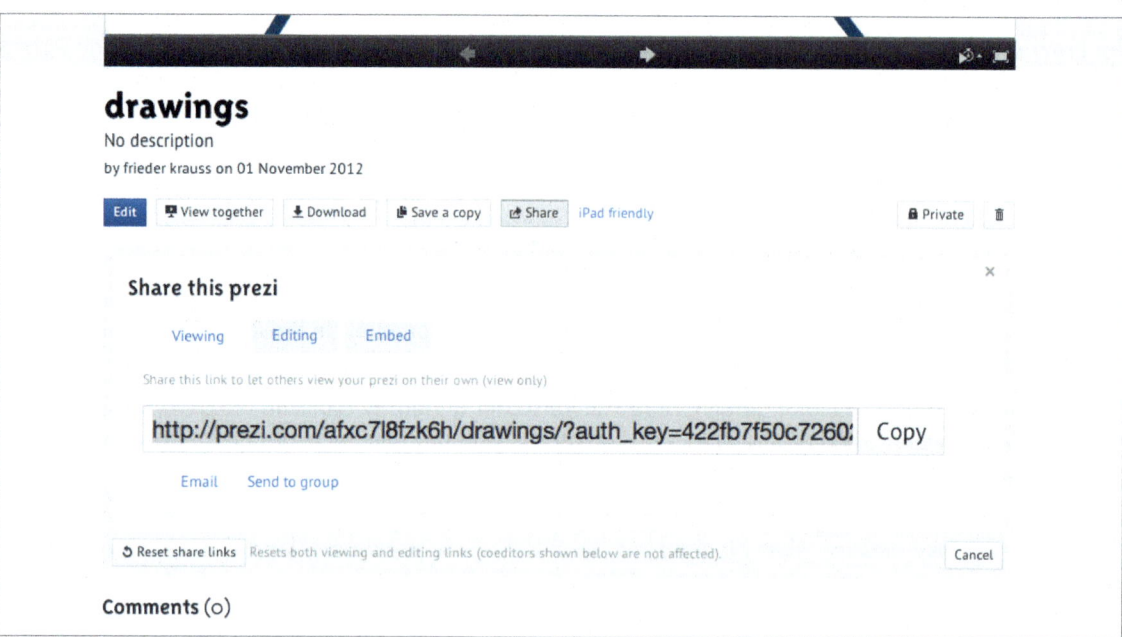

Prezis mit anderen teilen

Warum sollte man seine Prezis teilen, also anderen Nutzern offen zugänglich machen? Nun, Prezi bietet eine Cloud und die passende Community dazu – und aus Erfahrung können wir sagen, dass die Cloud funktioniert. Nutzen Sie die „fremden" Prezis als Quelle für Inspirationen, und geben Sie im Gegenzug Ihre eigenen Prezis für andere Nutzer frei.

So ist es auch einfacher für Sie, sich in der Community Hilfe zu holen (unter *www.community. prezi.com/prezi*). Sie haben eine Frage zu einer Prezi, an der Sie aktuell arbeiten? Meistens reichen das Einfügen des Links zur eigenen Prezi und die Frage, die man den anderen Nutzern stellen möchte, in halbwegs korrektem Englisch. Innerhalb kürzester Zeit bekommen Sie massig Hilfestellungen und Kommentare zu Ihrem Problem – wirklich eine erstaunlich gut funktionierende Gemeinschaft. Als zahlender Kunde bekommen Sie natürlich auch direkt Support vom Prezi-Team, und zwar innerhalb von 24 Stunden!

Das Teilen im eigentlichen Sinne funktioniert bei Prezi über den „Share"-Button. Außer mit den üblichen verdächtigen Social Networks lassen sich Prezis per Link ganz einfach mit Dritten teilen. Ob Sie das im Nachgang zu einer Präsentation tun, im Vorfeld einer Präsentation oder statt einer Präsentation, bleibt natürlich Ihnen überlassen. Gewöhnen Sie sich dran: Ihre Prezis sind schlank und lassen sich spielend leicht weitergeben, während PowerPoint-Präsentationen sich ja oft wegen ihrer schieren Größe fast nur verschicken lassen, wenn man über Zugang zu einem FTP- oder Webserver verfügt.

Also hier noch einmal, doppelt gemoppelt, in einem eigenen Absatz: Entdecken Sie die Möglichkeiten, die sich durch die einfache Weitergabe Ihrer Prezis für Ihre Zwecke ergeben!

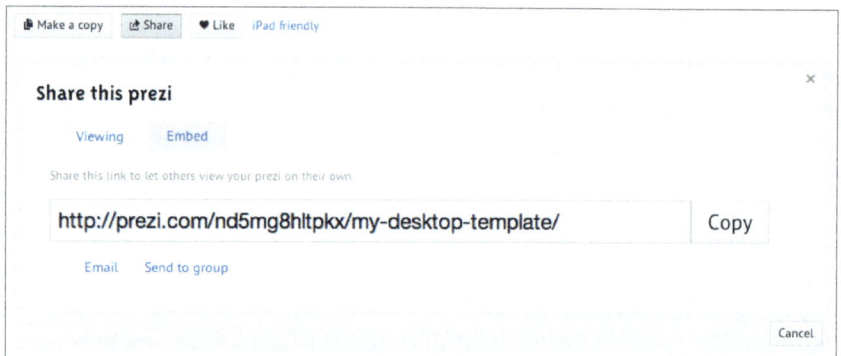

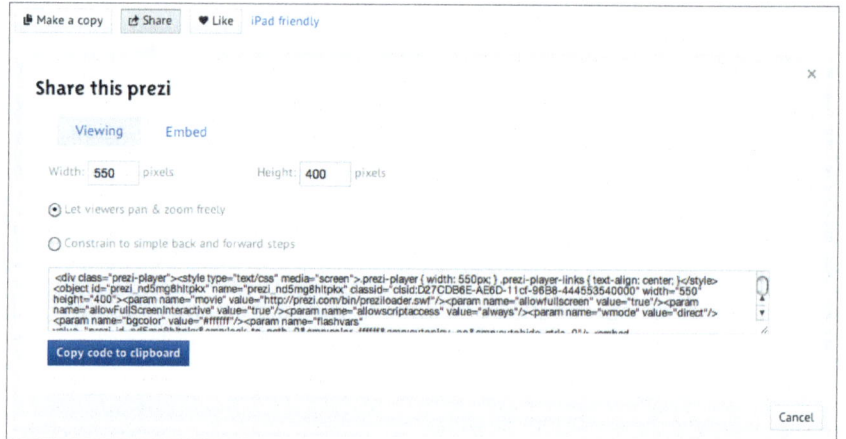

Prezis in Webseiten einbinden

Um eine Prezi in eine Webseite einzubinden, brauchen Sie ihren Embed-Code. Der Code lässt sich in Ihre HTML-Seite einfügen. Dort sorgt es dafür, dass auf Ihrer Seite die Prezi in etwa so eingebunden und dargestellt wird, wie Sie die einzelnen Prezis auf www.prezi.com sehen – editieren können die Besucher Ihrer Webseite die Prezi natürlich nicht! Der Embed-Code, den Sie zum Einbinden Ihrer Prezi brauchen, wird angezeigt, wenn Sie auf den „Share"-Button unter Ihrer Prezi klicken. Im dann erscheinenden Feld finden Sie den Schlüssel zum Embed-Code unter dem Reiter „Embed".

Die Breite und die Höhe, die Ihr Prezi-Schaufenster auf Ihrer Webseite haben soll, können Sie direkt eingeben, bevor Sie den Code kopieren und in den HTML-Code Ihrer Webseite einfügen. Der Embed-Code funktioniert überall, wo auch die üblichen HTML-Funktionen möglich sind: in Blogs, Tumblr-Blogs, E-Mails im HTML-Format usw. Allerdings muss das Endgerät des Nutzers, der sich Ihre HTML-Seite ansieht, über einen **Flash-Player** verfügen. Auf dem iPad oder dem iPhone ist die Prezi innerhalb Ihrer Webseite also nicht sichtbar.

Die Einstellung, dass Nutzer Ihre Prezi auch frei erkunden dürfen, hat es absolut in sich.

Let viewers pan & zoom freely: Sie gewähren Ihren virtuellen Zuschauern die Freiheit, die Präsentation selbst frei zu erkunden. Achten Sie bei dieser Einstellung darauf, dass nicht in irgendwelchen Ecken der Prezi digitaler Müll herumliegt, und vor allem auch, dass die räumliche Ordnung der Objekte auf der Oberfläche Sinn macht. Ist das nicht der Fall, fahren Sie bestimmt mit der zweiten Option besser.

Constrain to simple back and forward steps: Die beiden Buttons „Vor" und „Zurück" sind schnell erklärt. Natürlich geht dabei die Magie von Prezi etwas verloren – aber Magier verraten ja ihre Tricks auch nicht jedem Dahergelaufenen. Oft macht die Beschränkung auf das Entlanghangeln am Path absolut Sinn, damit die Zuschauer es leichter haben, sich in Ihrer Prezi zurechtzufinden.

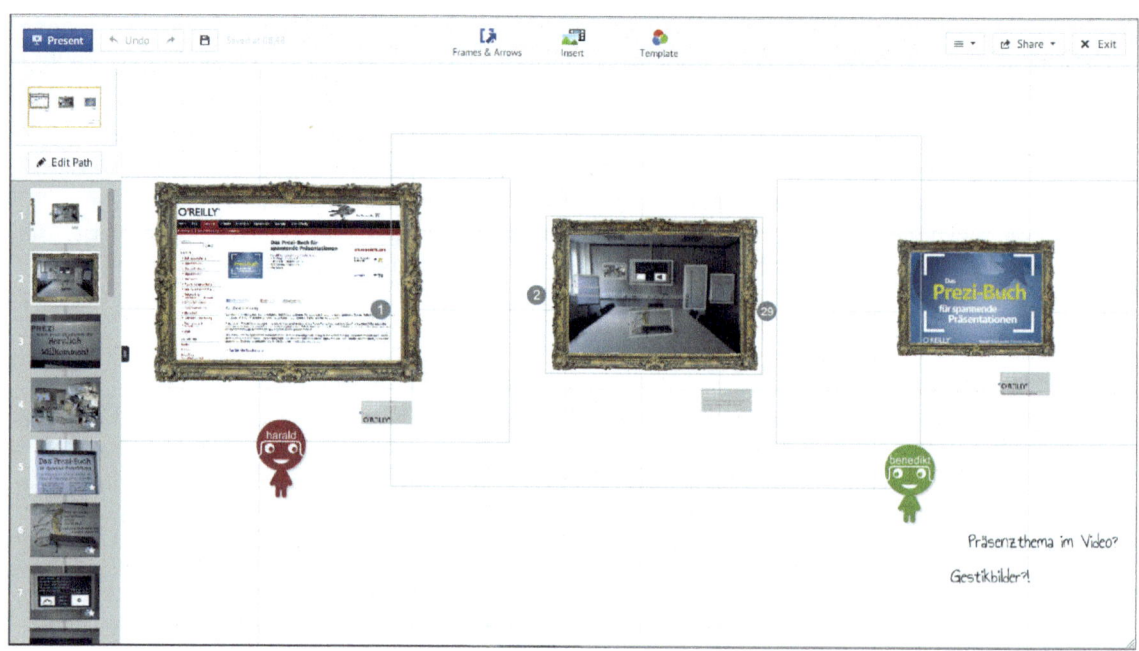

Was ist Prezi Meeting?

Ein Prezi Meeting muss man eigentlich erlebt haben, um es zu verstehen. Regelmäßig geben unsere KursteilnehmerInnen beim Betreten eines Prezi Meetings Laute von sich, die man normalerweise nur beim Anblick von Hundewelpen oder Katzenbabys zu hören bekommt. Und das wegen einer Software-Funktion? Ja, aber nur mit Prezi.

Anlass für das meistens direkt positive Feedback zu Prezi Meeting sind die kleinen Avatare, die jeder Teilnehmer und jede Teilnehmerin bei einem solchen Meeting zugewiesen bekommt. Duz-Kultur-typisch mit dem Vornamen des jeweiligen Nutzers versehen, tummeln sich je nach Teilnehmerzahl bis zu 10 solcher Männchen auf einer Oberfläche und arbeiten gemeinsam an einer Prezi-Präsentation.

Prezi Meeting funktioniert erstaunlich gut – aber leider nicht perfekt. Ab und an kommt es vor, dass Objekte bei verschiedenen Nutzern verschieden platziert erscheinen. Das führt ohne Absprache manchmal zu einem nicht enden wollenden Hin-und-her-Schieben ein und desselben Objekts durch zwei oder mehrere Nutzer.

Tipp

Legen Sie unbedingt von Anfang an einen Leiter des Meetings fest, der unter anderem die Aufgaben und die dazugehörigen Bereiche auf der Oberfläche verteilt. Typischerweise bietet sich dafür derjenige an, der die anderen TeilnehmerInnen zu einem Meeting einlädt.

Der Leiter sollte auch unbedingt die Verantwortung dafür übernehmen, dass die Präsentation am Ende einen Eindruck aus einem Guss macht. Dazu ist es früher oder später nötig, die Sammlungs- und Ordnungsphase zu beenden, die anderen Co-Editoren zu verabschieden und das Werk selbst zu finalisieren.

Als Co-Editor ist die Teilnahme an Meetings denkbar einfach. Sie klicken auf den Link, den Ihnen der Leiter zukommen lässt. Die folgenden Ausführungen sind also vor allem für den Leiter eines Meetings relevant!

Share this prezi

×

Viewing   Editing   Embed

Share this link to edit this prezi with others using Prezi Meeting (learn more):

http://prezi.com/afxc7l8fzk6h/edit/?auth_key=1qnc5kf&follow=ctr3x   Copy

Email   Send to group

To:

Add a personal note:

Edit drawings by frieder krauss on Prezi.com or click the link below:

http://prezi.com/afxc7l8fzk6h/edit/?
auth_key=1qnc5kf&follow=ctr3x3egr568&utm_source=share&utm_campaign=shareprezi&utm_medium=email

Send email

Who can edit:

You *(owner)* |

⟳ Reset share links   Resets both viewing and editing links (coeditors shown below are not affected).   Cancel

Prezi Meetings erfolgreich starten, leiten und beenden

Haben Sie das Prezi Meeting einmal begonnen, darf jeder alles. Zum Beispiel können Ihre Co-Editoren Objekte verändern und löschen, die Sie erstellt haben, Inhalte verschieben, den Pfad anpassen, komplett löschen usw. Ohne vernünftige Leitung artet diese Freiheit manchmal in anarchische Zustände aus. Folgende Leitlinien sollten Sie für ein erfolgreiches Prezi Meeting im Hinterkopf behalten:

1. **Sinn und Zweck des Prezi Meetings:** Welches Ziel verfolgen Sie, und wie können Ihre Co-Editoren Ihnen dabei helfen? Soll es sich um ein zeitlich begrenztes Prezi Meeting handeln oder eher um eine Art Sammelhalde, an der die Co-Editoren über einen längeren Zeitraum immer wieder arbeiten dürfen, im Zweifelsfall auch, ohne dass Sie am Meeting teilnehmen? Hilfreich ist auch hier wieder die Checkliste (siehe Seite 29 und 31).

2. **Invite to edit:** Laden Sie Ihre Co-Editoren ein! Das Menü dazu („Editing") finden Sie unter Ihrer eingerahmten Prezi in Ihrer Prezi-Cloud, wenn Sie den „Share"-Button betätigen. Alternativ können Sie das Meeting direkt aus dem Bearbeitungsmodus heraus starten, indem Sie oben rechts am Bildschirmrand auf den „Share"-Button und dann auf „Invite to edit..." klicken. Sollten Sie sich in Rufweite voneinander befinden, senden Sie den Link einfach schnell über das Brief-Symbol oder bei mehreren Empfängern über „Send to group" zu. Bei einer durch Rufen nur schwer überbrückbaren Entfernung sollten Sie sich die Mühe machen, die URL zu kopieren und in eine E-Mail an die Teilnehmer einzufügen. Die E-Mail sollte dann zusätzlich Hinweise dazu enthalten, welches Ziel das Meeting hat, wann es stattfinden soll usw. (wie in Schritt 1 entwickelt).

3. **Sprechen Sie miteinander:** Prezi bietet keine richtige Möglichkeit zur Kommunikation, aber Sie können natürlich einen Bereich auf Ihrer Oberfläche zu einer Chat-Region machen. Wir empfehlen Ihnen in diesem Fall die mündliche Kommunikation „just in time"! Sollte das wegen zu großer Distanz zwischen den Meeting-Teilnehmern nicht möglich sein, bleiben Sie unbedingt per Telefon oder Skype miteinander in Verbindung.

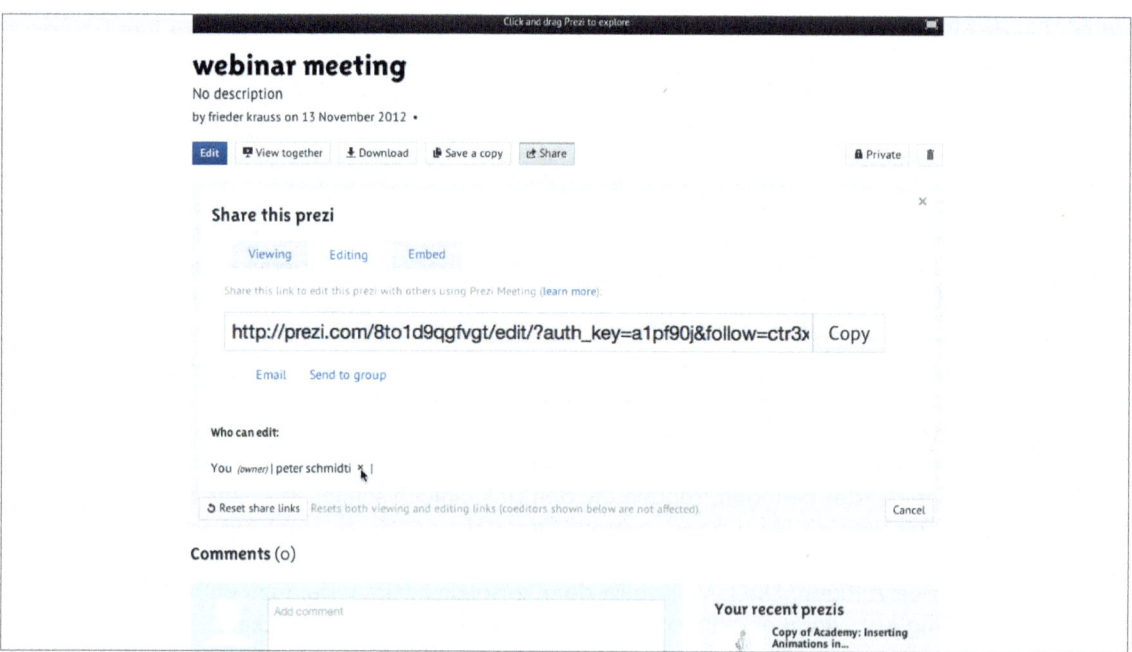

4. **Kommen Sie zum Schluss:** Irgendwann müssen Sie das Zepter in die Hand nehmen, Ihre Co-Editoren aus Ihrer Prezi verabschieden und das Projekt selbst zu Ende bringen – spätestens dann, wenn Sie sich an die finale Anpassung des Path machen. Prezi lässt es nicht zu, dass mehr als ein Nutzer gleichzeitig am Path der Prezi herum-editiert.

Vorsichtshalber sollten Sie Ihre Co-Editoren auch auf jeden Fall wieder formell ausladen. Das hat mit Misstrauen nichts zu tun. Aus Erfahrung wissen wir aber, dass es sonst vorkommen kann, dass Co-Editoren im Eifer des Gefechts in Ihrer Präsentation noch einmal Hand anlegen – teils Wochen nach Ende des eigentlichen Meetings, aber gerade noch so, dass Sie kurz vor der Präsentationssituation Ihre eigene Prezi kaum wiedererkennen.

Betreten Sie also über „Editing" wieder die Maske mit den Meeting-Optionen, und entfernen Sie unter „Who can edit" einzelne Co-Editoren über den Klick auf das kleine „x" neben den jeweiligen Namen oder über „Reset share links" alle Mitbearbeiter mit nur einem Klick!

Prezi Meeting macht Spaß – und mit entsprechender Vor- und Nachbereitung auch Sinn! Grundsätzlich eignet es sich aber eher als Mittel zur Konzeption, Ideensammlung oder Materialsammlung nach dem Story Storming und bevor man die Prezi dann allein gestalterisch und inhaltlich auf Vordermann bringt.

Es gilt eindeutig: Je besser das Meeting vor- und nachbereitet wird, desto effektiver kann es ablaufen. Sie sparen eine Menge Zeit und nutzen das gesammelte Potenzial vieler Einzelner.

Vergessen Sie am Ende aber nicht, Ihre Co-Editoren einen Blick auf das Endergebnis werfen zu lassen. Schließlich war und ist die Prezi ein Gemeinschaftsprojekt!

*So sehen die Zuschauer Ihr Webinar. Der Präsentator „harald" leitet die Präsentation,
und ein Nutzer namens „benedikt" sieht zu. Der eigene Avatar ist nicht zu sehen, lediglich
diejenigen der anderen Nutzer.*

Ein Webinar über Prezi ausrichten

Vergleichsweise unkompliziert läuft die Ausrichtung eines Webinars über Prezi. Auch hier benötigen Sie für ein ideales Ergebnis natürlich einen Tonkanal, über den Sie mit Ihren Zuschauern sprechen können. Für eine Direktverbindung mit nur einem Zuschauer eignet sich das Telefon ideal, für mehrere Personen empfehlen wir eine Skype-Telefonkonferenz.

Über den Button „Viewing" in den „Share"-Optionen unter Ihrem Prezi-Schaufenster kommen Sie zu der URL, die Ihre Zuschauer brauchen, um Ihnen und Ihrer Präsentation zuzusehen. Auch hier macht es wieder Sinn, die Mail mit der URL für die Zuschauer mit ein paar Details über den Ablauf des Webinars zu versehen.

Als Prezi-Webinar-Präsentator haben Sie am unteren Bildrand die Übersicht darüber, wer sich schon alles für das Webinar eingewählt hat. Die Zuschauer sehen, wer präsentiert und wer mit ihnen gemeinsam der Präsentation lauscht bzw. zusieht.

Die Zuschauer sehen 1:1 genau das, was auch Sie als Präsentator auf Ihrem Bildschirm sehen. Sie folgen Ihnen quasi passiv im Präsentationsmodus. Sie haben allerdings auch die Möglichkeit, die Präsentation frei zu erforschen, indem sie auf einzelne Objekte klicken, zoomen oder auf das Haus-Symbol am linken Bildschirmrand klicken. Sobald Sie jedoch zum nächsten Path-Punkt weiterschalten bzw. selbst einen neuen Bildschirmausschnitt auswählen, folgen Ihnen die Zuschauerblicke automatisch wieder bzw. passen sich die Bildschirme der Zuschauer wieder an Ihren Bildschirm an!

Tipp

Lassen Sie auch Menschen ohne Prezi-Account in den Genuss eines Prezi-Webinars kommen! Technisch ist das möglich – Sie erkennen Prezi-lose Nutzer unter den Zuschauern daran, dass ihr Avatar „Guest" heißt.

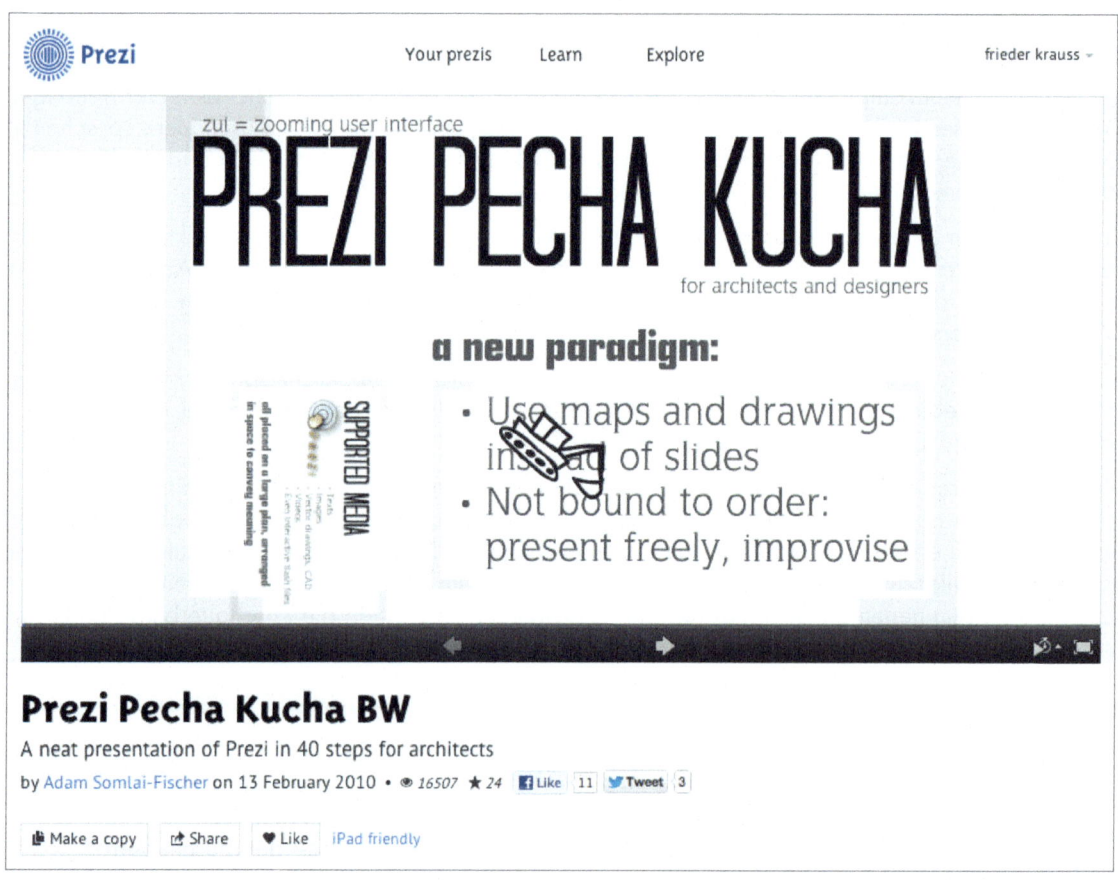

Prezi Pecha Kucha BW

A neat presentation of Prezi in 40 steps for architects

by Adam Somlai-Fischer on 13 February 2010 • 👁 16507 ★ 24 👍 Like 11 🐦 Tweet 3

📋 Make a copy   ↪ Share   ♥ Like   iPad friendly

Auch Adam Somlai-Fischer selbst widmet sich in einem seiner frühen „Werke"
der Pecha-Kucha-Technik.

Automatisch ablaufende Prezis

Ebenfalls ein eher exotisches Feature stellt die Möglichkeit dar, eine Prezi vollautomatisch mit festem Zeitintervall von Path-Punkt zu Path-Punkt ablaufen zu lassen. Anwendungsbiete sind Infoscreens in Schaufenstern, öffentlichen Verkehrsmitteln, auf Messeständen oder vergleichbaren Orten. Aber es gibt noch mehr, z. B. Pecha Kucha!

Tipp

Pecha Kucha (sprich: „petscha-kutscha", auf japanisch etwa „wirres/wildes Geplapper") ist eine Vortragstechnik, bei der zu einem mündlichen Vortrag passende Bilder an eine Wand projiziert werden. Die Vorgaben sind streng: 20 Bilder x 20 Sekunden – das ergibt einen 6 Minuten und 40 Sekunden kurzen, fast schon rhythmischen Vortrag. Die Vorbereitung einer solchen Präsentation kann Ihnen vor allem dabei helfen, auf den Punkt zu kommen, denn das fällt meistens umso schwerer, je mehr Fach- und Spezialwissen zur Verfügung stehen. Gerade Experten können enorm viel aus einer Pecha-Kucha-Version ihres Themas mitnehmen, da sie sich auf die Kernelemente ihres Fachgebiets besinnen müssen.

Fertigen Sie probehalber einfach einmal eine Prezi mit 20 Elementen an. Klicken Sie im Präsentationsmodus auf den „Play"-Button unten rechts, und klicken Sie dann auf „20sec" – „Pecha Kucha go!"

Außer dem 20-sekündigen Abstand von Path-Punkt zu Path-Punkt gibt es noch 4 und 10 Sekunden zur Auswahl. Beachten Sie unbedingt, dass der viersekündige Abstand sich in der Praxis unheimlich schnell anfühlt. Muten Sie Ihren Zuschauern bei nur viersekündigen Abständen von Path-Punkt zu Path-Punkt auf keinen Fall mehr als einen relativ einfachen Satz oder ein leicht überschaubares Bild zu. Ansonsten liefern Sie Ihre Zuschauer direkt dem Prezi-bedingten Schleudertrauma aus!

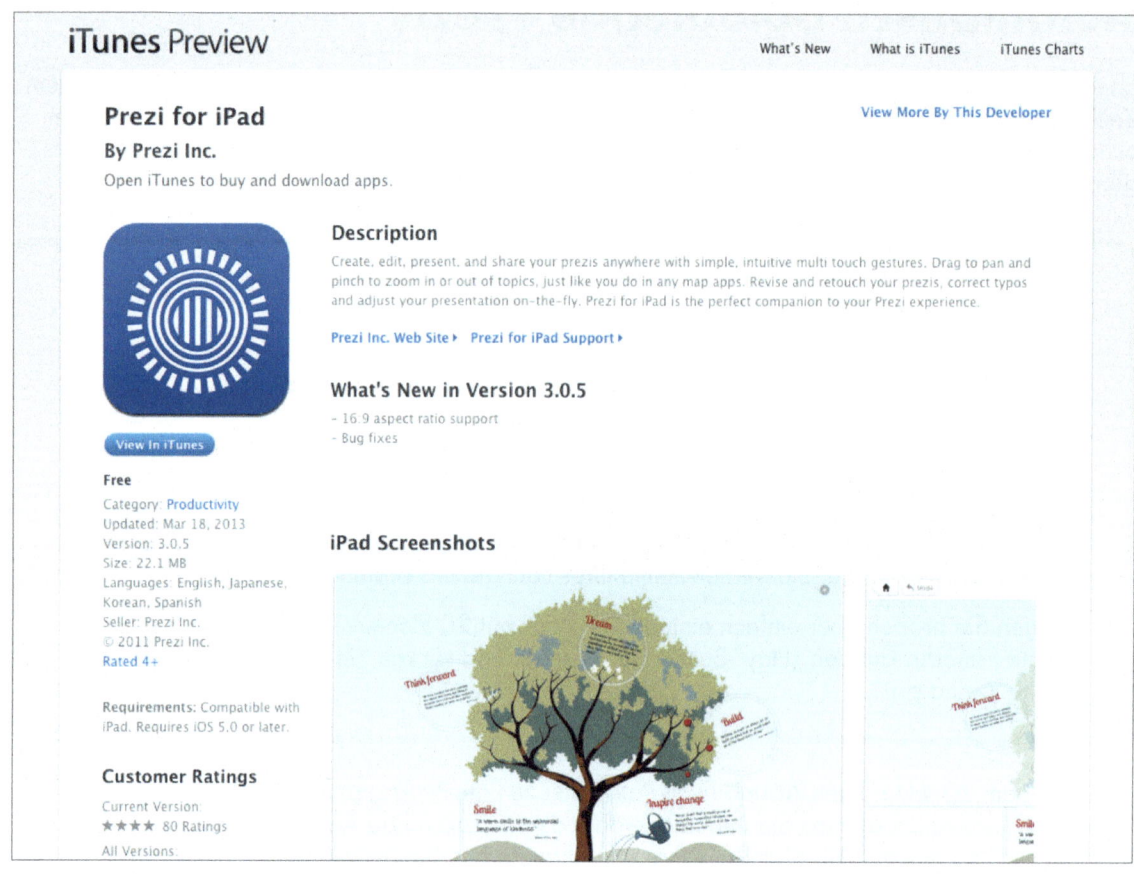

Prezi for iPad (hier in Apples iTunes) ist im wahrsten Sinne des Wortes
„the perfect companion to your Prezi experience".

Der Prezi Viewer für iPad und iPhone

Unter *www.prezi.com/ipad/* finden Sie alles, was Sie über die iPad-Anwendung **Prezi Viewer** wissen müssen. Der Prezi Viewer für das iPhone funktioniert genau so, allerdings gibt es hier keinen Bearbeitungsmodus.

Mit einer Online-Verbindung können Sie jederzeit auf alle Ihre Prezis zugreifen, die online in der Prezi-Cloud liegen (über „On Prezi.com", unten in der schwarzen Leiste). Um auf Nummer sicher zu gehen, sollten Sie ab und an Kopien Ihrer Prezis lokal auf Ihrem iPad speichern („On my iPad"), um auch offline die Möglichkeit zu haben, Prezis zu zeigen oder zu editieren.

Ein Klick auf das Vorschaubild führt Sie in den Präsentationsmodus der iPad-App. Die Navigation mithilfe der üblichen Multitouch-Gesten gestaltet sich denkbar einfach. Ein einfaches Tippen links oder rechts auf dem iPad führt zum Springen von Path-Punkt zu Path-Punkt. Um ein Objekt bildschirmfüllend zu zeigen, tippen Sie es doppelt an.

Tipp

Ab dem iPad 2 können Sie Prezi mithilfe eines Adapters mit einem Beamer, Bildschirm, Fernseher oder einem sonstigen Display verbinden. Das Ergebnis ist eine fast futuristisch anmutende Präsentationssituation, in der Sie als hochprofessioneller Präsentator mit Ihrem iPad in der Hand absolut souverän durch Ihre Prezi navigieren. Das i-Tüpfelchen in diesem Szenario wäre dann noch eine kabellose Verbindung mithilfe von AirPlay und Apple TV.

Ja, mit dem Prezi Viewer können Sie Ihre Prezis auch bearbeiten – allerdings nur mit sehr begrenztem Funktionsumfang. Sie können vorhandene Objekte zwar problemlos drehen oder anders anordnen. Aber das Grundgerüst sollten Sie mit dem echten Prezi-Editor auf einem PC oder Mac vorbereitet haben.

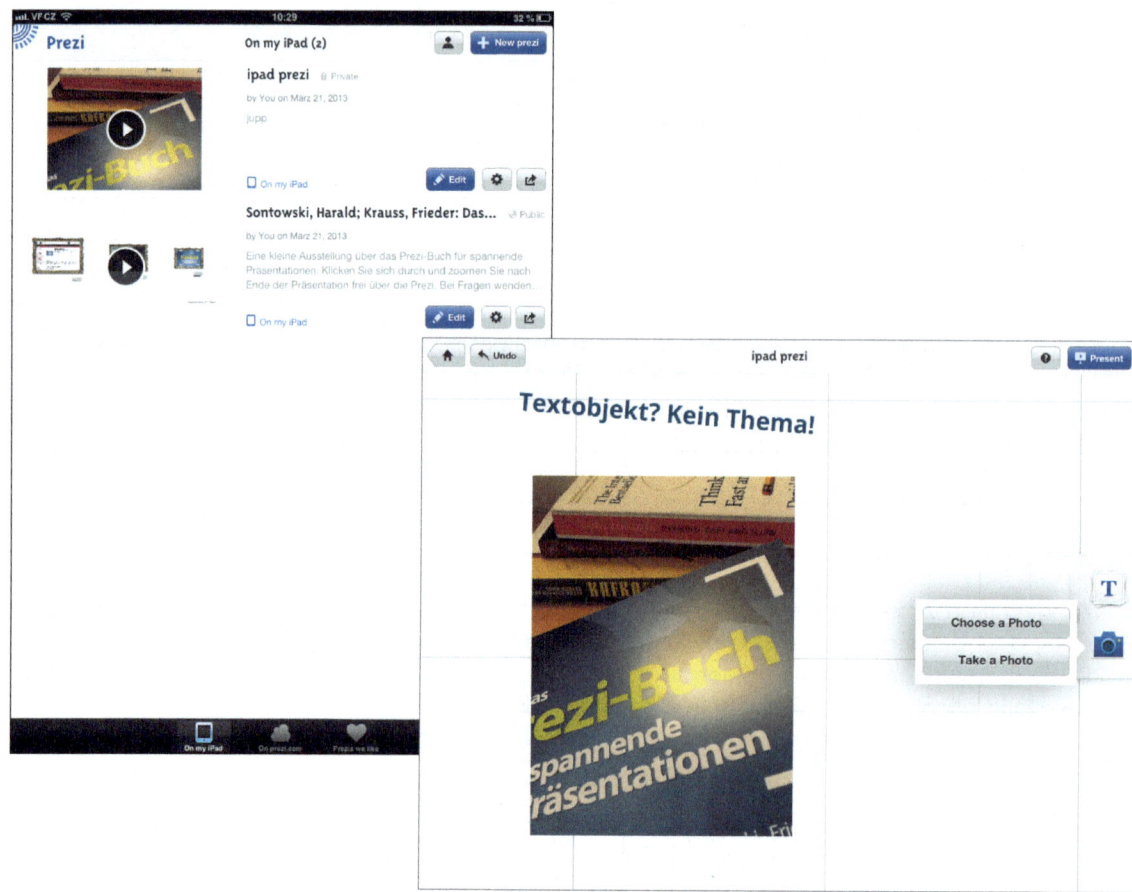

Der Prezi Viewer für das iPad als Feinschliff-Tool

Wie schon erwähnt wurde: Mehr als den Feinschliff oder kleine Textzusätze sollten Sie sich nicht mit dem Prezi Viewer vornehmen.

Ein Klick auf den „Edit"-Button unten rechts neben einer Prezi im Hauptmenü bringt Sie in den abgespeckten Bearbeitungsmodus des Prezi Viewers. Die Navigation verläuft genauso wie im Präsentationsmodus. Den Pfad können Sie übrigens leider in der aktuellen Version nicht verändern oder anpassen.

Wenn Sie auf die leere Oberfläche tippen, können Sie Text verfassen, und zwar je nach Wunsch im Stil „Title", „Subtitle" oder „Body".

Um ein Objekt zu ändern oder zu entfernen, tippen Sie lange auf das Objekt. Die Gewöhnung an das leicht modifizierte Transformation Tool geht fix, und schon kann's losgehen!

Liegen Objekte übereinander, können Sie mithilfe des Buttons „Arrange" im Transformation Tool die Ebenen anpassen. Bilder lassen sich ganz einfach aus Ihrer Bildergalerie oder direkt von der Kamera einfügen.

Das ist aber auch schon alles, was der Prezi Viewer zu bieten hat. Sie können weder Rahmen erstellen, noch pdf-Dateien o.Ä. importieren. Fazit: Ein tolles Feinschliff-Tool – aber nicht ansatzweise ein Ersatz für Prezi im Browserfenster oder in der Offline-Version!

Der Text der PDF-Datei, die wir in unsere Prezi eingefügt haben, verpixelt beim Zoomen. Wenn Sie auf den Zoom-Effekt nicht verzichten können, müssen Sie die Texte wohl oder übel als echte Prezi-Textobjekte einfügen. Dann verpixelt wie gewohnt nichts.

Prezis für das iPad

Sie haben vielleicht schon unter der einen oder anderen Prezi in Ihrer Cloud oder bei uns auf den Screenshots den kleinen Hinweis „iPad friendly" erspäht. Das kleine Logo ist sozusagen das Gütesiegel dafür, dass Sie Ihre Prezi so gestaltet haben, dass sie auf dem iPad einwandfrei darstellbar ist.

Wenn Sie Ihre Prezi von Anfang an so gestalten wollen, dass sie auf dem iPad funktioniert, sollten Sie folgende Details unbedingt beachten:

Flash-Animationen (also SWF-Dateien) werden nicht unterstützt. Stattdessen konvertiert Prezi das erste Bild der Animation in ein Bild und zeigt dieses als Ersatz. Es bleibt also quasi der Flash, aber die Animation fehlt. Dementsprechend sollten Sie von Anfang an auf die Verwendung von Flash-Animationen verzichten.

SWF- und PDF-Dateien verpixeln, wenn man ins Detail zoomt. Die ursprünglich vektorisiert vorliegenden SWF-Grafiken werden in eine Pixelgrafik konvertiert. Diese verpixelt naturgemäß, wenn man zu nahe an sie heranzoomt. Die ursprünglich ebenfalls vektorbasierten PDFs werden auch in Pixelbilder formatiert und können dann nicht mehr so tief im Detail betrachtet werden, ohne dass Pixel erkennbar werden.

HD-Videos werden nur bis zu einer Auflösung von 720p unterstützt. Verzichten Sie also auf das Einbinden von Videos mit einer noch höheren Auflösung. 720p sind, von der technischen Begrenzung abgesehen, auch absolut ausreichend für die Display-Größe des iPad und sehen auch auf dem Beamer ordentlich aus!

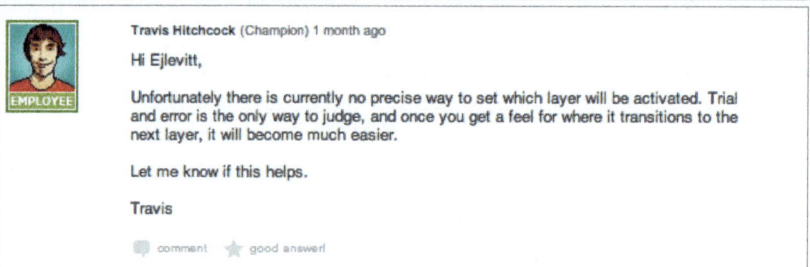

Travis Hitchcock (Champion) 1 month ago

Hi Ejlevitt,

Unfortunately there is currently no precise way to set which layer will be activated. Trial and error is the only way to judge, and once you get a feel for where it transitions to the next layer, it will become much easier.

Let me know if this helps.

Travis

💬 comment ⭐ good answer!

Hintergrund und Objekte liegen auf verschiedenen Ebenen übereinander. Sowohl der Hintergrund an sich als auch die einzelnen Objekte sind zweidimensional. Der 3D-Effekt stellt sich durch die Verschiebung der Ebenen voreinander ein.

3D-Prezis

Zum Zeitpunkt der Drucklegung dieses Buchs hatten 3D-Prezis gerade das Beta-Stadium hinter sich. Wir möchten dem Feature deshalb auch nicht viel mehr als das Prädikat „ganz nett" zusprechen.

Faktisch grenzt es nämlich ans Unmögliche, selbst eine ideal funktionierende 3D-Prezi zu basteln. So lässt sich zum Beispiel ein Bild als 3D-Hintergrund bestimmen – obenauf liegt dann noch die Ebene der Oberfläche von Prezi. Wie sich diese verschiedenen Ebenen verhalten, ist schwer vorherzusagen – erst recht bei den Prezi-Templates, die mit drei (!) 3D-Hintergründen hintereinander ausgestattet sind.

Somit erfolgt die Arbeit an einer 3D-Prezi grundsätzlich nach dem Motto *trial and error*. Sympathischerweise gibt man das bei Prezi aber auch zu (siehe das Zitat aus dem Support-Forum links).

Tipp

Wenn Sie Zeit (und Mut) zum Basteln haben, können Sie uns gern eines Besseren belehren und uns eine toll funktionierende 3D-Prezi zusenden: *info@preziakademie.de*

Allen anderen empfehlen wir, sich einmal ein paar 3D-Vorlagen anzusehen, um das Feature und die Bandbreite an Vorlagen kennenzulernen. Sollte tatsächlich einmal ein Thema zur Vorlage passen, können Sie dann ja auf die entsprechende 3D-Vorlage zurückgreifen.

Eine fruchtbare Vorlage mit echter 3D-Optik (Bilder von Heißluftballons, die sinnvoll auf einer Ebene vor dem eigentlichen Bild mit einer Landschaft und anderen Heißluftballons platziert sind) gibt es unter *www.prezi.com/qro-2tzdjaro/prezi-3d-fade-in-animation/* (oder unter *http://bit.ly/NuWyrP*). Klicken Sie einmal unten links auf den „Make a copy"-Button, und schon gehört sie Ihnen. Viel Spaß!

Prezis fürs E-Learning und für E-Presentations

Seit März 2013 ist Prezi in neue Sphären vorgedrungen: Kurzgesagt macht Prezi – zumindest theoretisch – den Präsentator überflüssig. Mithilfe von einzelnen „Voice-Over"-Sounddateien zu jedem Path-Step können Sie Ihren Zuschauern eine Präsentation zugänglich machen, mitsamt der zum jeweiligen Bildschirminhalt passenden Moderation!

Jeder Pfadpunkt lässt sich durch einen Rechtsklick auf das dazugehörige Vorschaubildchen in der linken Seitenleiste mit einer frei wählbaren Audiodatei verknüpfen. Im Präsentationsmodus wird diese Audiodatei einmalig abgespielt, wenn der entsprechende Pfadpunkt angefahren wird. Sobald „weitergeklickt" wird, stoppt die Wiedergabe.

Ein Nutzungsszenario dieser moderierten Prezi könnte eine Vorlesung sein, die von Studenten nachträglich und in selbstbestimmten Tempo angeschaut werden kann. Gegenüber einer Filmaufnahme hat diese E-Learning-Prezi den großen Vorteil, dass sie übersichtlich „durchgezappt" werden kann – und zwar sowohl auf zeitlicher Ebene als auch durch freies Zoomen und Klicken auf die gewünschten Inhalte. So einfach ließ sich eine von allein laufende und dennoch flexibel rezipierbare Präsentation noch nie verwirklichen!

Wenn Sie möchten, können Sie Ihrer Prezi im Hauptmenü über „Insert" → „Add Background Music..." auch noch Hintergrundmusik hinzufügen. Die gewählte Audiodatei wird allerdings nonstop im Hintergrund abgespielt und beginnt wieder von vorne, sobald sie abgelaufen ist. Das Feature ist zwar nett, aber nur selten wirklich nützlich. Viel revolutionärer sind da wirklich die Voice-Over-Funktionen zu einzelnen Pfadpunkten.

KAPITEL 7 | Prezi in der Praxis

Wie wir schon erwähnt haben, ist Inspiration bei Prezi alles – und die besten Ideen kommen leider immer unerwartet. Nahezu unendlich viele Prezi-Anwendungsbeispiele finden Sie in der „Explore"-Sektion auf *www.prezi.com*. Oder Sie holen sich in unserem Blog (*www.preziakademie/blog*) neue Inspirationen, und bleiben Sie so am Ball.

In diesem Kapitel wollen wir Ihnen ein paar Anwendungsbeispiele für Prezi vorstellen. Wenn möglich haben wir dabei immer auch die Beteiligten zu Wort kommen lassen. Wir bedanken uns herzlich bei allen, die uns einen Blick hinter die Kulissen Ihrer Prezis erlaubt haben!

Die Bühne, die Leinwand und ein Fernseher, damit weiter hinten sitzende TeilnehmerInnen die Präsentation besser sehen können, bilden die ideale Voraussetzungen für eine gelungene Prezi (hier: im Ideenlab der SELLBYTEL Group).

Prezi als klassische Präsentationshilfe

Prezi wurde ursprünglich für den Einsatz als Präsentationshilfe entwickelt: Sie sprechen und visualisieren währenddessen Ihren Vortrag oder Ihr Referat über Beamer oder Fernseher. Dabei können Sie auf die üblichen Hilfsmittel zurückgreifen:

Presenter: Die kleinen Mini-Fernbedienungen, deren Empfänger Sie per USB problemlos an jeden PC oder Mac anschließen können, funktionieren selbstverständlich auch mit Prezi, allerdings leicht eingeschränkt. Problemlos funktioniert das Navigieren von einem Path-Wegpunkt zum nächsten und zurück. Schwieriger wird das flexible Herein- und Herauszoomen – dafür haben Sie derzeit keine andere Möglichkeit, als sich entweder zum Mousepad oder zur Maus zu bewegen oder in einen sehr teuren Presenter zu investieren, der Ihnen quasi die gleichen Möglichkeiten bietet wie eine Maus.

Laserpointer oder Zeigestock: Um das Augenmerk der Zuschauer auf bestimmte Details des Präsentierten zu lenken, eignet sich der Einsatz eines Zeigestocks oder eines Laserpointers. Besonders eindrucksvoll ist es, wenn Sie mit dem Zeigewerkzeug auf die Stelle deuten, wohin sich die gesamte Präsentation per Zoom zum nächsten Path-Wegpunkt sowieso bewegt. Ihre Zuschauer werden Augen machen!

Prezi muss nicht die einzige Präsentationshilfe sein, die Sie nutzen. Nichts macht mehr Eindruck als der professionelle Präsentator, der scheinbar „einfach mal so eben" von der Leinwand zum Flipchart oder zur Tafel tritt und augenscheinlich spontan einen komplexen Gedanken in konkrete Worte oder Schemata zu fassen vermag.

Wichtig ist hierfür allerdings eine lesbare Handschrift – sollte auf Ihre eher das Wort „Sauklaue" als das Wort „Kalligrafie" zutreffen, verzichten Sie bitte auf Ausflüge an Flipchart und Tafel, und verlassen Sie sich auf Ihre fertig vorbereiteten Präsentationshilfen: Prezi, Metaplankarten, Handout usw.

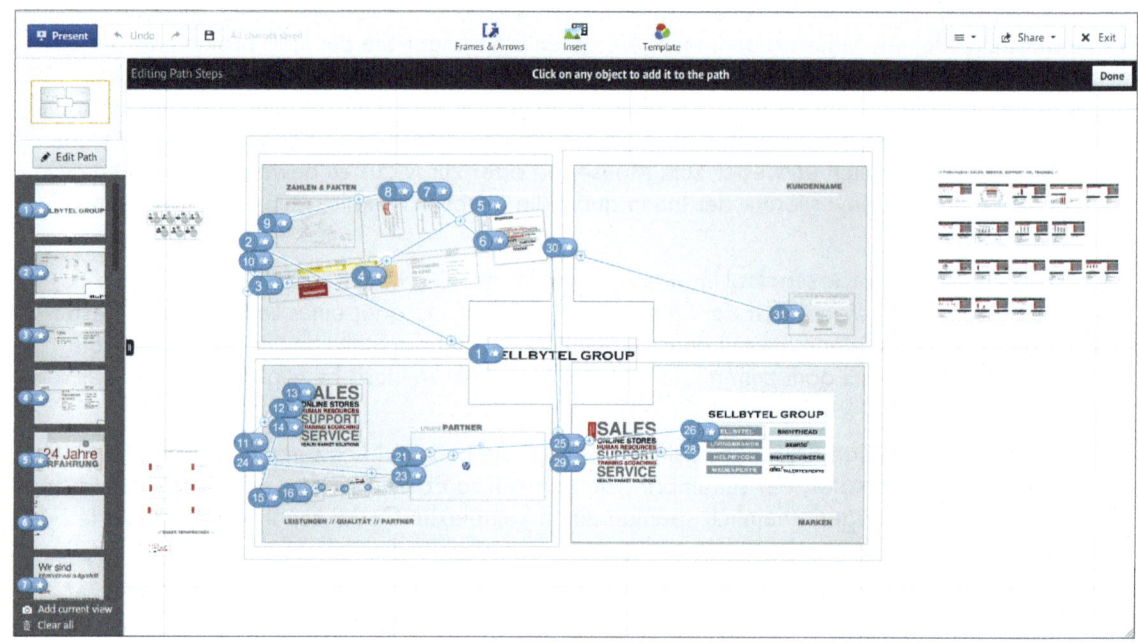

Die Unternehmenspräsentation der SELLBYTEL Group

Prezis als Unternehmenspräsentationen

Die SELLBYTEL Group ist ein Service-Unternehmen für Vertriebs-, Support- und HR-Dienstleistungen und setzt als eines der ersten international ausgerichteten Unternehmen schon seit Anfang 2011 auf Prezi als Mittel der Wahl zur Unternehmensdarstellung. Die dynamische und nicht-lineare Ausrichtung von Prezi hilft dabei, das Portfolio an Dienstleistungen und die individuellen Leistungen für Kunden wirkungsvoll darzustellen.

Die räumliche Anordnung und die Dramaturgie der Unternehmenspräsentation wurde mit dem Fokus entwickelt, dass auch Mitarbeiter ohne versierte Prezi-Fähigkeiten von den Vorteilen der Prezi-Präsentation profitieren können. Babette Wagner, Marketing Management International bei der SELLBYTEL Group, sagt dazu: „Die selbst gestalteten PowerPoint-Präsentationen unserer Account Manager und Sales Representatives werden im gemeinsamen Workshop in die Prezi-Unternehmenspräsentation eingefügt und mit einem individuellen Path versehen. Unsere KollegInnen äußern ihre Wünsche für ihre Kunden – und wir setzen sie direkt um: Zooms ins Detail, Erstellung von Schemata, alles kein Problem, wenn die Vorlagen hierfür als PowerPoint-Folien im PDF-Format vorliegen und wir sie einfach in die Prezi einbinden können."

Für die räumliche Anordnung wurde die Arbeitsoberfläche in vier Quadranten geteilt. In den meisten Fällen ist es der Quadrant Nummer drei, der individuelle Kundenbereich, mit dem während der Präsentation die meiste Zeit verbracht wird. In der Toolbox liegen Dokumente zum Heranzoomen bereit, die auf Nachfragen von Kunden hin direkt gezeigt werden können, aber nicht wirklich zum Kern des Themas gehören.

Ferdinand Grimm, Head of Sales und Mitglied der Geschäftsführung der SELLBYTEL Group, ist hochzufrieden mit der innovativen Art der Unternehmensdarstellung: „Wir leben Innovation und wollen das bei jedem Schritt, den wir mit dem Kunden gemeinsam gehen, zeigen. Zusätzlich können wir die unterschiedlichen Ausrichtungen unserer Töchter und unserer 6000 internationalen Sales- und Service-Spezialisten mit Prezi viel eindrücklicher zeigen als mit PowerPoint."

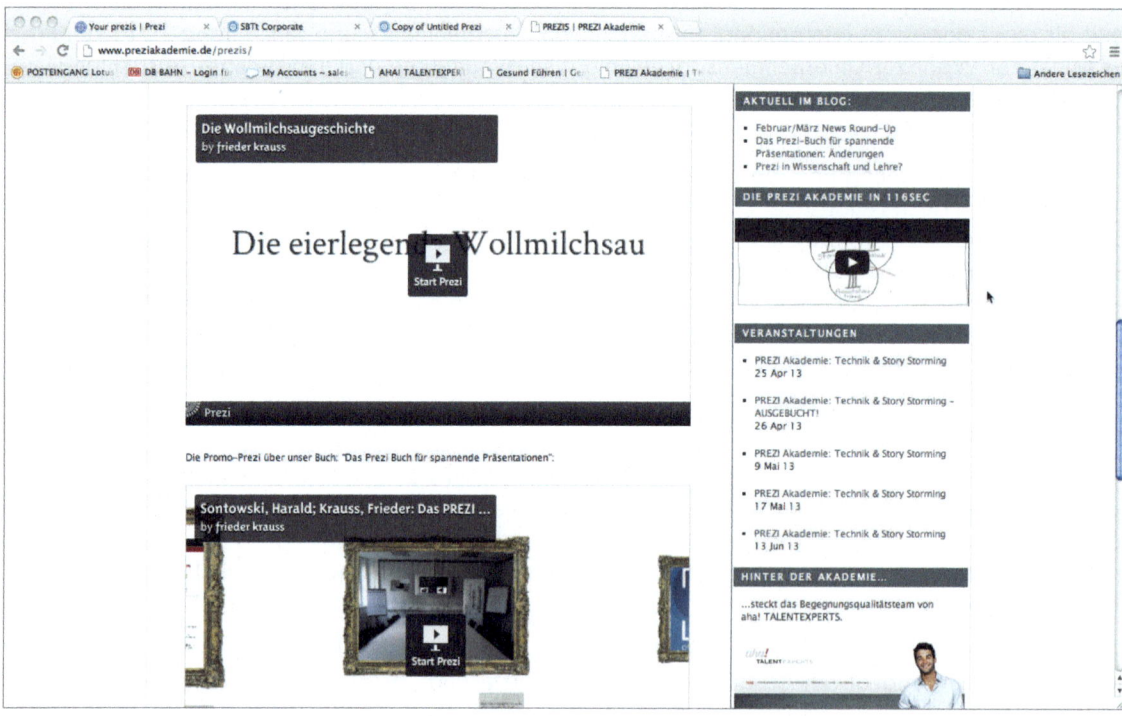

Prezis auf Webseiten

Das Einbinden selbst gestalteter oder fremder Prezis ist extrem einfach und kann viele Webseiten mit wenig Aufwand aufwerten. Gerade dann, wenn die Darstellung eines Themas in reiner Text- oder HTML-Form Leser eher abschrecken würde (z. B. lange Tutorials), kann eine Prezi eine willkommene Abwechslung sein.

> ## Tipp
>
> Näheres darüber, wie Sie eine Prezi technisch in eine Webseite einbinden, finden Sie auf Seite 165.

Dabei ist natürlich darauf zu achten, dass diese Prezis *standalone* – also ohne Begleitung durch jemanden, der ihnen eine Tonspur verleiht – ihren Zweck erfüllen. Dementsprechend sind Prezis, die exklusiv für das Einbetten in Webseiten gestaltet worden sind, häufig deutlich textlastiger als Prezis, die als Präsentationshilfen fungieren. Zusätzlich sollten Sie die Prezi mit Nutzungshinweisen ausstatten, die es auch Prezi-Neulingen ermöglichen, die Prezi zu bedienen.

Auf der Homepage der Prezi Akademie setzen wir naturgemäß auf Prezis und schlagen damit zwei Fliegen mit einer Klappe. Einerseits zeigen wir Gründe auf, die dafür sprechen, Prezi und uns kennenzulernen. Andererseits lernen Nutzer so direkt, wie einfach Prezi bedienbar ist und wie viel Eindruck eine Prezi macht.

Zusätzlich befindet sich jede Prezi zusätzlich noch auf den Servern von Prezi und kann dort von Interessierten betrachtet werden.

Prezumés & Portfolios Back ›

Search millions of prezis

Why Prezi is the best alternative to PowerPoi...

by Prezi Training.co.uk on 15 October 2012

PreziTraining.co.uk

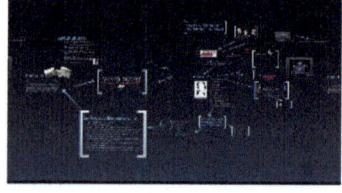

Mimox intro

by Csudinka Csudutov on 15 December 2011

how IT hunters work

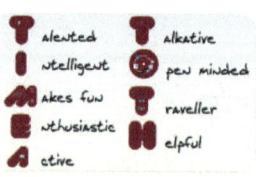

Introduction by Timea Toth

by Timea Tóth on 22 August 2012

prezume

Experienca Prezi

by Experiencia Prezi HC... on 17 October 2012

Live your Prezi Experience in Spanish

Brand D

by Darren Lancaster on 5 June 2012

Darren Lancaster's visual resume' experiment

Angelie Agarwal

by Peter Puklus on 13 September 2012

Prezume for Angelie, chief evangelist at Prezi.

Prezis als digitale Portfolios

Unter *www.prezi.com/explore/prezumes-and-portfolios/* finden Sie eine ganze Menge von digitalen Portfolios. Außerdem werden sogenannte *Prezumés* aufgeführt (der Begriff setzt sich aus „Resümee" und „Prezi" zusammen). Prezumes sind in den meisten Fällen Mischungen aus digitaler Werkschau und Curriculum Vitae des jeweiligen Gestalters/Künstlers.

Es gibt einige Gründe, warum Kreative Prezi nutzen, um ihre Werke und Referenzen zur Schau zu stellen. Beim herkömmlichen Portfolio oder der persönlichen „Mappe" überlässt man die Regie vollkommen demjenigen, der sich die Mappe ansieht. Häufig werden die Mappen und Portfolios nur durchgeblättert. Der Kreative, der sie zusammengestellt hat, wirkt nur dann interessant, wenn das Portfolio als Ganzes einen tollen Eindruck vermittelt oder einzelne Details herausragen.

Bei Prezi gibt es weiterhin die Möglichkeit, einfach durch die Portfolios zu blättern (bzw. durch sie zu zoomen bzw. zu scrollen). Zusätzlich kann man als Kreativer aber auch noch einen Standard-Path definieren, also eine Reihenfolge innerhalb des Portfolios, der einen eigenen Mehrwert aufzeigt. So könnte der Path zum Beispiel ausschließlich die jeweils herausragendsten Werke herausstellen. Derjenige, der das Portfolio begutachtet, kann auf Wunsch in diejenigen Schaffensbereiche weiter hineinzoomen, die ihn aufgrund des mitreißenden Einzelstücks (das man bewusst als Anker für den Path gewählt hat) in ihren Bann gezogen haben.

Auch hier ist die Prezi-Website, auf der alle öffentlich zugänglichen Prezis für alle zugänglich bereitstehen, absolut empfehlenswert. Geschickt mit Schlagworten versehen, kann es durchaus dazu kommen, dass sich Interessierte beim Ersteller der Prezi bzw. dem Inhaber des Portfolios melden. Zusätzlich sind die Prezis natürlich meistens in die eigenen Homepages der Künstler/Gestalter eingebunden.

Prezis als Film

Für jeden Prezi-Nutzer mit einer leichten Affinität zur Videobearbeitung ist es ein Leichtes, eine Prezi in einen eindrucksvollen Film zu verwandeln. Die Verwendungszwecke für einen solchen Film sind vielfältig. Und auch hier gilt wieder: Der Prezi-Film ist deutlich günstiger als die Erstellung eines „echten" Image-Films, selbst wenn kostenpflichtige Programme verwendet werden.

ScreenFlow (für 79 EUR im Apple App Store zu haben) oder **CamStudio** (kostenlos nutzbar, Windows) oder ein ähnliches Programm sind nötig, um eine Prezi quasi „ohne Kamera abzufilmen". Das Video zeigt die Prezi genau so, wie Sie sie abspielen und aufnehmen – also mit selbst gewählten Zeitspannen zwischen den einzelnen Path-Punkten.

Zusätzlich bieten die Programme die Möglichkeit, den Prezi-Film mit einer entsprechenden Standardtonspur zu unterlegen. Die durchs Mikrofon eingesprochene Tonspur oder das selbst gewählte Musikstück und Ihre abgefilmte Prezi, gemeinsam in einer Videodatei gespeichert, ergeben ein absolut stimmiges Ergebnis. Das Video lässt sich lokal vorführen, in andere Filme als Sequenz einbauen oder bei YouTube hochladen, wo das Video neue Zuschauerkreise gewinnen kann.

Für Felix Vezjak, Director von Meetings & Events Germany/Austria, einer auf die professionelle Durchführung von Meetings und Events spezialisierten Agentur, ist eine solche Darstellungsweise immer eine attraktive Option: „Prezi erlaubt es uns, unsere Ideen im Rahmen von internen Workshops direkt selbst in Filmform zu bringen, ohne eine professionelle Filmagentur einbinden zu müssen. So wird die Kreativität unserer Mitarbeiter sofort umgesetzt, und wir können deutlich schneller mit dem Ergebnis arbeiten!"

KAPITEL 8 | Story Storming

Viele Prezi-Anwender nutzen zu Beginn nur einen kleinen Bruchteil der Möglichkeiten, die Prezi bietet. Das liegt an der Gewöhnung an die lineare Aufbereitung des zu Präsentierenden. Wissenschaftliche Arbeiten werden grundsätzlich linear aufgebaut und Gliederungspunkt für Gliederungspunkt regelrecht „abgearbeitet". Wissenschaftliche Präsentationen, genauso wie Produktpräsentationen in der freien Wirtschaft, sind ebenfalls streng linear aufgebaut.

Diese lineare Vorgehensweise haben viele Prezi-Nutzer so verinnerlicht, dass es ihnen gerade zu Beginn nicht gelingt, aus Prezi wirklich mehr herauszuholen als aus PowerPoint. Sie nutzen Prezi dann dazu, vorhandene Inhalte in ähnlich linearer Abfolge anzuordnen. Diese Herangehensweise führt nie zu beeindruckenden oder auch nur zufriedenstellenden Ergebnissen.

Mit Prezi können Sie vom linearen Aufzähler zum dynamischen Erzähler werden. Um diese Rolle einnehmen zu können – während der Gestaltung und der Präsentation – ist es essenziell, den Stoff (also die zu präsentierenden Inhalte) entsprechend aufzubereiten. Das geschieht im Story Storming, das am Beginn jeder Prezi-Entwicklung stehen sollte. Je kreativer Sie mit Ihren Inhalten umgehen, desto attraktiver wird Ihre Präsentation wirken und desto gespannter werden Ihre Zuschauer Ihnen in der Präsentationssituation lauschen.

Das Ergebnis des Story Stormings muss keine „Story" im klassischen Sinne sein. Oft ist das Ergebnis eine erste Idee davon, wie die eigenen Inhalte räumlich auf der Oberfläche und zeitlich nacheinander per Path angeordnet werden. Und diese Anordnungsidee ist das, was Ihre Präsentation aus der Masse von Präsentationen herausstechen lässt: ein kreativ erarbeitetes, räumliches Konzept der Präsentation.

Mathematweets

Twitter can be a valuable tool for tracking learning in short, one-sentence summaries. As students tweet their learning progress, frustrations, and accomplishments, they form a community of learners who can support each other in the online environment.

by Maria Andersen on 30 August 2011 • 👁 *213086* ★ *403* 👍 Like 210 🐦 Tweet 118

📋 Make a copy   📤 Share   ★ Favorite

Maria Andersen stellt unter http://bit.ly/cabmUY eine Prezi über gemeinschaftliches Mathe-Lernen via Twitter bereit, die die beiden Themen optisch und inhaltlich verbindet.

Story Storming und Kreativität

Sie sind kreativ! Vielleicht erreicht Ihr kreativer Output nicht immer das literarische Niveau eines Goethe oder die Profitabilität eines Steve Jobs. Aber den einen oder anderen kreativen Glanzmoment können Sie doch vorweisen, oder?

Uns ist bewusst, dass sich kreative Einfälle eher beim Singen unter der Dusche oder beim Joggen einstellen als beim kreativen Denken auf Befehl. Genau aus diesem Grund führen wir grundsätzlich Story-Storming-Sequenzen für die lockere Erarbeitung kreativer Ideen durch, bevor wir uns ernsthaft mit der Erstellung eigener Präsentationen beschäftigen. Die zufälligen, genialen Einfälle kann das Story Storming leider nicht ersetzen. Die beim Gestalten der Prezi an den Tag gelegte Kreativität steigt aber unermesslich durch den gezielten Einsatz der unterschiedlichen Kreativitätstechniken, die wir unter dem Dach des Story Stormings zusammengetragen haben.

Eine spezifische Reihenfolge gibt es nicht. Auch müssen nicht immer alle Kreativitätstechniken angewandt werden. Oft zucken schon mithilfe der zuallererst ausprobierten Technik so viele Geistesblitze durch die Story-Storming-Wolken, dass von der Anwendung weiterer Techniken abgesehen werden kann.

Zwei Empfehlungen für den Einstieg können wir unseren Erfahrungen nach aber geben:

• Sollten Sie der absolute Experte auf Ihrem Fachgebiet bzw. ein erfahrener Verkäufer und Präsentator eines Produkts sein, ist die Wahrscheinlichkeit, dass Sie per Mind Mapping den Stein der Weisen entdecken, niedrig. Beginnen Sie doch einfach mal mit S.C.A.M.P.E.R. (siehe Seite 217) oder unserer Fragensammlung (siehe Seite 219), und sehen Sie das In- und Auswendiggelernte in ganz neuem Licht!

• Das zu präsentierende Thema ist absolutes Neuland für Sie? Beginnen Sie mit dem Mind Mapping. Übrigens ist es ein Gerücht, dass Mind Mapping in der Gruppe zu besseren Ergebnissen führt als das Mind Mapping „im stillen Kämmerlein" – unserer Beobachtung nach ist eher das Gegenteil der Fall!

Kreativität auf Knopfdruck?

Für Kreativität sind **Erfahrungswissen**, **Motivation** und **Geduld** wichtige Komponenten. Es gibt einige Möglichkeiten, an allen drei Komponenten so zu arbeiten, dass die eigenen kreativen Fähigkeiten nach und nach stärker werden. Übung macht den Meister!

Motivieren Sie sich, Ihr routiniertes Verhalten öfter zu durchbrechen, um neues **Erfahrungswissen** zu sammeln. Nehmen Sie sich zum Beispiel vor, eine Woche lang nur durch den Kofferraum in Ihr Auto und aus Ihrem Auto zu steigen. Bringen Sie die **Geduld** auf, einen neuen Prozess einzuüben. Achten Sie beispielsweise darauf, dass Sie beim Klettern über die Mittelkonsole nichts mit Ihren Schuhen beschmutzen oder gar zerkratzen.

Und schon haben Sie zukünftig die Möglichkeit, in Notfallsituationen scheinbar zu enge Parklücken einmal ganz anders zu interpretieren.

Verrückt oder erfolgversprechend? Fragen Sie doch einmal John Osborn (CEO der New Yorker Niederlassung der BBDO Worldwide, dem größten Werbeagenturnetzwerk der Welt). Er besitzt und benutzt ein Laufband mit integriertem Schreibtisch, PC und Telefon und arbeitet somit quasi am laufenden Band.

„Andersdenker", die gerne außerhalb der sonst gewohnten Denkbahnen verkehren, erzielen mit Prezi besonders beeindruckende Ergebnisse. Dieses „Andersdenken" lässt sich einüben. Die folgenden Kreativitätstechniken helfen dabei!

Beim Brainstorming ist die Einstiegshürde für das Konzipieren einer Präsentation niedriger, als wenn Sie direkt mit der Gliederung beginnen wollen.

Brainstorming

Das Brainstorming ist eine von Alex F. Osborn 1939 erfundene Methode zur Ideenfindung. Die Regeln sollten locker (kreativ!) interpretiert werden. Auch die Art und Weise des kreativen Outputs dürfen Sie gern selbst wählen: Die Gedanken direkt in einem Prezi Meeting zu sammeln bietet sich natürlich an!

Vorbereitung: Gruppen von 5 bis 7 Personen werden gebildet. Die dem Brainstorming zugrunde liegende Fragestellung soll weder zu allgemein („Wie werden wir die besten Sportler der Welt?") noch zu spezifisch sein („Welche Farbvariante von Türkis wollen wir für die Schnürsenkel unserer Turnschuhe wählen?"). Vier grundsätzliche Säulen stellen das Fundament beim klassischen Brainstorming dar:

- Es soll kombiniert werden, vorhandene Ideen sollen aufgegriffen werden.
- Kommentare, Korrekturen und Kritik sind verboten.
- Das Ziel sind viele Ideen in kürzester Zeit (Formate von 5 bis 20 Minuten sind die Regel).
- Freies Assoziieren und Fantasieren ist erlaubt (eigentlich ist es sogar erwünscht)!

Phase 1: Ideenfindung und Inspiration. Der Fantasie sind keine Grenzen gesetzt.

Phase 2: Sortierung und Bewertung der Ergebnisse: Die Ideen werden gesammelt und präsentiert bzw. vorgelesen. Fachfremde oder nicht zielführende Beiträge werden aussortiert, die anderen werden thematisch sortiert und für den weiteren Verlauf diskutiert. Auch die Sortierung geht auf einer Prezi-Oberfläche kinderleicht!

Tipp

Kombinieren Sie das Grundgerüst Brainstorming mit anderen Kreativitätstechniken!

Bei Brainstorming-Sessions dieser Art sollten Sie nicht vergessen, sämtliche Arbeitsmaterialien zu entfernen, bevor die nächste Gruppe von KollegInnen den Meeting-Raum betritt.

Reverse Brainstorming

Anstelle der Frage, wie einer Präsentationsherausforderung beizukommen ist, steht beim Reverse Brainstorming die Frage im Vordergrund, wie man diese Hürde verursachen oder vergrößern könnte. Das führt zunächst zu unsinnigen – oder besser widersinnigen – Gedanken, die sich aber nachträglich in zielführende Ideen ummünzen lassen. Essenziell ist es, seine Gedanken wirklich frei fließen zu lassen, um nicht eventuell geniale Ideen direkt im Keim zu ersticken.

1. Definieren Sie die Herausforderung/das Problem/die Aufgabe.
2. Fragen Sie sich, wie es möglich wäre, die Herausforderung, das Problem oder die Aufgabe zu erschweren.
3. Dokumentieren Sie sämtliche Gedanken. Geben Sie sich dabei völlig dem widersinnigen Szenario hin. Ihre „Denke" wird sich nach einer Weile an die widersinnige Denkrichtung gewöhnen und mittelfristig tolle Zwischenergebnisse hervorbringen.
4. Untersuchen Sie die Zwischenergebnisse daraufhin, ob sie, wenn Sie sie einfach wieder umkehren, zu einem Lösungsansatz für die ursprüngliche Herausforderung führen!

Reverse Brainstorming bringt dann die fruchtbarsten Ergebnisse, wenn der direkte Weg zur Lösung des Ursprungsproblems verstellt ist oder blockiert zu sein scheint.

Beginnen Sie beispielsweise damit, sich zu fragen, wie Sie Ihr Thema in Prezi so unspektakulär und wirkungslos wie nur möglich darstellen könnten. Kehren Sie die gesammelten Ideen um, und beginnen Sie mit einer kreativen Umsetzung per Prezi.

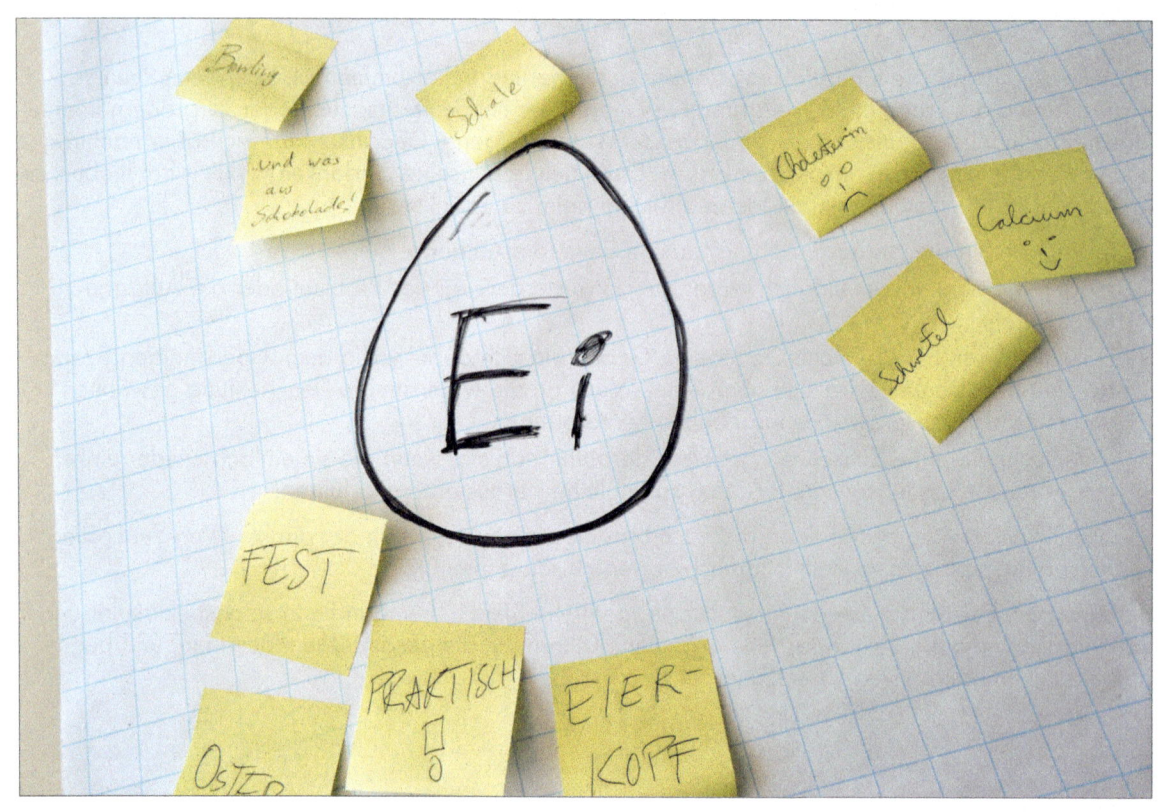

Für komplexere Themen sollten Sie mit einem größeren Platzbedarf rechnen. Mit ein wenig Zeit und einer vier- bis fünfköpfigen Gruppe lässt sich ein üblicher Schreibtisch locker vollständig mit Ideen auf Klebezettelchen füllen.

Crawford Slip

Die Crawford-Slip-Methode ist kurz gesagt eine Möglichkeit des Brainstormings für Gruppen unter Zuhilfenahme von Post-its. Sie wurde in den 1920er-Jahren von Dr. C.C. Crawford, einem Professor of Education an der University of Southern California, entwickelt, um mit einer Gruppe relativ schnell eine große Bandbreite an Ideen zu generieren – ideal für eine Ideensammlung zur Prezi-Gestaltung!

Je nach zeitlichem Rahmen erhält jedes Gruppenmitglied fünf bis unendlich Post-it-Zettelchen und die Aufgabe, jeweils eine Idee pro Zettel festzuhalten. Das Thema, zu dem Ideen gesucht werden sollen, darf ruhig sehr offen gewählt werden. Mit Prezi lassen sich oft gerade sehr „weit hergeholte" Idee super verarbeiten.

Nach der stillen Phase des Ideensammelns folgt die Phase der Werkschau, während der sich jeder Teilnehmer einen Überblick über die eigenen und fremden Ideen zum gemeinsamen Thema verschaffen kann. Aus dieser Phase ergibt sich das große Finale der Crawford-Slip-Methode meist von selbst. Oft stechen einzelne Ideen heraus, die von der Gesamtgruppe oder Einzelteilnehmern dann weiterverfolgt oder bearbeitet werden. Manchmal muss die Masse an Ideen auch zunächst strukturiert werden. Dies gelingt durch die Zettel-Form der Ideen einfach, indem die Zettel vom Tisch oder der gemeinsamen Arbeitsoberfläche gelöst und thematisch sortiert neu gruppiert werden. Spätestens dann werden Ideen erkannt, deren Weiterverfolgung sich lohnt.

Tipp

Oft lässt sich von der finalen Anordnung der Zettelchen auf dem Tisch schon eine fast fertige Anordnung der Inhalte und Ideen auf der Prezi-Oberfläche ableiten. Augen auf!

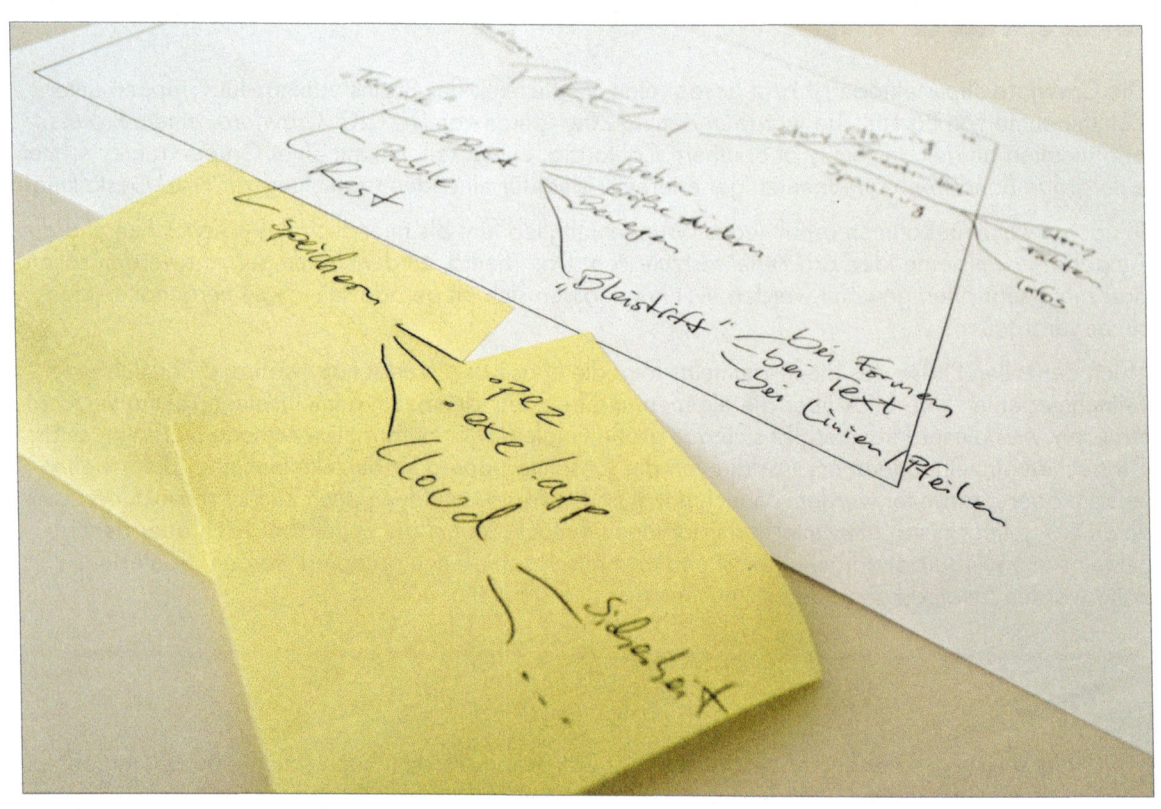

Wenn Ihre Ideen nicht mehr auf ein Blatt Papier passen, sorgen Sie für mehr Platz – und wenn Sie auf den Tisch malen oder sich mit Klebezettelchen aushelfen. Völlig widersinnig wäre es, den Gedankenfluss einfach enden zu lassen, nur weil das Blatt vollgeschrieben ist.

Mind Mapping #1

Was ein wenig nach geografischer Kartierung des menschlichen Gehirns mit Lineal und Zirkel klingt, ist in Wirklichkeit ein mächtiges Werkzeug zur Ideenfindung. Als Bezeichnung hat sich – da man das englische „mind" nicht mit einem einzigen deutschen Wort korrekt übersetzen kann – das englische „Mind Mapping" eingebürgert. In der freien Wirtschaft eher selten angewendet, hat sich die Methode in der Wissenschaft lange schon erfolgreich durchgesetzt.

Die Arbeitsweise bindet beide Hirnhemisphären gleichermaßen ein, indem sie sprachlich-logisches Denken mit intuitiv-bildhaftem Denken verbindet. Sie sehen, wir sind wieder in der Prezi-freundlichen Welt der Visualisierungen und der vernetzten Gedanken. Allerdings wird nicht einfach so drauflosgekritzelt!

Zu starre Regeln für das querdenkende Mind Mapping festzulegen, widerspricht unserer Meinung nach wiederum dem Sinn und Zweck des Ansatzes. Als Anhaltspunkte seien die wenigen Grundregeln trotzdem einmal aufgeführt:

1. Nehmen Sie sich ein möglichst großes Blatt Papier, möglichst komplett weiß und möglichst im Querformat vor! Das Hochkantformat unterstützt das klassische, lineare, also gewohnte Denken – das Querformat hingegen unterstützt die innovative „Denke" mit beiden Hemisphären.

2. Setzen Sie Ihr Thema kurz und prägnant formuliert in den Mittelpunkt des Blattes – in Schrift- oder Bildform! Das Thema wird üblicherweise eingekreist dargestellt.

3. Die mit dem zentralen Thema assoziierten Schlüsselwörter (und nur diese, keine Sätze oder Phrasen!) werden auf Äste geschrieben, die mit dem Thema verbunden sind. An diese Hauptäste lassen sich dann weitere Äste oder kleine Zweige mit Schlüsselwörtern knüpfen, die wieder eigene Zweigchen bekommen können usw.

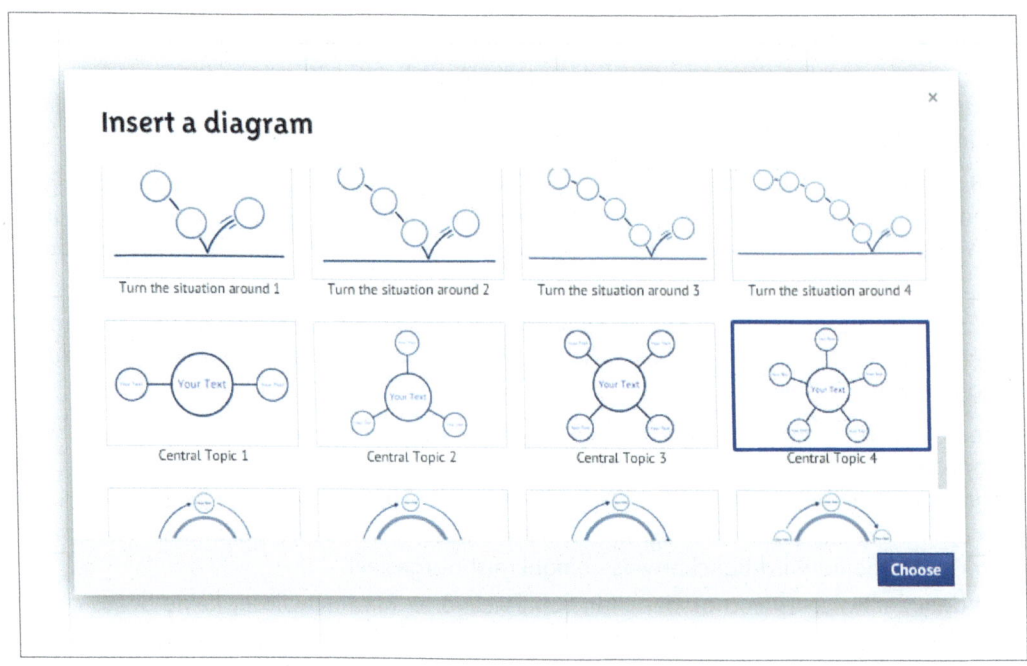

Viele Prezi-Diagramme lassen sich verwenden, um entweder einfach mal in Prezi zu „mindmappen"
oder um eben Mind-Mapping-Ergebnisse in Prezi umzusetzen.

Mind Mapping #2

Wir haben schon zahllose Abänderungen und Eigeninterpretationen der Methode entdeckt und ausprobiert. Sie alle funktionieren – sofern die Grundkriterien eingehalten werden:

Erstens sollte die Netzwerkstruktur theoretisch immer weiter erweiterbar sein – zur Not durch das Anheften weiterer Blätter an das Ursprungsblatt. Zweitens sollte die Annäherung an eine lineare Gliederung vermieden werden und stets das netzwerkartige Wesen der Mind-Map-Maxime bestehen bleiben. Drittens hat sich die Verwendung von Schlüsselwörtern statt Phrasen absolut bewährt. Das Abweichen vom Schlüsselwortprinzip führt meistens zum „Rückfall" ins lineare Denken.

Papier ist Ihnen zu „old school"? Kein Problem, mittlerweile gibt es massenweise tolle Werkzeuge zur Erstellung von professionellen Mind Maps, die dann auch wirklich für jeden Zweck druckreif sind!

Prezi: Mindmappen Sie doch einfach einmal direkt in Prezi, frei nach dem Motto „think outside the slide". Oft lässt sich mit ein paar Anpassungen eine tolle Präsentation aus der Mind Map entwickeln!

Mindjet Mindmanager: Der Einsatz von Mindjet Mindmanager (*www.mindjet.com*) lohnt sich für Nutzer, die sich wirklich sicher sind, dauerhaft Mind Mapping einsetzen zu wollen. Der Grund für die Vorsicht ist vor allem der Preis von über 400 EUR. Dafür dürfen optisch und methodisch natürlich auch sagenhafte Mind Maps erwartet werden – allerdings nur, wenn Sie auch auf Papier einigermaßen geübt sind.

FreeMind: Der Name der Software verrät direkt den größten Vorteil des Programms gegenüber der Konkurrenz. FreeMind (http://freemind.sourceforge.net) läuft zusätzlich auch noch fast auf jedem Betriebssystem (es basiert auf Java). Die Ergebnisse sind meist optisch nicht so spektakulär und makellos wie die der kommerziellen Konkurrenz – methodisch aber absolut top.

Plus	Minus	Interessant
➡ Die Referenz zeigt, dass wir auch leisten können, was wir versprechen!	➡ Die Referenz könnte suggerieren, dass wir nur für Premium-Preise arbeiten.	➡ Darstellung von Branchenexpertise ohne Namensnennung!
➡ Die Referenz zeigt, dass wir für Marktbegleiter mit Prestige bereits erfolgreich tätig sind.	➡ Die Referenz zeigt unser Vertauensverhältnis mit der Konkurenz! Wie wirkt das?	➡ Wir stellen die schon vorhandenen Prozesse als neu und bereits erfolgreich geprüft vor!
➡ Die Referenz wird den Konkurrenten evtl. neidisch machen bzw. Interesse für die gleiche Dienstleistung wecken!	➡ Die Referenz wird den Konturrenten evtl. abschrecken bzw. das Interesse an Zusammenarbeit eher mindern!	➡ Wir zeigen unser umfangreiches Know-how, indem wir direkt eine kundenindividuelle Lösung präsentieren, ohne die Referenz zu nennen!

Sollen wir in unsere Präsentation für den italienischen Kleinwagenproduzenten als Referenz den Namen und das Logo des bayerischen Premiumherstellers als Referenz mit aufnehmen?

P.M.I.-Methode

Die P.M.I.-Methode wird unserer Erfahrung nach am besten immer dann punktuell eingesetzt, wenn schwierige Entscheidungen bezüglich einzelner Präsentationsinhalte der Prezi anstehen.

Ursprünglich werden bei der Methode in einer dreispaltigen Tabelle Ideen zu drei Kategorien gesammelt: **Plus**, **Minus** und **Interessant**. Dieser generelle Ansatz führt immerhin zu einer Sammlung vorherrschender Meinungen (Plus, Minus) und Fragen (Interessant). Komplett neue Ideen entstehen leider eher selten.

Unser eigener Ansatz, der bei einem Story Storming entstanden ist, kommt meistens dann zum Einsatz, wenn Uneinigkeit über ein Detail der zu erstellenden Präsentation herrscht oder wenn – wie oben erwähnt – eine wichtige Entscheidung zu treffen ist. Bezogen auf das Detail werden dann Plus- und Minuspunkte definiert, und unter „Interessant" listen wir entweder Fragen oder direkt Ansatzpunkte zur Auflösung des Dilemmas auf.

Ein Beispiel: Ein Unternehmen zählt zu seinen Kunden unter anderem einen bayerischen Premium-Autohersteller. Nun soll die Dienstleistung, die eben für diesen bayerischen Premium-Autohersteller schon regelmäßig erbracht wird, auch einem italienischen Autohersteller verkauft werden, der eher mit Kleinwagen assoziiert wird. Logischerweise kommt früher oder später die Frage auf, inwiefern es Sinn macht, in der Präsentation für den italienischen Fabrikanten als Referenz den bayerischen Premiumfabrikanten samt Kundenlogo anzuführen.

Bei einer derart spezifischen Entscheidung lässt sich in der Interessant-Spalte meistens ein Ansatzpunkt für die Umsetzung in der Prezi finden. In diesem Beispiel liegt die Schlussfolgerung nahe, dem zu gewinnenden Neukunden direkt eine maßgeschneiderte, mit Branchenkenntnis erarbeitete Lösung zu präsentieren, so dass auch ohne Referenznennung die Expertise außer Zweifel steht.

Abkürzung	Beispiel
S (**substitute**, ersetze)	Gängige Formulierungen aufbrechen! Zum Beispiel „schlecht" = „nicht gut", „erfolgreich" = „nicht von Erfolgsfreiheit gekrönt".
C (**combine**, kombiniere)	Distinguierte Sprache kombiniert mit „Gossensprache"! Zum Beispiel „…das führte anfangs durchaus zu sehr irrationalem Verhalten – mit anderen Worten, alle sprangen wie behämmert im Dreieck herum!"
A (**adapt**, ändere ab, verändere)	Deutsche Kunstworte statt englischem Lehnwortschatz! Zum Beispiel „sales mindedness" = „verkäuferische Verkopfung".
M (**modify**, verändere Größe, Maßstab oder Gestalt)	Individueller Kundennutzen über den Tisch gebeugt im Flüsterton, damit die Konkurrenz es nicht mitbekommt! „Pssst….!"
P (**put to another use**, finde weitere Analogien)	Zum Beispiel „…das passt zusammen wie Heidi und der Ziegenpeter…"
E (**eliminate**, entferne Elemente)	„Sie sehen und hören in den nächsten 30 Minuten nur das Wesentliche – Zahlen gibt's nachher auf Papier!"
R (**reverse**, kehre um)	„Ich stelle Ihnen jetzt unsere Lösung vor – bitte geben Sie mir Bescheid, welche Probleme sich damit lösen!"

Die S.C.A.M.P.E.R.-Methode, hier angewendet zur Ideenfindung für die Tonspur zur Prezi

S.C.A.M.P.E.R.

Wer, wie, was? Der, die, das! Wieso, weshalb, warum? Wer nicht fragt, bleibt dumm – oder ist zumindest mit nur wenig kreativem Potenzial ausgerüstet. Eben dieses kreative Potenzial zur Ideenfindung und -entwicklung ist nämlich bei den Menschen besonders ausgeprägt, die auch dann noch Fragen stellen, wenn eigentlich alles beantwortet scheint.

Bob Eberle war es, der 1997 einige effektive Fragearten zu einer Abkürzung zusammenfasste: S.C.A.M.P.E.R. Im Rahmen des Story Storming für Prezi kann die Methode bezogen auf zwei Aspekte angewandt werden: direkt auf das zu präsentierende Thema/Produkt oder auf die Art und Weise, wie das Thema/Produkt dargestellt werden soll.

Substitute (Ersetzen): Welcher Aspekt des Themas/Produkts ließe sich ersetzen? Welcher Aspekt eines anderen Themas/Produkts ließe sich durch das Thema/Produkt ersetzen?

Combine (Kombinieren): Welche Symbiosen entstehen durch Kombination mit anderen Themen/Produkten?

Adapt (Abändern): Wie ließe sich das Thema/Produkt abändern, um es noch attraktiver zu machen?

Modify (Modifiziere Größe, Ausrichtung oder Gestalt): Hätte ich das Transformation Tool im echten Leben, wie würde ich es einsetzen, um das Thema/Produkt zu verändern?

Put to Another Use (Verwende anders): Wie ließe sich das Produkt noch nutzen, das Thema noch interpretieren?

Eliminate (Weglassen): Was ließe sich weglassen? Mit welchen Konsequenzen für das große Ganze?

Reverse (Umstülpen): Wäre unser Produkt/Thema *Batman*, wie sähe der *Joker* dazu aus? Wie ließe sich unser Thema entgegengesetzt revolutionieren, unser Produkt mit umgedrehtem Effekt einsetzen?

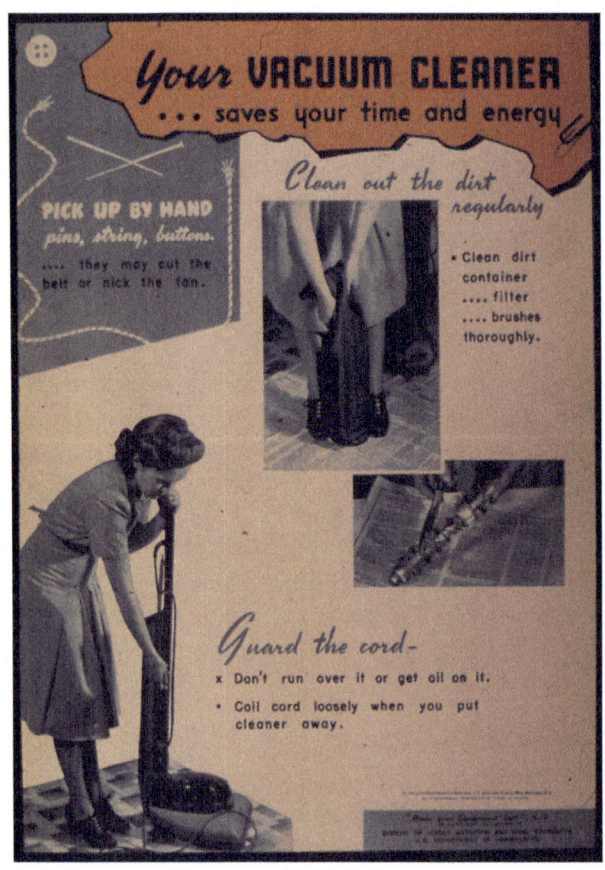

Staubsaugervertreter haben ihre Produkte dabei, um sie zu präsentieren. Warum bringen Sie das Thema Ihrer Präsentation nicht auch einmal mit? (Quelle: Wikimedia Commons)

Die Osborn-Checkliste

Alex F. Osborn ist nicht nur der „Godfather of Brainstorming", sondern auch der Namenspate der **Osborn-Checkliste**. Je nach Interpretation umfasst diese Checkliste bis zu 62 hochspezifische Fragen, die zu kreativeren Ideen zu bekannten Themen führen sollen.

Wir haben in unseren Schulungen einige Fragen (angelehnt an bestehende Fragen aus diversen Varianten der Osborn-Checkliste und selbst erfundene) erprobt und wollen Ihnen hier einige präsentieren, die uns als besonders fruchtbar erscheinen: X steht übrigens jeweils für das Thema oder Produkt, das Sie präsentieren wollen.

- „Wie würde ich X einem neugierigen Nachbarskind am Gartenzaun in drei, vier kurzen Sätzen vorstellen, bevor es wieder wegrennt und sich lachend von der Rasensprenkleranlage nassmachen lässt?" Die Frage verspricht unterhaltsame Ergebnisse, bringt aber auch immer zielführende Erkenntnisse über den Präsentationsgegenstand ans Tageslicht. Gerade im Bereich der Wirtschaft besteht das Publikum oft aus Fachfremden, deren Terminfülle im Laufe der Zeit zu einem hibbeligen Wesen geführt hat. Die Nachbarskind-Metapher ist also realitätsnäher, als es den meisten lieb sein dürfte. Mit wenigen, einfachen und deutlichen Worten fesseln zu können, ist in Zeiten kurzer Aufmerksamkeitsspannen essenziell!
- „Wie ließe sich X fachlich so versiert wie nur möglich präsentieren?"
- „Was spricht dagegen, X am Tag der Präsentation an den Ort der Präsentation mitzubringen?"
- „Wie würde X in einem Edutainment-Magazin (aus „Education" = „Bildung" und „Entertainment" = „Unterhaltung") im Vorabendprogramm eines Privatsenders dargestellt werden?"
- „Wie ließe sich X ohne Worte auf einem DIN-A-4-Blatt im Querformat skizzieren?" – Die Antwort auf diese Frage beinhaltet übrigens höchstwahrscheinlich Hinweise zum konkreten Design Ihrer Oberfläche.
- „Wie würde die große deutsche Boulevardzeitung mit den vier Buchstaben unsere Präsentation betiteln?"
- „Welche(r) Schauspieler(in) könnte X am besten auf der großen Leinwand repräsentieren?"

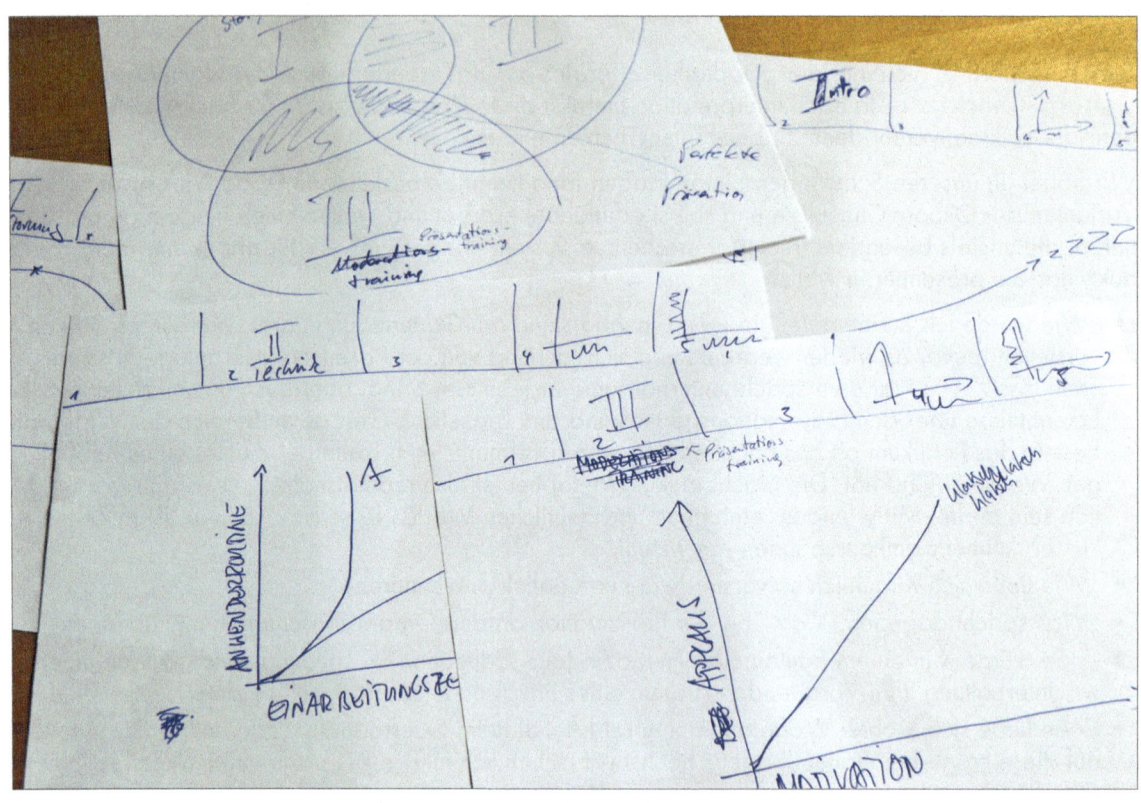

So viel Spaß das kreative Denken und Konzipieren auch macht – gegen Ende müssen Sie das Ziel wieder in den Fokus rücken. Die erste ordentliche Fassung Ihrer Präsentation können Sie entweder sauber vorskizzieren oder direkt in Prezi gestalten.

Die Ruhe nach dem Story Storm

Wie auch immer Ihr Story Storming aussah – in der Gruppe mit Zettelwust oder allein mit Bleistift und Papier – am Ende ist das Ziel, Ihr Ergebnis in eine Prezi überführen zu können. Und das sollte nicht zu spät geschehen. Setzen Sie sich deshalb eine feste Frist für die Fertigstellung Ihres Konzepts.

Was das Timing angeht, haben Sie es beim Story Storming und bei der Arbeit mit Prezi nämlich mit zwei Tätigkeiten zu tun, die ein hohes Flow-Potenzial aufweisen.

Tipp

„Flow" wurde als Begriff durch den Psychologen Mihaly Csikszentmihalyi geprägt und bezeichnet das Phänomen des völligen Aufgehens einer Person in ihrer Tätigkeit.

Wir empfehlen, grundsätzlich mindestens 10 %, aber nicht mehr als ein Drittel der für die Erstellung einer Präsentation zur Verfügung stehenden Zeit für das Story Storming zu nutzen. Der Aufwand lohnt sich immer!

Wie bringen wir die neu entwickelten Ideen jetzt also in der räumlichen Dimension unserer Prezi-Oberfläche und in der zeitlichen Path-Abfolge-Dimension unserer Prezi unter?

Priorität	Beschreibung
Priorität 1: Die räumliche Anordnung	Geben Sie der räumlichen Anordnung die höchste Priorität. Immerhin wollen Sie die Präsentation im Zweifelsfall auch spontan abseits des gelegten Pfades frei zoomend benutzen. Ohne eine sinnvolle Anordnung der Inhalte auf der Oberfläche ist das unmöglich! Es spricht also alles dafür, die Sammlung und Sortierung der Ideen direkt in Prezi vorzunehmen – in der räumlichen Dimension.
Priorität 2: Die zeitliche Abfolge (Pfad)	Mit dem Pfad bestimmen Sie die zeitliche Abfolge der Prezi. Legen Sie den Pfad fest, *nachdem* Sie die räumliche Anordnung bestimmt haben.
Ausnahmen	Nur ab und an sollten Sie davor schon mit dem Präsentationsmodus prüfen, ob der Bildschirminhalt an einzelnen kritischen Pfadpunkten ästhetisch angenehm wirkt. Hintergrund ist, dass der Bildschirm sein Seitenverhältnis von 4:3 bzw. 16:9 nie ändert. Zoomen Sie also an eine sehr lange Textzeile heran, werden Sie immer die Inhalte, die knapp darüber und darunter liegen, mit auf dem Bildschirm haben. Entspricht eine Zwischenansicht an einem noch zu setzenden Pfadpunkt nicht Ihren Wünschen, sollten Sie dies bereits bei der räumlichen Anordnung berücksichtigen. Schon nach kurzer Zeit werden Sie es im Gefühl haben, wann Inhalte bei unglücklicher Pfadsetzung ineinander hineinragen – Übung macht den Meister!

Prioritäten beim Story Storming

Ideen in die Prezi transferieren

Wie fangen Sie also am besten nach dem Story Storming an? Und – was noch wichtiger ist – wie halten Sie die Ergebnisse am besten fest?

Die besten Ideen werden sich sowieso in Ihrem Gedächtnis verankert haben – das läuft völlig automatisch ab. Oft läuft die Gliederung der Ergebnisse aber leider auch automatisch ab, und das meistens sehr linear. Schon wird wieder nach dem Schema „Also, ich fang' an mit ..., dann kommt ..., da kommt dann die Überleitung zu ... und ganz am Ende zeig' ich dann ..." alles in eine Richtung gedacht, die zielführend für Folien, aber hemmend für das Arbeiten mit Prezi ist. Essenziell an diesem Punkt ist es wieder, sich vor Augen zu führen, dass Prezi zwei Ordnungsdimensionen kennt:

1. Die räumliche Ordnungsdimension: Ihnen steht eine Oberfläche zur Verfügung, auf der Sie Ihre Inhalte multimedial in den verschiedensten Größen und Formen anordnen können. Nur diese räumliche Ordnungsdimension kann theoretisch für sich allein existieren und Sinn machen.

Diese Dimension gleicht im Präsentationsmodus dem freien Zoomen und Schieben bei Google Maps. Sie sehen je nach Lust und Laune die ganze Welt, nur Mitteleuropa oder aber das Grab von Albrecht Dürer auf dem St.-Johannisfriedhof in Nürnberg.

2. Die zeitlich-dramaturgische Abfolge: Im Präsentationsmodus können Sie nur die Inhalte nacheinander zeigen, die Sie zuvor räumlich auf der Oberfläche abgelegt haben. Die zeitlich-dramaturgische Dimension kann nicht existieren ohne eine – idealerweise gründlich durchdachte – räumliche Anordnung der Inhalte.

Diese Dimension gleicht der Routenplaner-Funktion bei Google Maps – ohne Kartenmaterial wäre sie undenkbar. Und wenn Sie mal von Ihrer „Route" abweichen müssen? Dann hilft Ihnen die Karte, sofern Sie sie durchdacht gestaltet haben. Sie selbst haben es in der Hand!

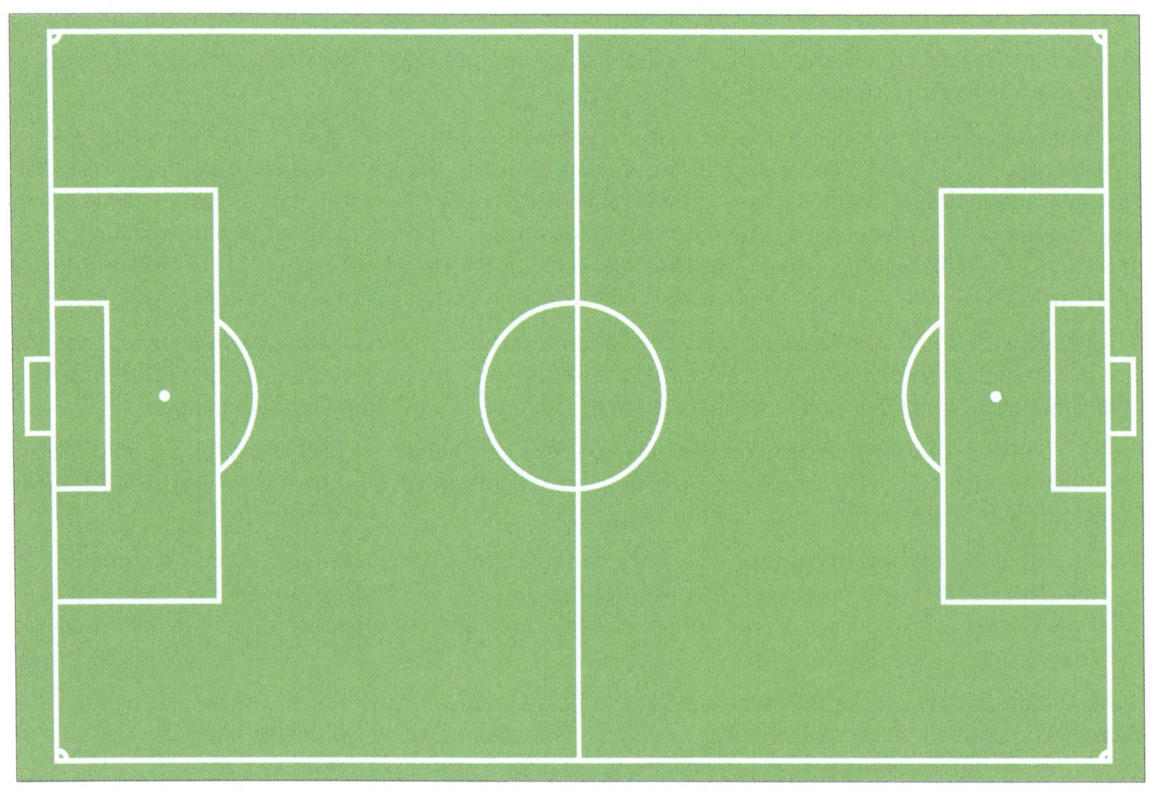

Tragen Sie der Übung halber die Arbeits- oder Projektgruppe, mit der Sie zuletzt zusammengearbeitet haben, mit den jeweils dazugehörenden Positionen oder Aufgaben auf dem Fußballfeld ein!

Visualisieren Sie!

Oft fällt es schwer, abstrakte Sachverhalte in Worten einfach darzustellen. Daher gilt: Visualisieren ist Trumpf! Ihre Zuschauer danken es Ihnen. Technik-Handbücher *mit* Bildern sind weniger abschreckend als unbebilderte. Zeitungsartikel mit starken Bildern werden mit höherer Wahrscheinlichkeit gelesen als die rein textbasierten.

Sie wollen mehr Beispiele? Kein Problem. Ein besonders starkes Beispiel ist die Tatsache, dass Sie sich überhaupt mit diesem Buch und der Prezi-Software beschäftigen. Präsentationen gewinnen unermesslich durch die Nutzung einer Präsentationshilfe, wie z. B. Flipchart oder Software-Präsentation. Vieles, was mündlich oder schriftlich vermittelt zum einen Ohr hinein und zum anderen wieder hinausgeht, bleibt dauerhaft hängen, wenn Sie es als Bild darstellen.

Achten Sie jedoch grundsätzlich darauf, dass Ihr Thema, das Bild und Ihre Zuschauer zusammenpassen. Sie wollen Ihr Projektteam mit dem Bild der Aufstellung einer Fußballmannschaft auf einem Fußballfeld darstellen? So sehr Sie dem Kapitän gleichen mögen und so sehr Ihr Programmierer dem Mittelstürmer gleicht – Sie setzen voraus, dass bei Ihren Zuschauern durchgängig zumindest eine minimale Fußball-Affinität herrscht. Ansonsten kann die Visualisierung zu vereinzelter oder sogar allgemeiner Verwirrung führen.

Erinnern Sie sich an den Visualisierungsfehltritt des DFB-Assistenztrainers Hansi Flick in Polen, den mit den Stahlhelmen? Achten Sie immer darauf, dass Ihre Visualisierungen rein positiv sind, also friedlich statt militant, gesellschaftsfähig statt zotig und motivierend statt blockierend.

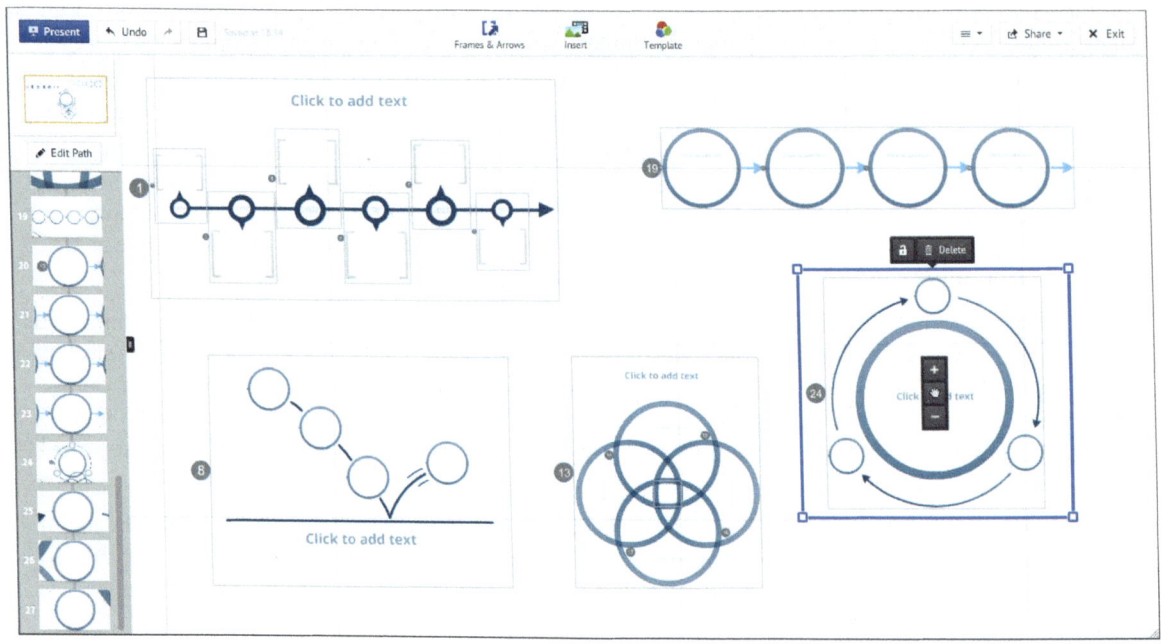

Unter den „Insert" → „Diagram" im Hauptmenü finden Sie viele unterschiedliche Ausführungen einer Timeline. Alle Zeitstrahl-Grafiken können Sie durch Duplizieren der einzeln verwendeten Prezi-Objekte erweitern.

Visualisierungshilfe #1: Die Timeline

Die Timeline eignet sich fast für jedes Thema als Visualisierungshilfe, denn fast jedes Thema hat eine Vorgeschichte und eine Perspektive.

Wirtschaftsszenario: Präsentation des Seminarportfolios für einen möglichen Neukunden durch den Sales Rep einer Trainingsagentur

Die Vorgeschichte kann die bisherige Praxiserfahrung der Trainer unserer Trainingsagentur seit Unternehmensgründung sein oder auch der Prozess, wie sich ein aktuelle Trend-Training-Thema entwickelt hat. **Die Perspektive** zeigt die Effekte einer zukünftigen Zusammenarbeit für den Kunden – natürlich in einem optimistischen Licht!

Wissenschaftliches Thema: Parallelen zwischen freudscher Psychoanalyse und der Prosa Arthur Schnitzlers

Die Vorgeschichte kann z. B. die Geschichte der gegenseitigen Beeinflussung von Wissenschaft und Kunst sein – oder etwas enger gefasst die Geschichte, wie es dazu kam, dass Freud und Schnitzler überhaupt Gedankenaustausch betrieben. **Die Perspektive** (obwohl das Thema an sich etwa hundert Jahre alt ist) sind grundsätzlich Aussichten auf neue Interpretationen des Themas im Lichte neuer Erkenntnisse der Literaturwissenschaft oder der Psychologie.

Und schon ist die räumliche Anordnung der Inhalte zu Ihrem Thema auf der Leinwand sinnvoll festgelegt. Häufig ist ja sogar das Thema an sich zeitlich „durchgetaktet". So sollten Sie in der Lage sein, auf Zuschauerfragen mündlich und optisch souverän zu reagieren, indem Sie gezielt auf den richtigen Teil der Oberfläche zoomen.

Auch hier lässt sich wieder toll auf dem aufbauen, was Prezi Ihnen von Haus aus bietet. Wenn die Vorlage nicht 100%ig passt, können Sie sie mit ein wenig Bastelei schnell an Ihre Zwecke anpassen.

Visualisierungshilfe #2: Das Schema

Schematische Darstellungen lassen sich nun wirklich für jedes Präsentationsthema finden, selbst dort, wo ausnahmsweise eine Timeline nicht möglich sein sollte.

Das Schema ist streng genommen die optisch ansprechendere Variante der Gliederung. Wo die Gliederung nur linear die Unterthemen aufeinander folgen lässt, erlaubt ein Schema Bezüge, hierarchische Verhältnisse und Überschneidungen.

Die standardisierte Vorgehensweise bei längerfristigem Ausbleiben von brauchbaren Geistesblitzen ist das folgende Schema:

1. Man nehme die Anzahl von Unterthemen auf erster Ebene (üblicherweise drei bis fünf – sollten es mehr sein, lassen sich diese bestimmt teilweise sinnvoll zusammenfassen, so dass man die Unterthemen wieder an einer Hand abzählen kann).
2. Man teile die Prezi-Oberfläche optisch in die Anzahl der Unterthemen auf.
3. Man beschrifte die jeweiligen Anteile der Oberfläche mit dem Namen des jeweiligen Unterthemas.

Und fertig ist die schematische Übersicht über das gesamte Thema. Jedes Unterthema hat seinen Bereich und kann im Zweifelsfall auch beim freien Zoomen gut erkannt und gezielt angezoomt werden.

Die Kür ist es dann, die Bereiche und deren Anordnung bewusst zu gestalten. So können Sie Randthemen durch geringere Größe als weniger gewichtig kennzeichnen. Überleitungen oder Überschneidungen mehrerer Unterthemen können Sie durch die Überschneidung der zugehörigen Bereiche andeuten. Querbezüge werden durch Pfeile, Brücken oder Schriftzüge verdeutlicht.

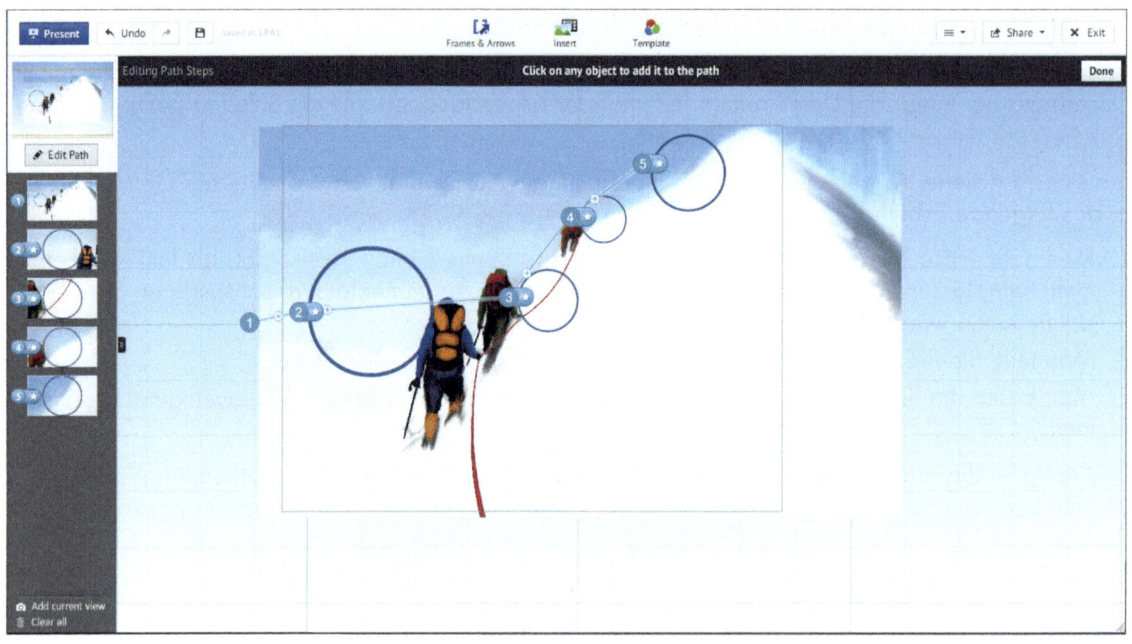

Ihr zu präsentierendes Projekt gleicht dem Aufstieg auf einen Berg? Prezi hat bereits die Arbeit für Sie erledigt – wählen Sie einfach die Vorlage „Challenge".

Visualisierungshilfe #3: Bilder

Das menschliche Gehirn liebt – wie wir schon mehrfach erwähnt haben – bildhafte Darstellungen. Je lebendiger diese Bilder sind, desto größer ist die Wahrscheinlichkeit, dass das Gehirn sie dauerhaft in seinen Erfahrungsschatz aufnimmt. Um so besser, wenn sich das Gehirn gemeinsam mit dem Bild auch gleich noch Ihre Botschaften aus der Präsentation mit einprägt.

Alles lässt sich metaphorisch oder ordnend durch ein Bild darstellen. So können Sie das Organigramm eines Unternehmens am menschlichen Körper verdeutlichen: Bestimmen Sie, ob der CEO das Gehirn oder das Herz des Unternehmens ist und ob die Marketingabteilung den Mund oder das Gesicht darstellt.

Eventuell finden Sie aber nicht nur für Einzelaspekte Bilder, sondern auch für das große Ganze: ein Bild, das Ihr gesamtes Thema umfasst. Sänger, Songwriter und Schlagerstars greifen mit unterschiedlich ausfallendem Erfolg auf dieses Mittel zurück:

- Ronan Keating: „Life is a Rollercoaster, just gotta ride it"
- Pat Benatar (bzw. Mike Chapman, Holly Knight): „Love is a Battlefield"
- Bushido: „Bin ich Bauer oder König, bin ich Läufer oder Turm, denn das Leben wird vergehen wie ein Kartenhaus im Sturm"

Bewerten Sie selbst, welchem Lyriker aus diesem ungleichen Trio Sie nacheifern wollen. Ein wichtiger Hinweis sei noch erlaubt: Ein einziges, starkes Bild wirkt deutlich stärker als viele einzelne, die nur mehr oder weniger zusammenhängen.

Die Oberfläche dieser Prezi suggeriert einen bestimmten Ablauf. Sie können ganz einfach Spannung erzeugen, wenn Sie mit dieser absehbaren Reihenfolge brechen und wider Erwarten neue Wege einschlagen – wie Sie es hier am Pfadverlauf sehen.

Die Dramaturgie der Prezi

Die Dramaturgie Ihrer Präsentation (mit anderen Worten: die von Ihnen beabsichtigte Spannungskurve) legen Sie bei Prezi mit dem Path-Tool fest. Während im wissenschaftlichen Bereich je nach Disziplin eher weniger die Spannung als vielmehr die Konformität mit den herrschenden Standards des jeweiligen Fachbereichs eine Rolle spielt, haben Sie im wirtschaftlich-werblichen Bereich die Herausforderung zu meistern, selbst einen spannenden Ablauf zu entwerfen.

Eines vorweg: Die Reihenfolge, in der Sie Ihre Themen zeigen, muss nicht gezwungenermaßen mit der räumlichen Anordnung auf der Oberfläche von Prezi zusammenhängen.

Es ist sinnvoll, ziemlich zu Beginn Ihrer Präsentation einen Impuls zu geben, der die Aufmerksamkeit Ihrer Zuschauer an Sie und Ihre Präsentation bindet, also einen Impuls, der sie begeistert oder neugierig macht. Allerdings sollten Sie sich nicht dergestalt selbst die Butter vom Brot nehmen, dass Sie Ihr Highlight vorwegnehmen und die Attraktivität Ihrer Präsentation ab dann nur noch abnimmt.

Sollte Ihr Thema tatsächlich arm an Highlight-Material sein, gehen Sie folgendermaßen vor. „Teasern" Sie das Highlight direkt zu Beginn wirkungsvoll an, also lüften Sie den Mantel um Ihr zu präsentierendes Highlight ein wenig, und lassen Sie Ihre Zuschauer ganz kurz darunter schauen. Enthüllen Sie es aber erst am Ende.

Denn zum Ende Ihrer Präsentation hin sollte im Idealfall tatsächlich das Highlight in seiner ganzen Pracht glänzen: Der ideale Anschlusspunkt für ein erfolgreiches Gespräch mit Ihren zukünftigen PartnerInnen!

Tipp

Fesseln Sie Ihr Publikum zu Beginn – mit einem attraktiven oder neugierig machenden Unterthema. Am Ende schließen Sie mit dem absoluten Knaller!

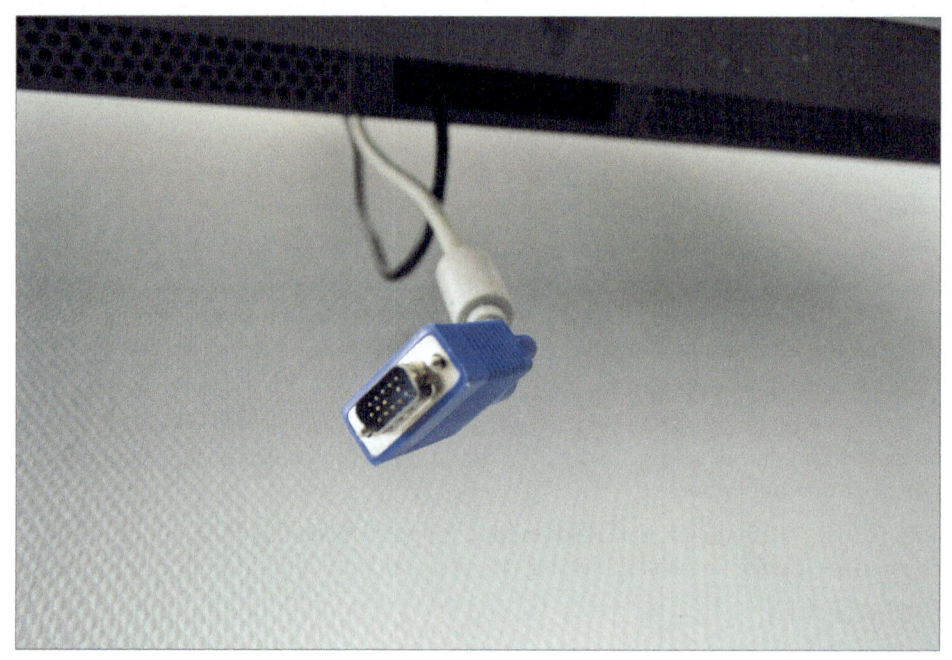

Um einen gelungenen Start der Präsentation hinzulegen, ist Multitasking gefragt: Zuschauer wollen persönlich begrüßt werden, Sie müssen noch den Beamer konfigurieren und die Kabel richtig verbinden.

Beginnen Sie mit dem Intro

Während Sie die Prezi anfertigen und sich auf die Präsentationssituation vorbereiten, macht es Sinn, sich direkt schon mit dem Intro und dem Outro vor und nach der Präsentation zu befassen. Denn es ist erwiesen, dass der erste und der letzte Eindruck sich unverhältnismäßig stärker einprägen als alles dazwischen. Wohl dem, dem es gelingt, eben den Einstieg und den Ausstieg wirkungsvoll zu gestalten!

Nur selten gelingt es ohne Charme-Verlust, die ersten Worte vor Publikum direkt parallel mit dem Start der Prezi zu sagen. Zu unvorhersehbar sind die Umstände der Präsentation, zu neuartig (für Sie und die Zuschauer) ist die plötzlich eintretende Präsentationssituation. Bevor Sie also die Prezi-Präsentation im eigentlichen Sinne beginnen, sollten Sie Ihre Zuschauer abholen und einstimmen:

Begrüßung: Je nach Situation kann es durchaus Sinn machen, die Zuschauer zur Präsentation willkommen zu heißen – bei weniger bombastischen Anlässen kann das allerdings unangebracht wirken.

Vorstellung: Stellen Sie sich und gegebenenfalls Ihr Unternehmen oder die Fachrichtung vor, der Sie angehören.

Grund/Anlass/Motivation: Je überzeugender und aufregender Sie erklären können, warum Sie heute ausgerechnet über Ihr Thema sprechen und welche extreme Relevanz Ihr Thema für den Alltag oder die Tätigkeit der Zuschauer hat, desto intensiver wird die Aufmerksamkeit gegenüber Ihnen und Ihrer Präsentation sein. Wenn Sie keinen sachlichen oder persönlichen Bezug zum Thema erkennen lassen, nehmen auch die Zuschauer schnell eine distanzierte Haltung gegenüber Ihnen und Ihrem Thema ein.

Ablauf: Informieren Sie Ihre Zuschauer über den Ablauf der Präsentation, also über die groben Unterthemen, die ungefähre Dauer und darüber, was nach der Präsentation geschieht.

Fragen: Regen Sie Ihre Zuschauer dazu an, jederzeit Fragen zu stellen – das ist Ihre Möglichkeit, Ihre Prezi-Skills durch versierte Freistil-Zoomfahrten über die Oberfläche zu zeigen!

Am Ende Ihrer Präsentation sind Links zu weiterführenden Themen angebracht: zu Ihrer Homepage, Facebook-Präsenz o. Ä. Gerade in der Prezi-Cloud können Sie Besucher so auf die von Ihnen genutzten Kanäle lenken.

Enden Sie mit dem Outro

Und wenn Sie fertig sind? Dann sind Sie fertig. Verzichten Sie bitte auf jeden Fall auf Floskeln wie „Danke für Ihre Aufmerksamkeit!" oder „Noch Fragen?" in Textform in Ihrer Prezi. Die Phrasen sind zu abgedroschen, als dass man sie noch guten Gewissens verwenden könnte.

Machen Sie sich Gedanken über den Bildschirminhalt, der während einer eventuell nach Ihrer eigentlichen Präsentation aufkommenden Diskussion zu sehen sein wird. Eigentlich gibt es nur zwei günstige Möglichkeiten, dieses schwer vorhersehbare Szenario nach Ihrer Präsentation zu Ihren Gunsten zu gestalten:

1. Sie zeigen auf Ihrer letzten Folie einen **Ausblick**. Dafür müssen Sie ungefähr wissen, welche Fragen bzw. Anschlussdiskussionen sich aus den dargestellten Infos ableiten ließen. Im wissenschaftlichen Bereich kann der Ausblick ein vorläufiges Fazit zum Thema beinhalten oder aufgreifen, wie das Thema fortführbar wäre und welche anderen Ansatzpunkte noch zu untersuchen sind. Achten Sie darauf, Aspekte, zu denen Ihnen fundierte Kenntnisse fehlen, nicht prominent in den Vordergrund zu stellen.

   Ähnlich verhält es sich mit dem Ausblick von Präsentationen im wirtschaftlichen Kontext. Stellen Sie die Vorteile Ihres Produkts, Ihrer Leistungen oder Ihrer vorgeschlagenen Strategie ins Scheinwerferlicht. Überlegen Sie auch hier, welche Fragen sich aus den dargestellten Informationen ergeben könnten und ob Sie diese zur Zufriedenheit der Zuschauer beantworten können.

2. Sie zoomen am Ende der Präsentation aus Ihrer Präsentation heraus und zeigen „The Big Picture", also die Gesamtübersicht über das von Ihnen Gezeigte. Oft hinterlässt das große Ganze einen stärkeren Eindruck, als eine kunstvoll konstruierte Zusammenfassung des Gesehenen und Gehörten. Sie stellen mit der Gesamtübersicht noch einmal Ihr Know-how zu Ihrem komplexen Thema eindrucksvoll dar!

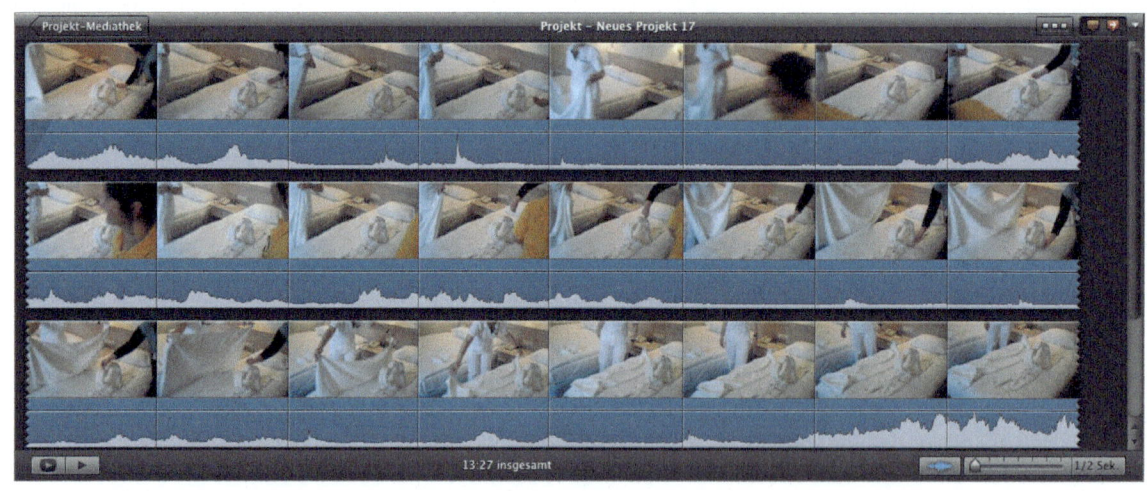

Bild und Ton sind bei der Videobearbeitung auch in der Darstellung eindeutig getrennt. Achten Sie darauf, dass Sie diese Trennung auch während der Konzeption Ihrer Prezi im Kopf behalten.

Die Story in Bild und Ton

Ein Sportkommentator im Radio beschreibt mehr, als dass er wirklich kommentiert. Das ist auch sinnvoll, denn wie soll man als Hörer sonst nachvollziehen können, was in der Halle oder auf dem Spielfeld gerade geschieht?

Ein Sportkommentator im TV steht vor einer ganz anderen Herausforderung. Er beschreibt nur im Ausnahmefall das Geschehen, das der Zuschauer eh mitverfolgt. Vielmehr erläutert er den Kontext zur stattfindenen Handlung – z. B. sagt er, dass die Leistung eines bestimmten Sportlers bemerkenswert ist, weil dieser eine längere Verletzungspause hinter sich hat.

Die Parallele zur Präsentationssituation liegt auf der Hand. Ihr Mehrwert hält sich in Grenzen, wenn Sie sich darauf beschränken, die Texte der Prezi vorzulesen und die gezeigten Visualisierungen zu beschreiben. Eine grandiose Präsentation erkennen Sie immer daran, dass sie in Form der reinen Prezi- oder PPT-Datei unverständlich ist. Wer Ihre Präsentation nicht miterlebt hat, der hat eben was verpasst! Achten Sie also darauf, dass sich Bild (Prezi) und Ton (Vortrag) grundsätzlich ergänzen, anstatt sich zu überschneiden. Nur in sinnvoll begründeten Ausnahmen sollten Texte vorgelesen werden (z. B. Zitate oder Fragestellungen).

Wie schaffen Sie das? Indem Sie peinlich genau die Präsentationshilfe (die Prezi) und die Tonspur (das, was Sie Ihren Zuschauern erzählen) unterscheiden. Oft hält sich unser Gehirn beim Story Storming und beim Prezi-Basteln nicht daran und liefert uns einen bunten Mix aus Infos, die teils besser in der Prezi, teils besser in der Tonspur aufgehoben sind. Ein häufiger Fehler ist, diese Ideen und Infos direkt in Prezi festzuhalten, „wenn man schon dabei ist".

Tipp

Legen Sie sich während des Story Stormings und beim Gestalten einfach Konzeptpapier bereit, um stets in der Lage zu sein, auch Gedanken für die Tonspur sofort dokumentieren und später dann für die Story auf der Tonspur nutzen zu können.

Was machen Sie, während das Video läuft? Schon so einige Präsentationen wurden frühzeitig abgebrochen, weil der Medienmix unschlüssig war.

Die Tonspur entwickeln

Für Ihre eigene Vorbereitung ist das Konzept einer Tonspur absolut essenziell. Mit einiger Erfahrung haben Sie dieses Konzept ganz automatisch im Kopf. Gerade für den Anfang ist aber eine schriftlich fixierte Version in Fließtext oder Stichworten sehr hilfreich.

Das explizite Planen einer Tonspur bringt auch den Vorteil mit sich, dass man sich die eigenen Sprachmuster und deren Wirkung ausdrücklich vor Augen bzw. Ohren führt.

Eine Gruppe von TeilnehmerInnen eines Unternehmens, das sich als Innovationsführer versteht und als Ziel der zu erstellenden Präsentation angab, als innovativ wahrgenommen werden zu wollen, war ganz erstaunt, als wir Folgendes feststellten: Worte wie *neu, innovativ, nie dagewesen, neuartig, revolutionär, Neuheit, Errungenschaft* etc. waren auf der Tonspur kaum zu hören. Stattdessen überwogen die Vokabeln *bewährt, erwiesen, erfahren, erprobt, marktüblich, Expertise.*

Gehen Sie's spielerisch an. Spielen Sie *Wording*-Bingo! Nehmen Sie sich vor, drei besonders wichtige Wörter während der Präsentation jeweils mindestens dreimal zu erwähnen, um Ihre Kernbotschaft bei Ihren Zuschauern zu verankern!

Tipp

Inspiration und Tipps für das richtige Zusammenspiel von Tonspur und Bild können Sie sich bei den Profis auf www.*ted.com* holen. Ein extremes Beispiel ist die spannende Keynote von Simon Sinek: *http://bit.ly/vLk0ev*

Fast 7 Millionen Mal wurde seine knapp 20-minütige Präsentation schon angesehen. Seine fesselnde Präsentation läuft fast ausschließlich verbal ab, nur ab und an nutzt er den Flipchart als Präsentationshilfe. Einige wenige bildhafte Darstellungen reichen vollkommen aus, wenn Sie als Präsentator inspirierend genug sind!

Bühne frei!

Von der Konzeption zur Präsentationssituation

Während der gesamten kreativen Arbeit an Ihrer Präsentation sollten Sie eines nie aus den Augen verlieren: die besondere Präsentationssituation, in der Sie die Präsentation zeigen, an der Sie arbeiten.

Die Präsentationssituation wird auch *Setting* genannt. Die Vokabel stellt eher die gegebenen Gestaltungsmöglichkeiten in den Vordergrund – das wirkt angenehmer als irgendeine Situation, der Sie sich unterordnen müssen. Denn es ist tatsächlich meist so, dass mit der Gestaltung des Settings Ihre Präsentation steht und fällt.

Als Gedankenstütze hilft unsere ultimative Checkliste (siehe Seite 29 und 31) und das regelmäßige Rückkoppeln dessen, was man sich in der Konzeptionsphase einfallen lässt, mit dem Sinn und Zweck der Präsentationssituation.

Im nächsten Kapitel geht es um genau diese besondere Situation: Ihre Präsentationssituation.

KAPITEL 9 | Präsentieren

Die perfekte Prezi ist schön und gut, aber ein Erfolg wird sie erst, wenn in der Präsentationssituation alles zusammenkommt: die ideale Vorbereitung, die technische Funktionalität Ihrer Prezi und Ihre Präsentationsleistung. Auch die herrlichste Prezi lässt sich im Nu „kaputt reden".

Wir wollen in diesem letzten Kapitel auf keinen Fall Angst schüren oder Panik machen. Die allermeisten Präsentationen sind gewinnbringend für alle Beteiligten – sonst hätte sich diese Form der Informationsweitergabe und Unterhaltung wohl kaum durchgesetzt.

Die folgenden Ausführungen sind selbstverständlich immer so allgemein gehalten, dass Sie sie selbst an Ihre eigene Art zu präsentieren anpassen müssen. Alles kann, aber muss nicht. Bedienen Sie sich an unserem kleinen Wühltisch. Er bietet insgesamt über hundert (ungleich verteilte) Jahre Präsentationserfahrung der beiden Autoren und unseres Präsenz- und Stimmexperten Benedikt Crisiand, der als diplomierter Schauspieler ohne Umwege direkt vom darstellenden Fach kommt.

Pro	Contra
+ Sie sind besser vorbereitet als jeder Einzelne der Zuschauer.	Nichts – aber als Pessimist finden Sie bestimmt etwas!
+ Sie haben die für die Präsentationssituation passendste Präsentationshilfe (z. B. Prezi) dabei.	
+ Ihnen wurde die Präsentation zu diesem Termin aus gutem Grund zugesprochen.	
+ Alle Zuschauer haben selbst Respekt vor der Präsentationssituation und werden deshalb vollstes Verständnis für größere und kleinere Fehler sowie für Versprecher haben.	

Was dafür und dagegen spricht, dass Ihre Präsentation ein Erfolg wird

Den Vortrag vorbereiten

Dieses Kapitel erhebt selbstverständlich keinen Anspruch auf Vollständigkeit. Jeder Präsentator bringt seinen eigenen Stil mit in die Präsentationssituation und jeder einzelne Zuschauer seine eigenen, hochindividuellen Erwartungen. Wie kann man sich da überhaupt vorbereiten?

Die Hauptsache ist, dass Sie sich Ihrer Sache sicher sind. Und das dürfen Sie durchaus sein, zumindest, wenn Sie sichergestellt haben, dass Setting und Mindset stimmen.

Setting: Das Setting sind die Aspekte der Präsentationssituation, die Sie selbst im Vorhinein beeinflussen können, zum Beispiel die technischen Gegebenheiten, die Art Ihrer Präsentationshilfe (Prezi? PowerPoint? Tageslichtprojektor? Puppenspiel? Freestyle-Rap? Ausdruckstanz?) usw. Selbst die Erwartungshaltung der Zuschauer können Sie bis zu einem bestimmten Grad selbst bestimmen, vor allem dadurch, dass Sie die Erwartungen in die richtige Richtung zu lenken versuchen. Zuschauer, denen Sie in der Einladung „Drei einfache Schritte zur ersten eigenen Million" versprechen, werden enttäuscht sein, wenn Sie stattdessen mit einer Handpuppe das Goldschmiedehandwerk inszenieren – so einfallsreich und künstlerisch die Darbietung auch sein mag, sie deckt sich eben nicht mit den Erwartungen der Zuschauer.

Mindset: Seien Sie sich während der Präsentation stets der Tatsache bewusst, dass das *Ihre* Präsentationssituation ist. Sie haben alle Komponenten vorbereitet, Sie sind der Experte im Thema, und – was wichtig für den gefühlten und den tatsächlichen Status ist – Sie stehen, die anderen sitzen. Sollte ein Zuschauer Sie – wider Erwarten – doch körperlich angreifen wollen, sind Sie schneller an der Tür als er!

Präsentieren (mit Prezi) macht Spaß, genießen Sie es!

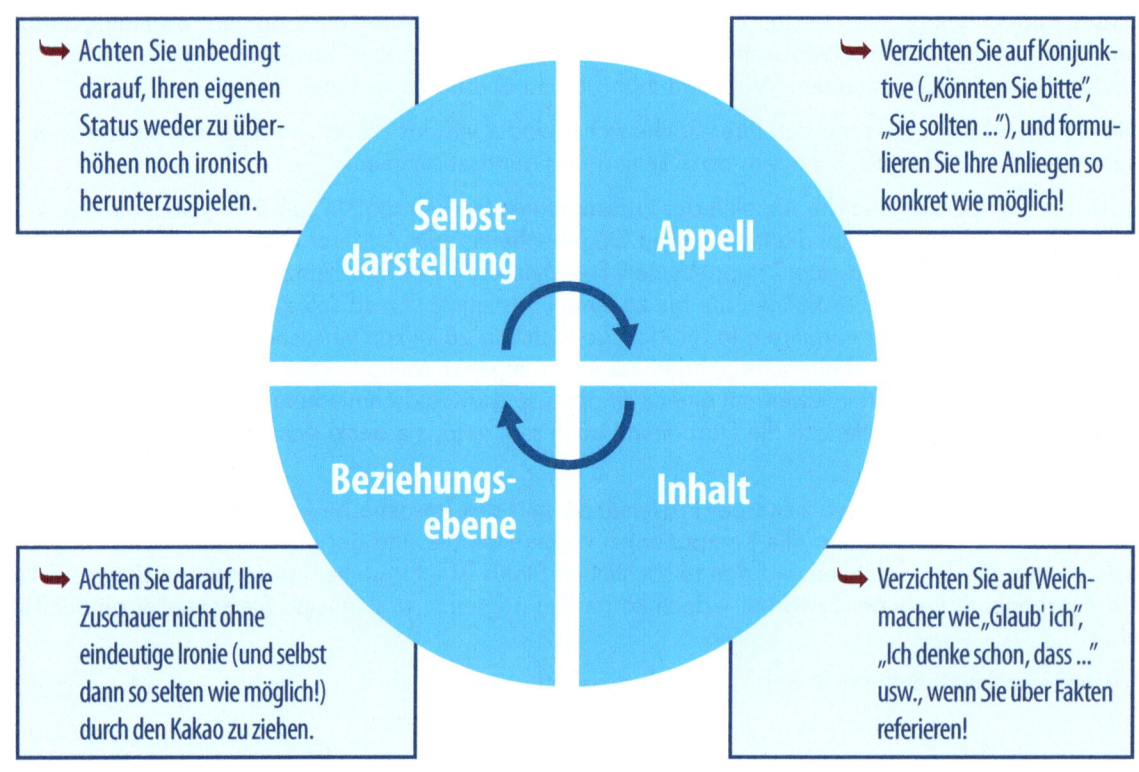

Achten Sie unbedingt darauf, Ihren eigenen Status weder zu überhöhen noch ironisch herunterzuspielen.

Verzichten Sie auf Konjunktive („Könnten Sie bitte", „Sie sollten ..."), und formulieren Sie Ihre Anliegen so konkret wie möglich!

Selbstdarstellung

Appell

Beziehungsebene

Inhalt

Achten Sie darauf, Ihre Zuschauer nicht ohne eindeutige Ironie (und selbst dann so selten wie möglich!) durch den Kakao zu ziehen.

Verzichten Sie auf Weichmacher wie „Glaub' ich", „Ich denke schon, dass ..." usw., wenn Sie über Fakten referieren!

Die vier Seiten einer Präsentation

Das Vier-Seiten-Modell der Kommunikation von Friedemann Schulz von Thun ist zwar mittlerweile „ein alter Hut", eignet sich aber immer noch hervorragend für das Überdenken jeglicher Kommunikation. Menschen sagen so viel mehr, als sie wirklich aussprechen, und hören so viel mehr „heraus", als sie wirklich hören.

Jede Botschaft – und somit auch Ihre Präsentation an sich und jede mikroskopisch kleine Einheit dessen, was Sie sagen und zeigen – lässt sich im Lichte jeder dieser vier Seiten beleuchten: **Selbstoffenbarung**, **Appell**, **Beziehungsaussage** und **Inhalt**.

Der Satz „Ich weiß, wir sind schon spät dran; aber jetzt bringen wir's halt hinter uns: Die Geschäftszahlen des Jahres 2012, Quartal 4" zu Beginn einer Präsentation lässt sich im Sinne der vier Seiten z. B. so verstehen:

Selbstdarstellung: „Ich bin lustlos. Ich möchte die Präsentation so schnell wie möglich hinter mich bringen. Ich habe selbst kein Interesse an der Präsentation."

Appell: „Schaltet besser mental ab!"

Beziehungsebene: „Ich habe mir für euch nicht die Mühe gegeben, das Thema spannend aufzubereiten, und habe jetzt beim Präsentieren auch nicht den Anspruch, euch vom Hocker zu reißen. Ihr seid mir egal."

Inhalt: „Ich präsentiere jetzt etwas schneller als geplant die Geschäftszahlen des vierten Quartals 2012."

Je nach psychologischer Disposition des einzelnen Zuschauers können Ihre Aussagen ganz verschieden aufgefasst werden. Bleiben Sie also positiv. Wenn Sie sich als Präsentator als lustlos positionieren, ziehen Sie die Stimmung Ihrer Zuschauer mit nach unten!

Es macht einen großen Unterschied, ob Sie eine Präsentation in einem unfreundlichen Seminarraum halten oder in einem topmodernen Ideenlab wie diesem.

Das Setting gestalten

Egal, ob Sie selbst für die Auswahl und Gestaltung des Präsentationsortes verantwortlich sind oder ob Sie entsprechende Wünsche mit einer Kontaktperson (der Universität, des Kunden usw.) abklären müssen: Der Aufwand lohnt sich.

Überlebensstrategien: Achten Sie dabei auch auf für den Menschen lebenswichtige Begleitumstände. Es ist zwar nicht zu befürchten, dass einem Ihrer Zuschauer während der Präsentation die Puste ausgeht oder jemand verdurstet. Jedoch fördern eine angenehme Portion Tageslicht und die Möglichkeit, Flüssigkeit zu sich zu nehmen, eindeutig die Konzentration der Zuschauer.

Funzel-Beamer: Benutzen Sie nach Möglichkeit einen eigenen Beamer, den Sie bei widrigen Lichtverhältnissen getestet haben. Gerade früh morgens und am späten Nachmittag fällt die Sonne oft direkt auf das Beamerbild – und so mancher Beamer verliert dann mit seiner schwachen Funzel-Birne den Kampf gegen die Sonne.

Control-Freak: Ordnungsfanatiker sein lohnt sich vor der Präsentation. Leere Klarsichtfolien vor Ihnen auf dem Tisch, Kabelsalat hinter Ihrem Präsentatorenbildschirm, offene Taschen auf Stühlen? Sorgen Sie dafür, dass nichts von Ihnen und Ihrer Präsentation ablenkt!

Mitbringsel, Handouts und andere Unterlagen: Je weniger Ablenkungspotenzial Sie Ihrem Publikum bieten, desto weniger wird es sich ablenken lassen, logisch. Sollten Sie vor einem kleinen Publikum präsentieren, ist es ratsam, Unterlagen oder Mitbringsel genau dann zu verteilen, wenn Ihre Zuschauer die Materialien wirklich benötigen – das ist meist gegen Ende der Präsentation. Bei einer großen Zuhörerschaft ist die Ausgabe von Unterlagen „just in time" schwieriger. Während des Austeilens entsteht schnell eine Unruhe, die schwer wieder aufzufangen ist. In so einem Fall verteilen Sie Ihr Material also besser vor Beginn Ihres Vortrags oder nach dessen Ende.

Es gibt einen Grund dafür, dass die Fahrer der Tour de France vor ihren Etappen äußerst selten Eisbein schnabulieren. Verzichten auch Sie vor Ihrer Präsentation darauf!
(Quelle: Wikimedia Commons)

Zeitpunkt und Dauer der Präsentation

Machen Sie sich auf jeden Fall die Mühe, den Zeitpunkt Ihrer Präsentation so weit wie möglich selbst zu bestimmen.

Das Kotelett-Koma: Das auch als „postprandiale Müdigkeit" bekannte Phänomen bezeichnet die Zeit nach einem ausgiebigen Essen, während der der Körper sich überwiegend mit der Verdauung beschäftigt. Ihre Zuschauer um 13:30 direkt nach einem ausgiebigen Kantinen-Lunch mit Frikadelle, Pommes und Mayo für Ihr Thema zu begeistern ist unverhältnismäßig schwieriger als vormittags um 10:30 nach einer kurzen Kaffeepause und einem leichten Snack! Meiden Sie Präsentationstermine unmittelbar nach der Nahrungsaufnahme. Verzichten Sie auch selbst auf schwere Mahlzeiten vor der Präsentation!

Wenn während eines 90-minütigen Seminars fünf Studenten jeweils ein eigenes Referat halten sollen, sorgen Sie dafür, dass Sie der erste oder der letzte sind! Auch hier gilt: Der erste Eindruck zählt, der letzte bleibt hängen! Alles dazwischen ist im Nachhinein schwer auseinanderzuhalten.

Die Dauer Ihrer Präsentation: Schenken wir aktuellen Studien zu den Auswirkungen von Social Media auf unser Gedächtnis Glauben, dann dürfen Sie mit einer durchschnittlichen Aufmerksamkeitsspanne Ihrer Zuschauer von 5 Sekunden rechnen. Martin Luther wird folgende „Präsentationsregel" in den Mund gelegt: „Du kannst predigen, was du willst, aber predige nicht über 40 Minuten."

So viele Faktoren (Zuschauererwartung, Präsentationsthema, Präsentationsanlass…) spielen bei der Suche nach der richtigen Präsentationsdauer eine Rolle, dass wir hier nur einen groben Leitsatz aufstellen möchten, der sich nach der Maxime der Quantität aus der Konversationsmaxime von Paul Grice richtet:

„Präsentiere mindestens so lange, wie es für den anerkannten Zweck der Präsentation nötig ist. Präsentiere nicht länger, als es für den anerkannten Zweck der Präsentation nötig ist."

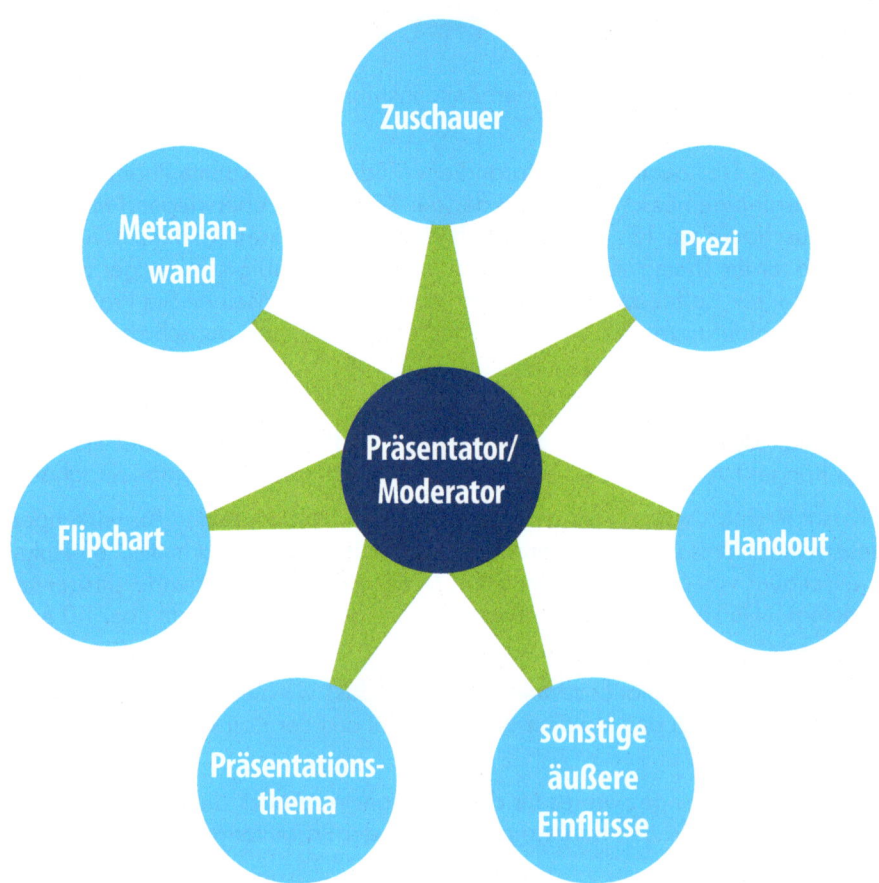

Der Präsentator als Moderator

Als Präsentator sollten Sie Ihre Hauptaufgabe nicht im Darbieten Ihrer Präsentation sehen, sondern darin, Ihre Inhalte gemäß den Erwartungen und Bedürfnissen der Zuschauer zu **moderieren**.

Alle Fäden sollten bei Ihnen zusammenlaufen, damit Sie die Präsentation lenken und steuern können. Dazu gehört, dass Sie auf fragende Gesichter richtig reagieren, Ihr Sprechtempo verlangsamen und nachhorchen, ob Sie Fragen klären können.

Ebenfalls in Ihrer Verantwortung liegt die Entscheidung darüber, wie Sie mit äußeren Einflüssen umgehen. Muss einer der wichtigsten Zuschauer (Professor bzw. Entscheider) mitten in Ihrer Präsentation für ein kurzes Telefonat raus – machen Sie weiter oder pausieren Sie? Taucht vor dem Fenster ein Eichhörnchen auf, das alle Augen auf sich zieht – wie gehen Sie damit um?

Je souveräner Sie die gesamte Präsentationssituation in der Hand haben, desto besser können sich Ihre Zuschauer auf Sie und Ihre Präsentation konzentrieren. Wenn Ihre Zuschauer Sie ständig in kleine Konflikte und Nebenschauplätze einbinden, wirken Sie schnell inkompetent: „Äh, ja, jetzt spiegelt das hier schon wieder ein bisschen, weiß jemand, wo ich das anders einstellen kann?"

Tipp

Nehmen Sie Ihre Aufgabe als Moderator wahr – seien Sie stets Herr der Lage. Es ist Ihre Präsentationssituation!

Weitere Stellschrauben für den perfekten Auftritt in der Präsentationssituation sind Mimik, Gestik, Präsenz und Stimme – lesen Sie auf den nächsten Seiten, worauf Sie achten sollten.

Vermittelt das Lächeln eher den Eindruck, als hätten die beiden in ihrem gemeinsamen Gespräch zuvor Konflikte besprochen und Streitthemen diskutiert? Oder ist alles in bester Ordnung? (Quelle: Wikimedia Commons)

Auf die Mimik achten

Ihre Zuschauer sehen Sie immer ganz grimmig an? Sie werden mit bösen Blicken bombardiert? Sehen Sie einmal im Spiegel nach, ob nicht vielleicht Sie diese Blicke mit verursachen!

Menschen reagieren unbewusst auf Ihre Mimik. Probieren Sie es einmal beim Flanieren durch die Fußgängerzone oder auf dem Weg zur Arbeit, zur Uni oder zur Schule. Entspannen Sie bewusst Ihre Gesichtszüge, und denken Sie statt an die ärgerlichen Aufgaben des Tages an den letzten Urlaub und daran, wie freundlich und liebenswert die meisten Menschen eigentlich sind. Das Lächeln sollte sich ganz von allein einstellen. Behalten Sie dieses Lächeln bei, und spazieren Sie damit Ihre gewohnten Wege entlang. Nicken Sie dazu Menschen noch freundlich zu. Sie werden schon nach kurzer Zeit merken, dass sich die Gesichter Ihrer Mitmenschen unweigerlich aufhellen. Manche werden es schaffen, das Verlangen, zurückzulächeln, zu unterdrücken. Viele werden Sie aber anlächeln und Sie dadurch in Ihrem Lächeln bestärken.

Ähnliches können Sie in der Präsentationssituation erreichen. Wenn Sie ängstlich-skeptisch in die Runde blicken, werden die Zuschauer nicht das beste Gefühl bezüglich der nahenden Präsentation bekommen. Wenn Sie unsicher oder unglücklich sind, was sollen die Zuschauer denn dann für sich erwarten?

Gehen Sie mit Ihrem eigenen, lockeren Lächeln voran. Die Gefühlslage der Zuschauer hellt sich auf. Das macht sich auf ihren Gesichtern bemerkbar, und so schaukeln Sie sich gegenseitig hoch.

Tipp

Bitte übertreiben Sie es nicht. Das gibt erstens Falten und wirkt zweitens so, als würden Sie nebenberuflich für Zahnpasta werben.

Je nach Anlass, Ort, Thema der Präsentation und der Zuschauererwartung können Handhaltungen geeignet oder ungeeignet sein.

Auf die Gestik achten

In der Trainings-, Lehr- und Präsentationsliteratur wird viel darüber geschrieben, wie abweisend und verschlossen man doch wirkt, wenn man die Arme verschränkt, und wie abwesend und lustlos man wirkt, wenn man die Hände in den Hosentaschen hat.

Wir haben allerdings die Wirkung der aufgezwungenen Alternativen zum Verschränken der Arme und dazu, die Hände in die Hosentaschen zu stecken, ausgiebig beobachtet: Arme hängen regungslos und ohne Spannung am Körper herab, zeigen starr in eine willkürliche Richtung oder betätigen sich an Kinn, Nase und Ohren des Präsentierenden. Angela Merkel hat für sich den Weg gewählt, einen unsichtbaren Diamanten auf Bauchnabelhöhe zu umfassen.

Da hat man nun die Qual der Wahl. Unser Tipp: Seien Sie eher wie Sie selbst als wie alle anderen. Wenn Sie sich mit verschränkten Armen wohlfühlen, sollten Sie ab und zu die Arme verschränken. Gestik ist etwas Hochpersönliches und sollte deshalb nicht irgendeiner Norm unterstellt werden. Allerdings wirkt die Hände-in-den-Hosentaschen-Gestik nicht nur natürlich, sondern auch etwas lässig oder sogar nachlässig. Langsam, aber sicher sollten Sie sich also Alternativen überlegen.

Tipp

Geben Sie Ihren Händen etwas zu fassen! Lassen Sie aber auf jeden Fall die Finger von der Leinwand oder von Stuhllehnen. Lose Objekte geben Ihnen die gleiche Sicherheit, rauben Ihnen aber nicht die Bewegungsfreiheit. Am geeignetsten ist der Presenter, mit dem Sie Ihre Prezi aus der Ferne steuern. Sollten Sie einen solchen nicht besitzen, tut es auch ein Flipchart-Stift oder Kugelschreiber, mit dem Sie auf Inhalte auf der Leinwand zeigen können. Da wird die Not zur Tugend!

Übung zur Raumaneignung und Erarbeitung einer Präsenz
Ziel: Den Raum und die Zuschauerperspektive kennenlernen
Zeitaufwand: Je nach Raumgröße ein paar Minuten

1. Markieren Sie Ihr Territorium, indem Sie den Raum komplett abwandern und ihn aus jedem Winkel kennenlernen.

2. Versetzen Sie sich in die Rolle des Zuschauers, der Ihnen am nächsten sitzt, und in die Rolle desjenigen, der am weitesten von Ihnen entfernt sitzt. Stellen Sie sich vor, wie Sie sprechen und auftreten müssen, um beide gleichermaßen zu erreichen.

3. Laufen Sie die Fläche ab, die für Sie in der Präsentationssituation die Bühne wird: Ihre Bühne. Wo werden Sie wie beleuchtet? Wo steht was im Weg? Wo fühlen Sie sich am wohlsten? Da, wo Sie sich wohlfühlen, ist Ihre Spielwiese, auf der Sie eindeutig präsenter wirken.

Was ist Präsenz?

Die Präsenz des Präsentators im Raum bezeichnet seine Wirkung auf die Präsentationssituation und ist viel mehr als seine bloße körperliche Anwesenheit. Die große Bedeutung der Präsenz eines Präsentators wird häufig unterschätzt, auch, weil das Phänomen theoretisch und praktisch schwer zu fassen ist und gerne in den esoterischen Bereich abrutscht.

Benedikt Crisand, Trainer an der Prezi Akademie und Diplomschauspieler, weiß um die zentrale Bedeutung der Präsenz: „Es gibt einen eindeutigen Unterschied zwischen Präsentatoren mit und ohne Präsenz. Die ohne Präsenz werden gesehen und gehört. Die mit Präsenz sind einfach ‚da' und werden von allen über alle Sinneskanäle wahrgenommen, ohne dass es so aussieht, als ob sie etwas dafür tun müssten. Von ihnen geht etwas aus, das alle in ihren Bann zieht!"

Die Präsenz eines Präsentators im Raum ist einerseits die rein körperliche, „ob ich sicher stehe, quasi mit dem Boden verwurzelt bin, also eins werden kann mit dem Raum. Je nach Präsentationszweck kann natürlich auch das Gegenteil, ein quirliges Durch-den-Raum-Gleiten, eine Rastlosigkeit angebracht sein".

Präsenz findet aber auch im Kopf statt: „Sagt ein Präsentator grundsätzlich immer genau das, was er meint, wirkt er schnell eindimensional und so authentisch wie ein Abziehbildchen. Sorgen Sie dafür, dass ‚etwas mitschwingt'." Mit anderen Worten: Inspiration statt Penetration! Den Raum und die Zuschauer um sich nicht nur zu *kennen*, sondern sie zu *erkennen*, das schafft Präsenz!

Schauspieler nehmen das Wahrnehmen des Raumes wörtlich und nehmen ihn quasi für sich ein.

Gewöhnen Sie sich an, nach Möglichkeit den Raum, in dem Sie präsentieren, vor der Präsentationssituation zu erfahren – mit allen Sinnen. Denn nur dort, wo Sie sich der Situation sicher sind, sind Sie präsent – und wirken dementsprechend besser.

Übung zur Lockerung des Sprechapparats bzw. des Mundes

Ziel: Spannungsabbau im Schulterbereich, in den Lippen, Wangen und im Kiefer

Zeitaufwand: As you like it!

Stellen Sie sich im neutralen Stand (Füße etwa schulterbreit auseinander) aufrecht hin. Entspannen Sie zunächst Ihre Nackenpartie, indem Sie Ihre Schultern kreisen lassen. Probieren Sie zunächst, beide Schultern gleichzeitig nach vorne unten und von dort wieder nach hinten oben kreisen zu lassen. Die Entspannung macht sich bald bemerkbar. Wechseln Sie die Richtung.

Profimodus: Versuchen Sie, die Schultern in jeweils entgegengesetzte Richtungen kreisen zu lassen!

Bleiben Sie im neutralen Stand stehen, und versetzen Sie sich in Ihre Kindheit zurück. Sie sitzen am Sandkastenrand mit einem Plastikauto in der Hand, bewegen die Hand wellenförmig und brummen, um Fahren zu simulieren. Lassen Sie die Lippen dabei unbedingt flattern – solange Sie noch nicht wie ein Pferd beim Niesen klingen, sind Ihre Lippen noch nicht ordentlich entspannt!

Die Stimme richtig einsetzen

Die Stimme ist das Werkzeug, mit dem Sie Sprache hörbar machen.

Im Endeffekt ist Ihre Stimme spielentscheidend. Fehlt Ihnen die Stimme, finden Sie – wie es die Sportjournalisten zu sagen pflegen – nicht mehr statt. Somit findet auch Ihre Präsentation nicht statt.

Der Druck in Ihrer Stimme hat einen großen Einfluss auf Ihren Erfolg. Erinnern Sie sich an Ihre Schulzeit zurück: Die Lehrer, denen Sie gerne zugehört haben, waren nicht nur inhaltlich überzeugend, sondern auch stimmlich angenehm. Einer eindeutig angespannten, angestrengten Stimme zuzuhören ist viel schwieriger, als sich von einer angenehm lockeren „Märchenonkel"-Stimme berieseln zu lassen.

Seine eigene Stimme ideal nutzen zu können erfordert Training. Benedikt Crisand führt dazu gern eine Sportlermetapher an: Usain Bolt stellt sich auch nicht nach Jahren der Faulenzerei und Dauerparty verkatert an die Startlinie und rennt auf 100 Meter allen davon. Jede noch so kleine Feinheit wird geübt und trainiert, das Zusammenspiel der Einzelteile bis ins kleinste Detail perfektioniert.

Auch die Stimme will gepflegt sein. Der gesamte Stimmapparat stellt einen ähnlich komplexen Zusammenhang von Einzelteilen dar wie die relevanten Muskelbereiche eines 100-m-Läufers: Um den Stimmapparat zu trainieren, darf keiner seiner Einzelteile außer Acht gelassen werden: das Atmen, die Haltung, die Intonation und, und, und!

Ihre eigene Lösungstiefe, also die Art und Weise, wie Sie Ihre Stimme ideal nutzen können, finden Sie mit etwas Übung ganz einfach: Stellen Sie sich eine maximal entspannte Gesprächssituation vor, und brummen-summen Sie Ihrem imaginierten Gesprächspartner bejahend zu. Achten Sie dabei darauf, in welcher Höhe Sie sich dabei am wenigsten anstrengen: Genau da liegt Ihre Lösungstiefe. Besonders am Satzende sollten Sie stets in Ihrer Lösungstiefe sprechen, denn ein gespanntes und zu tiefes oder auch ein zu hohes Satzende wirkt unsicher oder sogar fragend!

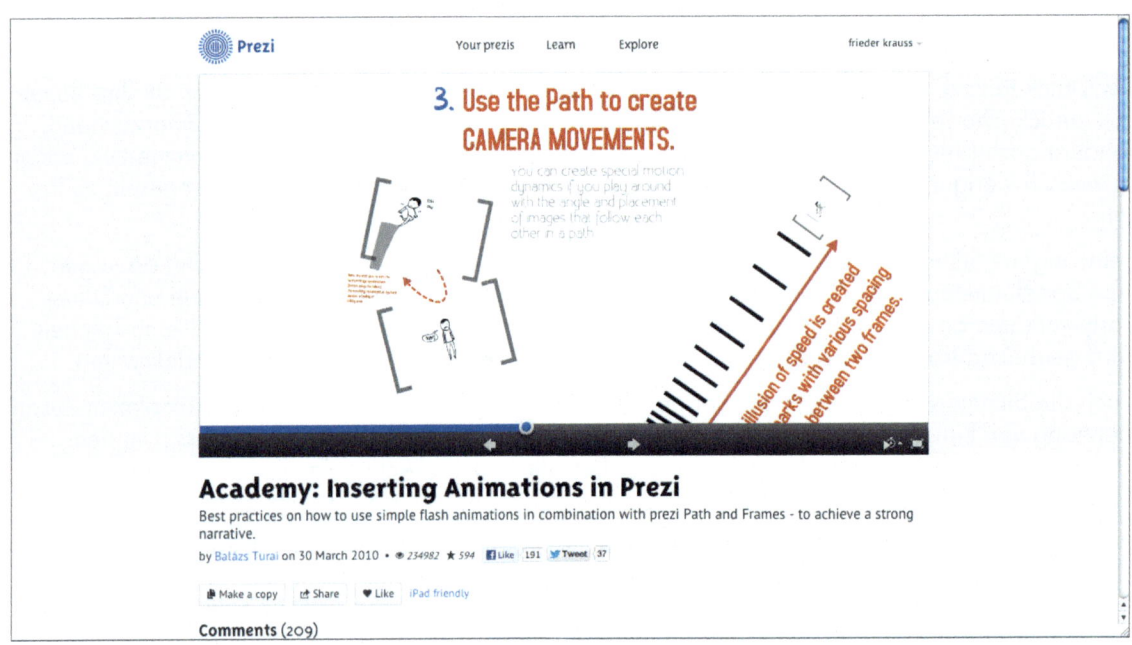

Diese Prezi (http://bit.ly/d3QKWD) „erzählt sich selbst", ein Präsentator ist überflüssig.
Die Prezi hilft Ihnen durch Bilder und Stichwörter, Ihren Speaker's Text wie eine
komplett „freie Rede" wirken zu lassen.

Was Sie rüberbringen #1: Speaker's Text und Subtext

Einem auswendig gelernten Vortrag lauschen nur hochinteressierte Zuschauer. Setzen Sie lieber auf die freie Rede! Sie lässt Sie flexibler und souveräner auf Unvorhergesehenes reagieren und hört sich für Ihre Zuschauer lebhafter an.

Wie schon auf Seite 239 angedeutet, sollten sich Ihre Visualisierungen und Ihr Speaker's Text, also die Tonspur, aufeinander beziehen – Dopplungen sollten Sie vermeiden, wobei natürlich prägnante inhaltliche Brüche, wie zum Beispiel ein Kapitelwechsel, durchaus visualisiert und besprochen werden können.

Achten Sie auch darauf, dass bei Ihren Zuschauern ganz bestimmt nicht nur das hängenbleibt, was Sie sagen und zeigen. Je nach Menschenkenntnis und Detailverliebtheit Ihrer Zuschauer werden viele den Subtext erkennen, also das, was „mitschwingt", wenn Sie vortragen.

Hierzu pflegt Diplomschauspieler Benedikt Crisand folgenden Rat zu geben: „Der Gedanke zählt!" Wenn Sie sich während der Präsentation ausschließlich mit dem Gedanken beschäftigen, Ihr Ziel zu erreichen, werden Ihre Zuschauer diese Verbissenheit feststellen: dass Sie ja eh nur verkaufen wollen, dass Sie nur für die gute mündliche Note gelernt haben, dass Sie das Referat nur halten, um nicht stattdessen eine Hausarbeit schreiben zu müssen.

Machen Sie sich Gedanken darüber, was Sie im Subtext mitschwingen lassen wollen: Begeisterung für Ihr Thema, Engagement für die Verbreitung der guten Botschaft Ihres Themas, wie viel Spaß Ihnen die Arbeit an und mit dem Thema macht …

Tipp

Achten Sie bei professionellen Rednern darauf, wie das, „was mitschwingt", die gesamte Rede aufwertet und wie viel mehr „ankommt", als wortwörtlich ausgesprochen wird!

Schon Friedrich Nietzsche wusste: „Wer ein Warum zu leben hat, erträgt fast jedes Wie.“
(Quelle: Wikimedia Commons)

Was Sie rüberbringen #2: Die Motivation

Achten Sie außerdem darauf, dass Sie den Zuschauern stets eine Weil-Antwort auch auf die nicht explizit gestellten Warum-Fragen geben. Warum?

Weil wir aus der Psychohygiene (der Lehre vom Schutz und der Erlangung von psychischer Gesundheit) wissen, dass wir mit unangenehmen Begleitumständen einer Situation leichter umgehen können, wenn wir wissen, warum wir uns dieser Situation aussetzen. Jeder Marathonläufer hat auf die Frage, warum er Marathon läuft, mindestens eine Weil-Antwort parat. Ohne dieses „Weil" fängt niemand einfach so damit an, für einen Marathon zu trainieren.

Weil auch die aktuelle Fachliteratur das Warum mehr und mehr in den Vordergrund rückt (Simon Sinek, Rolf Dobelli): „People don't buy what you do, the buy why you do it!" (Sinek); Menschen seien „weil-süchtig" (Dobelli).

Weil das „weil" die Motivation anfeuert, und zwar Ihre und die Ihrer Zuschauer. Was sind Ihre Beweggründe, und warum haben Sie das Thema Ihrer Präsentation gewählt? Was sind Ihre Qualifikationen, und warum wurden Sie als Präsentator für die Präsentation ausgewählt?

Überlegen Sie sich unbedingt Weil-Antworten auf mögliche Warum-Fragen, und bauen Sie diese in Text und Subtext mit ein: Warum ist das Thema für Ihre Zuschauer interessant? Warum sollte man sich Ihren Namen gerade in Bezug auf Ihr Thema merken? Warum sollte man im Nachgang möglichst schnell mit der Umsetzung Ihrer Vorschläge beginnen? …

Kleines Möhrchen, große Wirkung (Quelle: Wikimedia Commons)

Werden Sie anschaulich und konkret

Ihre Prezi ist nur eine mögliche Präsentationshilfe von theoretisch unendlich vielen. Je weniger abstrakt Ihr Thema ist, desto wahrscheinlicher können Sie schlicht und einfach auch das Objekt mitbringen, über das Sie sprechen wollen. Nicht anders gehen Kosmetik-Außendienstler oder – packen wir das Klischee aus – Staubsaugervertreter vor.

Nun können Sie natürlich weder „Die Einführung des Qualitätsbotschaftersystems in die *Operations* unter Berücksichtigung vorhandener Aufgaben und Hierarchiestufen" noch „Das Kafkaeske im Lichte der Rezeptionsästhetik" mitbringen, um es Ihren Zuschauern live vorzuführen.

Prezi hilft Ihnen dabei, derlei abstrakte Sachverhalte etwas konkreter vorführen zu können. Anfassen kann man sie deshalb noch lange nicht. In der Regel sind Zuschauer aber außerordentlich dankbar für Mitbringsel oder Anschauungsobjekte. Gern erinnern wir uns an die Reaktionen des Publikums, wenn wir im Rahmen einer kleinen Episode über „Onkel Hipp" und die Art, wie er in der Werbung Möhrchen zu pflücken pflegte, eine leibhaftige Karotte hinter dem Bildschirm hervorzogen und diese pantomimisch mit einem „Plopp" begleitet aus der imaginären Erde zogen. Und nicht nur wir erinnern uns daran – noch jetzt, Jahre danach, sprechen uns die Zuschauer der damaligen Vorträge darauf an. Und immer bleibt nicht nur „das Möhrchen" hängen, sondern auch die vermittelte Botschaft.

Tipp

Denken Sie also, wenn Sie darüber nachgrübeln, welche Präsentationshilfen Sie nutzen wollen, durchaus auch über leicht transportierbare Objekte nach, die sich mit dem besprochenen Thema in Verbindung bringen lassen!

Do's and Don'ts zum Thesenpapier

Das Thesenpapier hat den Zweck, dass Ihre Zuschauer nicht nur im übertragenen Sinne „etwas aus der Präsentation mitnehmen". Typischerweise hat Fließtext auf einem Thesenpapier (abgesehen von einem sehr kurzen Exposé zu Beginn) nichts zu suchen – dementsprechend ist ein Thesenpapier auch selten länger als eine DIN-A4-Seite.

Die Zuschauer sollten dem Thesenpapier Folgendes entnehmen können:

➥ Ein Kurzexposé oder eine Kurzfassung Ihres vorgetragenen Themas oder des Problems, das Ihrem Thema zugrunde liegt

➥ Ihre Standpunkte oder Ihre Lösungsvorschläge zum Thema, wenn möglich mit zeitlichem Horizont oder möglichen nächsten Schritten

➥ Einen Ausblick (im wissenschaftlichen Bereich) oder Informationen über ein Follow-up (im wirtschaftlichen Bereich), also Hinweise darauf, was demnächst zu erwarten ist (z.B. Veröffentlichungen zum Thema, ein Folgetermin, eine Microsite zum Projekt, eine Facebook-Präsenz mit themenbezogenen Updates usw.)

➥ Ihre Quellen: In der Wissenschaft sind Quellenangaben Pflicht, in der Wirtschaft gern gesehene Kür!

➥ Ihre Kontaktdaten: Sie sind, spätestens seit Ihrer Präsentation, der anerkannte Spezialist zum Thema. Ermöglichen Sie es Interessierten, Sie zu kontaktieren. Verzichten Sie aber bitte darauf, Ihre E-Mail-Adresse als solche explizit zu benennen und vor Ihre Telefonnummer „Telefonnummer" zu schreiben. Der Mensch des 21. Jahrhunderts erkennt eine Telefonnummer als eine solche, genau wie er auch eine E-Mail-Adresse erkennt!

Weitere Medien einsetzen

Beachten Sie den Unterschied zwischen Darstellung von Methodenkompetenz und dem Albtraum des Methoden-Overkill. Vielleicht kennen Sie das noch aus der Schule: Referendare machen einen guten Job unter Normalbedingungen. Wenn aber die Lehrprobe kommt, reitet der Referendar auf zwei Tageslichtprojektoren schon eine Schulstunde früher ins Klassenzimmer, verteilt das selbst gedruckte und ausgeschnittene Kartenspiel, bereitet den „Lernparcour" mit Fernseher vor und verteilt die Pyrotechnik für das pünktliche Abschlussfeuerwerk am Ende der 45 Minuten. Arbeiten Sie multimedial – aber nur begründet. Ohne Grund macht weder der Einsatz einer Metaplanwand noch das Kritzeln am Flipchart Sinn. *Reduce to the max*, weniger ist mehr!

Flipchart: Bringen Sie Ihre eigenen Stifte mit, die Sie zuvor auf Funktionstüchtigkeit geprüft haben! Falls Sie sich auf die vor Ort vorhandenen Stifte verlassen, werden Sie schnell feststellen: Stifte gibt's, die gibt's gar nicht. Klappen Sie benutzte Flipchart-Blätter um, sobald Sie das behandelte Thema abgeschlossen haben. Das gilt auch für das eigentlich eh hinfällige „Herzlich Willkommen!"-Blatt. Nicht themenverwandte Reize lenken nur ab.

Metaplanwand: Bereiten Sie alle Ihre Materialien vor, und machen Sie sich Gedanken dazu, in welcher Ordnung Sie die Karten und Objekte anpinnen wollen. Nichts ist langweiliger, als einem Präsentierenden dabei zuzusehen, wie er nervös und hektisch sein „Zeug" an der Metaplanwand ordnet.

Tafel: Ähnlich wie beim Flipchart: Ersetzen Sie lediglich „Stifte" durch „Kreide".

Handout oder Thesenpapier: Überlegen Sie sich gründlich, ob Sie Handouts während Ihrer Präsentation austeilen. Zuschauer versuchen instinktiv, Ihren Speaker's Text mit den Informationen auf dem Thesenpapier in Gleichklang zu bringen. Das kostet Aufmerksamkeit, die eigentlich Ihnen gelten sollte! Übrigens wirkt die Vokabel „Handout" mittlerweile sehr abgedroschen – mit der Bezeichnung „Thesenpapier" werten Sie Ihr Handout im Handumdrehen auf!

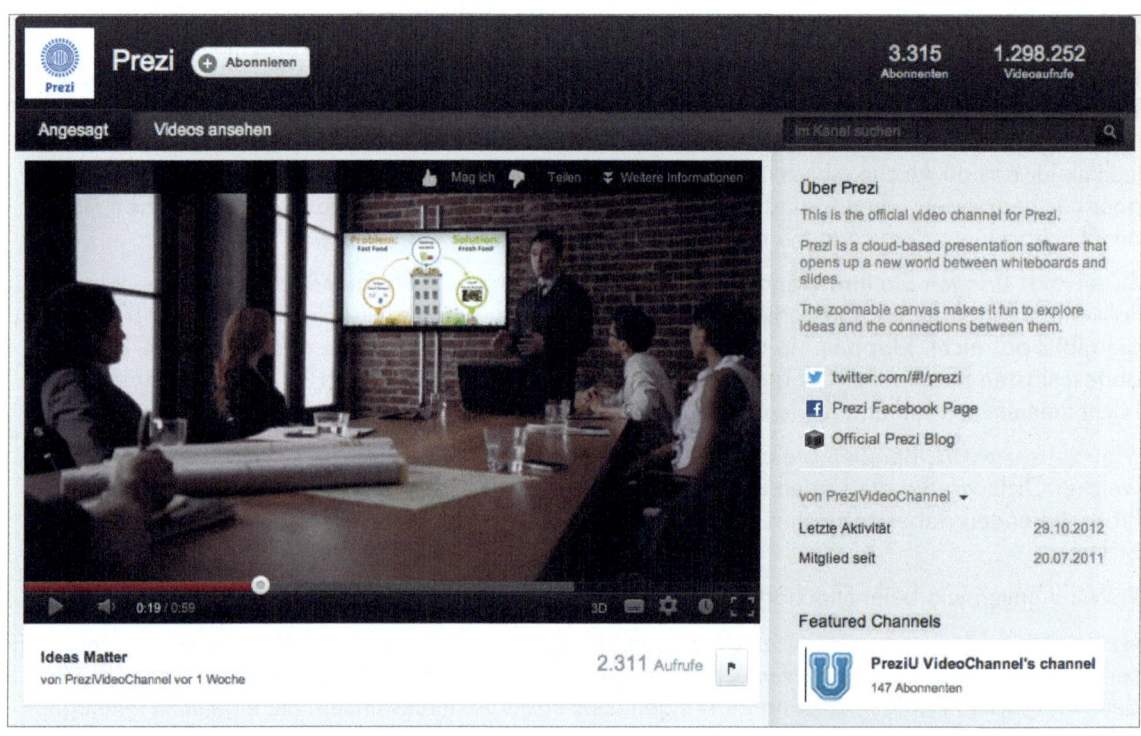

Auch die Prezi-Entwickler haben immer das Publikum im Fokus (hier im Werbespot zur neuen Benutzeroberfläche aus dem November 2012).

Interagieren Sie mit Ihren Zuschauern

Ihre Zuschauer nehmen nicht nur im Vorhinein, sondern auch während der Präsentationssituation Einfluss auf Ihre Präsentation. Natürlich bereiten Sie Ihre Präsentationshilfe im Hinblick auf die vermutlich anwesenden Zuschauer vor. Und natürlich versuchen Sie durch ein entsprechendes Briefing oder eine passende Einladung im Vorfeld dafür zu sorgen, dass die Erwartungshaltung mit dem, was Sie liefern, übereinstimmt.

Aber wie sagt es Wilhelm Busch so schön? „Erstens kommt es anders und zweitens als man denkt."

In der Regel bleiben eben doch Teilnehmer Ihrer Präsentation fern, obwohl Sie fest mit eben deren Teilnahme gerechnet haben. Dafür stoßen Menschen dazu, deren Bedürfnislage und Affinität zu Ihrem Thema erst einmal unbekannt ist.

Wenn Sie zu Beginn die Erwartungsfrage allzu offen stellen, kann es vorkommen, dass die Vorstellungen bezüglich Ihrer vorbereiteten Präsentation weit auseinandergehen. Es ist extrem unangenehm, nach einer solchen unbefriedigenden Abfrage die mitgebrachte Präsentation halten zu „müssen". Oft weist der Präsentator immer wieder darauf hin, dass er ja wisse, „dass das jetzt ein wenig an den Vorstellungen vorbei geht", dass er es jetzt aber „trotzdem" zeige – unangenehm!

Mehr Sinn macht es, zunächst kurz zusammengefasst Thema und Aufbau der Präsentation zu nennen und erst danach nachzuhorchen, ob es gegenüber Ihrem vorgeschlagenen Vorgehen Vorbehalte gibt. Die gibt es jedoch nie – wer würde einen Spezialisten auf seinem Fachgebiet von seiner vorgeschlagenen Vorgehensweise abbringen wollen? „Herr Doktor, bei allem Respekt, aber ich schlage vor, wenn die Wunde schon einmal offen ist, könnten Sie da nicht direkt ein bisschen Fett absaugen und dann erst die Blutung stoppen und wieder zunähen?"

Interagieren Sie während der Präsentation unbedingt mit Ihren Zuschauern – reiner „Frontalunterricht" bringt Sie nicht weit. Beachten Sie aber die gruppendynamischen Phasen, die wir Ihnen im Folgenden kurz näherbringen wollen.

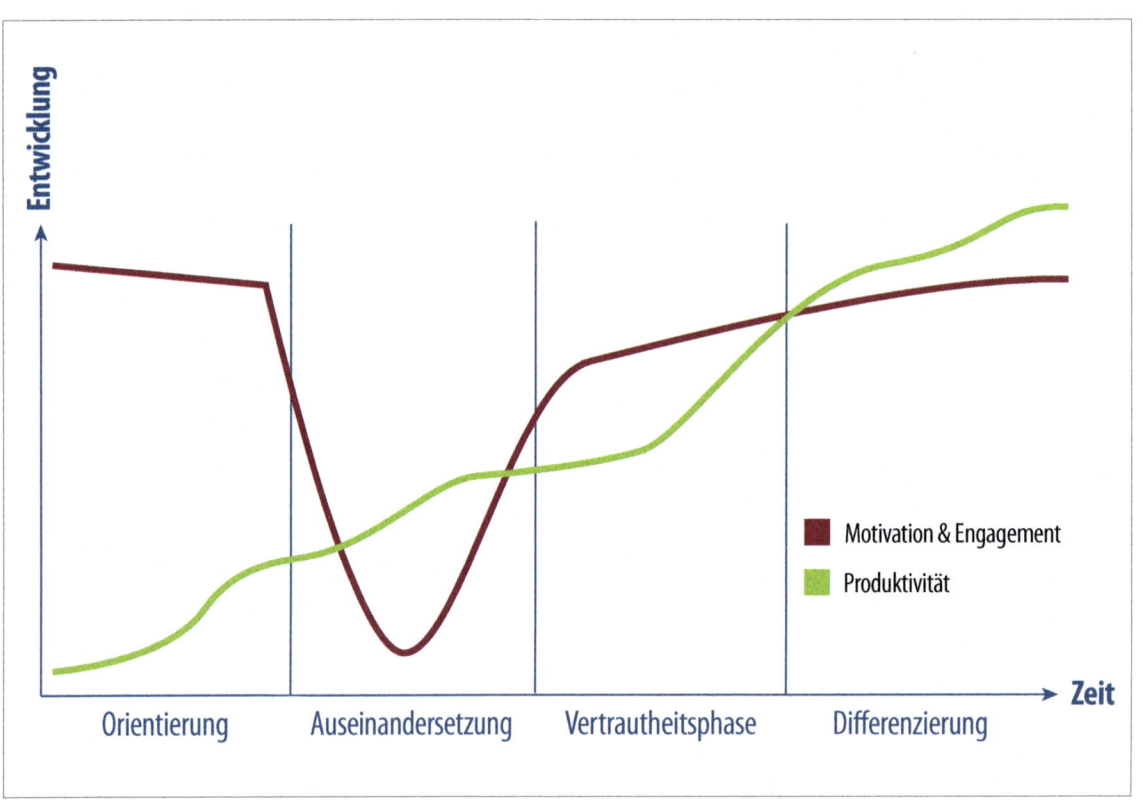

Entwicklung

Zeit

Orientierung   Auseinandersetzung   Vertrautheitsphase   Differenzierung

Motivation & Engagement

Produktivität

Gruppendynamische Grundlagen

In dem Moment, in dem Sie sich vor Ihre Zuschauer stellen, Ihre Präsentationshilfe „anwerfen" und beginnen, zu Ihren Zuschauern zu sprechen, manifestiert sich eine neue Gruppensituation. Auch wenn Sie der (Seminar- oder Projekt-)Gruppe schon länger angehören oder vielleicht schon ein Gruppenmitglied direkt vor Ihnen etwas der Gruppe präsentiert hat – durch Ihren Wechsel von der Zuschauerrolle in die Präsentatorenrolle läuten Sie gruppendynamisch einen Wechsel ein.

Je nachdem, wie neu die Gruppensituation für die einzelnen TeilnehmerInnen ist (Präsentator, Zuschauer, evtl. Jury, evtl. Entscheider, evtl. Bewerter usw.), durchlebt die Gruppe grundsätzlich vier Gruppenphasen in verschieden starker Ausprägung. Das Modell, das Präsentatoren und Moderatoren unserer Erfahrung nach am ehesten hilft, mit der Gruppendynamik umzugehen, beruht auf Bruce Tuckmans Theorie über den Entwicklungsprozess einer Gruppe.

Orientierung/Findung: Die Gruppe hat großes Interesse an der Klärung der neuen Rollen und der neuen Zielsetzung.

Konfrontation/Auseinandersetzung: Die Gruppenmitglieder reiben sich an Ihnen, an Ihrem Thema und an sich gegenseitig. Neue Informationen reiben sich an altbewährten Informationen.

Kooperation/Vertrautheit: Die Gruppenmitglieder finden zueinander, finden ihren persönlichen Zugang zum Thema und zu Ihnen.

Differenzierung/Wachstum: Die Gruppe wächst über sich hinaus und wird mehr als die Summe ihrer Bestandteile. Motivation und Produktivität sind maximal hoch!

Finden Sie sich damit ab, dass die vier Phasen (verschieden stark) stattfinden werden. Allerdings können Sie als Präsentator dafür sorgen, dass Sie die einzelnen Phasen gemäß Ihrer eigenen Ziele verkürzen oder dehnen!

I. Orientierung/Findung	II. Konfrontation/Auseinandersetzung
Neugierige, fragende, unsichere Blicke	Skeptische, kritische, fordernde Blicke
Fragen, Fragen, Fragen, und zwar zu allem, was grob mit der Präsentationssituation zu tun hat: zu Ihrer Qualifikation, nach dem Grund, warum ausgerechnet Sie da vorne stehen, was das Thema für eine Relevanz für die versammelten Zuschauer hat, ob es danach ein Handout gibt, ob man das nicht über E-Mail hätte regeln können, was das für eine Präsentationssoftware ist usw. Es gibt keine Frage, die in der Orientierungsphase nicht gestellt werden könnte. Auch Sie fragen gerade zu Beginn der Präsentation mehr als danach: zum Beispiel nach dem Vorwissen und der Erwartung der Zuschauer.	Einsprüche und Widersprüche. Sie gegen die. Ihre innovative Herangehensweise an das Thema gegen die vorherrschende Meinung zum Thema. Jeder gegen jeden. Man beschäftigt sich mit Ihrer Person, der Präsentation und dem präsentierten Inhalt, aber jeweils (noch) als Fremdkörper.
Die Regeln in der neuen Mikro-Gesellschaft werden unbewusst manifestiert. Wie reagieren Sie auf flapsige Bemerkungen? Dürfen die Zuschauer miteinander tuscheln oder nicht? usw.	Die Regeln sind zwar in der Orientierungsphase größtenteils in stillem Einverständnis festgelegt worden. Besonders Alpha-Tierchen neigen aber dazu, diese Regeln absichtlich zu brechen, um ihren eigenen Status abzusichern.

Erkennungszeichen der Phasen „Orientierung/Findung" und „Konfrontation/Auseinandersetzung"

Orientierung und Konfrontation

Gerade am Anfang Ihrer Präsentation ist es extrem wichtig, alles zu klären, was es zu klären gibt. Was erwarten die Anwesenden? Wie lange wird Ihre Präsentation etwa dauern? Sollen Fragen direkt gestellt werden? Soll mitgeschrieben werden, oder gibt es im Nachhinein ein Thesenpapier? Diese und weitere Fragen sollten Sie direkt zu Anfang klären. Je mehr dieser theoretisch unendlich vielen Fragen offen bleiben, desto mehr wird man sich in der Konfrontationsphase an Ihnen reiben. Prezi hilft Ihren Zuschauern mit der Gesamtübersicht über Ihr „Big Picture" natürlich gewaltig in dieser so wichtigen Anfangsphase!

Der Übergang von der Orientierungsphase in die Konfrontationsphase findet fließend statt. Sie merken, dass die Phase im Gange ist, wenn sich die Zuschauer mit Ihrem Thema auseinandersetzen. Ob Ihr Beitrag mit der bekannten Erfahrungswelt der Zuschauer übereinstimmt, wird überprüft – von jedem Einzelnen. Diese Phase ist grundsätzlich spannend: Sprechen Sie als Spezialist zu anderen Spezialisten, macht sich die Phase natürlich ganz anders bemerkbar, als wenn Sie als Verkäufer vor einem gemischten Publikum aus Geschäftsführung, IT, Personalabteilung und Fachbereich sprechen. Je gemischter und umfangreicher die vorherrschenden Meinungen bei den Zuschauern sind, umso wahrscheinlicher werden Sachverhalte und Fragen zutage treten, die Sie nicht bedacht haben. Aber das ist kein Beinbruch, sondern unvermeidlich.

Moderieren Sie die Konfrontation geschmeidig. Signalisieren Sie Wertschätzung, auch wenn die geäußerten Meinungen Ihren nicht im Geringsten entsprechen. Seien Sie dankbar dafür, dass mitgedacht wird und Diskrepanzen Ihnen direkt mitgeteilt werden!

Die Motivation – sowohl Ihre als auch die der Zuschauer – kann kurzfristig sinken, denn die Konfrontation nimmt vielen Beteiligten die Lust am Arbeiten. Zum Ende dieser Phase hin steigt die Motivationskurve wieder, wenn die Gemüter langsam abkühlen, anstatt sich aneinander zu reiben und so zu erhitzen. Die Produktivität steigt auch erst nach der Konfrontationsphase – wenn Sie während dieser Phase Ihre Präsentation abbrechen, haben Sie nichts gewonnen. Stellen Sie sich der Auseinandersetzung!

III. Kooperation/Vertrautheit	IV. Differenzierung/Wachstum
„Aber könnte man dann nicht auch…?", „Wie wäre es, wenn…?", „Aber widersprechen Sie da nicht X?", „Wie verträgt sich das dann mit…?", „So abwegig ist es dann aber doch gar nicht, wenn wir…"	„Nehmen wir uns doch vor…?", „Was halten Sie von einem Pilotprojekt im Bereich…?", „Versuchen wir es doch erst einmal in…", „Wenn wir das noch miteinarbeiten, steht einer Umsetzung eigentlich nichts mehr im Wege!"
Vorschläge richten sich nicht mehr gegen Sie und Ihr Thema, sondern gehen in die Richtung, die Sie vorstellen. Sie haben sich als Gruppe einer gemeinsamen Aufgabe angenommen.	Die Gruppenmitglieder tun jeweils das in ihrer Macht stehende, um die gemeinsame Aufgabe zu lösen.

Erkennungszeichen der Phasen „Kooperation/Vertrautheit" und „Differenzierung/Wachstum"

Kooperation und Differenzierung

Leider wird es Fälle geben, in denen Sie über die Kooperationsphase nicht direkt hinauskommen. Als Verkäufer werden Sie hin und wieder ein paar Tage auf den finalen Zuschlag des Kunden warten müssen. Auch im wissenschaftlichen Bereich wird teilweise erst nach der Präsentation an sich – und ohne Sie – entschieden, inwieweit z. B. Ihr Forschungsvorhaben weiterhin Förderung erhalten soll.

In der Kooperationsphase finden die TeilnehmerInnen zueinander und einigen sich auf einen Status quo, was Ihr Thema angeht. Auch Sie selbst müssen Ihre Thesen teilweise etwas anpassen oder korrigieren, um in der Kooperationsphase Ihren Teil zum Erfolg beizutragen. Wenn alles gut läuft, geht die Phase in die Differenzierung über. Das merken Sie daran, dass die Zuschauer in Ihrem Sinne aktiv werden. Sie versuchen selbst, weitere Anknüpfungspunkte zu finden, spielen Szenarios durch: Was wäre, wenn man Ihren Vorschlag „mal ausprobieren würde", usw.

Motivation und Engagement steigen während der beiden Phasen: Bei Ihnen, weil Sie merken, dass es bei Ihren Zuschauern „Klick gemacht" hat, und bei Ihren Zuschauern, weil sie Ihr Thema als relevant für ihre eigene Lebens- oder Arbeitswirklichkeit erkennen und versuchen, es für sich selbst fruchtbar zu machen.

Auch die Produktivität steigt natürlich, so schwer sie auch in Zahlen zu fassen sein mag: Sie kommen Ihrem Ziel näher, das Sie sich gesetzt haben. Und die Zuschauer tragen ihren Teil dazu bei.

Ihre Aufgabe ist es am Ende, die Differenzierungsphase irgendwann positiv abzuschließen, das Erarbeitete zusammenzufassen und die nächsten Schritte vorzuschlagen. Denn „über das Ziel hinauszuschießen" hat auch seine Nachteile. Auch bei Ihrem Fazit ist Ihnen Prezi natürlich extrem behilflich. Wieder hilft Ihnen die Gesamtübersicht über Ihre ganze Oberfläche: Noch einmal zeigt sich das „Big Picture", und die letzten noch losen Fäden werden zusammengeführt.

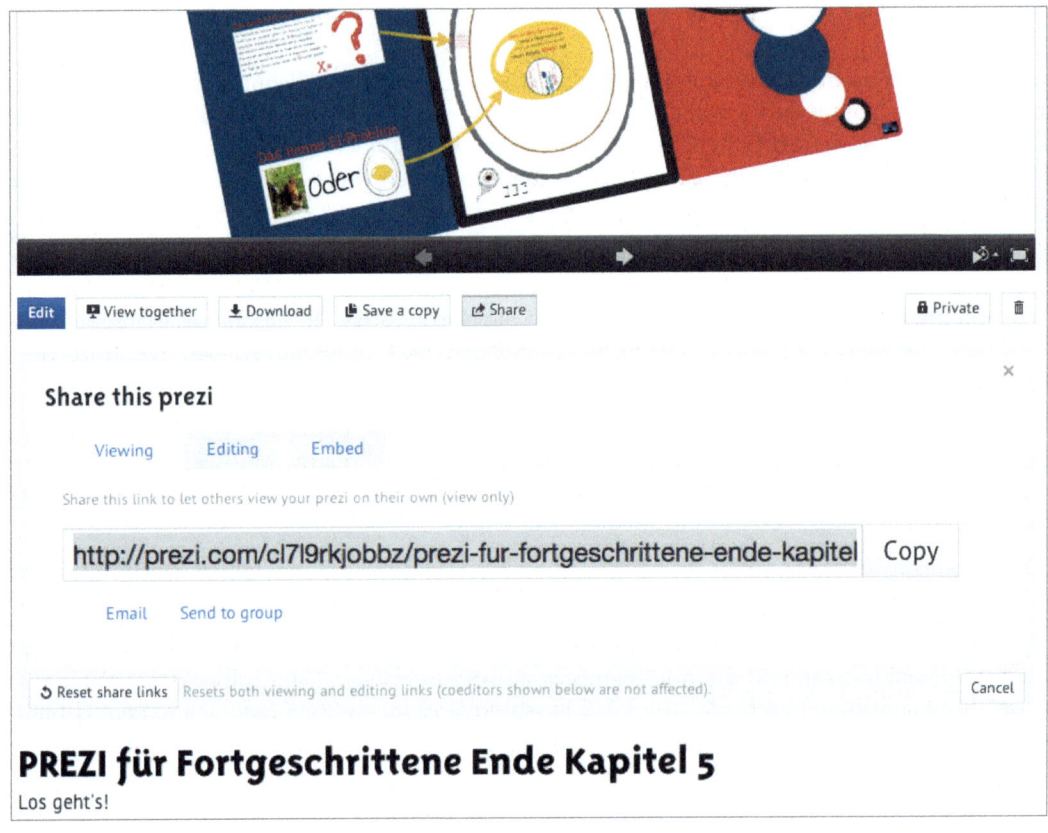

Als Souvenir gibt es im Nachgang den Link zur Prezi für alle TeilnehmerInnen
Ihrer Live-Präsentation.

Das Happy End

Am Ende ist Ihre Präsentation eine Win-Win-Situation. Sie haben Ihre Aufgabe gemeistert, und Ihre Zuschauer haben ein Plus an Wissen zu Ihrem Thema. Sie alle haben innerhalb einer relativ kurzen Zeit große Fortschritte gemacht.

Mit Prezi lassen sich diese Fortschritte auch noch lange nach der eigentlichen Präsentationssituation festhalten. Geben Sie nach Ihrer Präsentation die ausführbare „mobile" Version Ihrer Präsentation auf einem USB-Stick aus, oder senden Sie den Link zu Ihrer Prezi in der Cloud per E-Mail an die TeilnehmerInnen Ihrer Präsentation.

Wie Sie gemerkt haben dürften, ist Prezi mehr als nur eine PowerPoint-Alternative. Nach der Präsentation vor Publikum können Sie Ihre Prezi nämlich über andere Kanäle „zweitverwerten".

Während der Präsentation profitieren Sie als Moderator der Bestandteile der Präsentationssituation davon, dass Sie Prezi flexibel an Ihre Wünschen anpassen können, z. B. indem Sie den Pfad verlassen und sich frei über Ihre Präsentationsoberfläche klicken und zoomen.

Bei der Arbeit mit Prezi haben Sie es mit zwei intuitiv bedienbaren und leicht erlernbaren Werkzeugen zu tun, die Ihnen mit wenig Arbeit beeindruckende Ergebnisse liefern.

Doch Prezi beginnt schon vor Prezi: „Think outside the slide!" sollte auch Ihr Motto sein, um mit Prezi erfolgreich arbeiten zu können: Denken Sie sich frei, vor allem von Folien! Das ist die größte Herausforderung, aber auch diejenige, für Sie königlich belohnt werden, wenn Sie sie meistern: mit einer optisch und inhaltlich überzeugenden Präsentation!

Wir wünschen Ihnen viel Spaß und viele aha!-Effekte beim Präsentieren mit Prezi und bedanken uns bei Ihnen dafür, dass Sie unser Buch als Lernhilfe verwendet haben!

KAPITEL 10 | Anhang

Einige Spezialthemen wollen wir Ihnen unbedingt noch mit auf Ihren Weg geben, während Sie die Prezi-Karriereleiter erklimmen.

So haben wir verschiedene Tipps und Tricks zusammengetragen, die die Arbeit mit Prezi noch leichter machen. Beispielsweise erfahren Sie, wie Sie eine vorhandene Prezi so anpassen, dass der Ausdruck der Präsentation auf Papier Sinn macht.

Des weiteren gewähren wir Ihnen einen Einblick in die neue Präsentatorenansicht von Prezi Desktop, die es bisher (Stand: April 2013) nur für Nutzer von Prezi Desktop gibt (also für diejenigen, die eine Prezi Pro Lizenz ihr Eigen nennen).

Außerdem finden Sie hier eine Übersicht über die Tastaturkürzel, mit deren Hilfe Ihr Workflow bei der Erstellung von Präsentationen sicherlich noch geschmeidiger wird. Zu guter Letzt haben wir einige wichtige Online-Quellen für die allgemeine Recherche, zur Bildersuche und zur Inspiration für Ihre eigenen Prezis zusammengestellt.

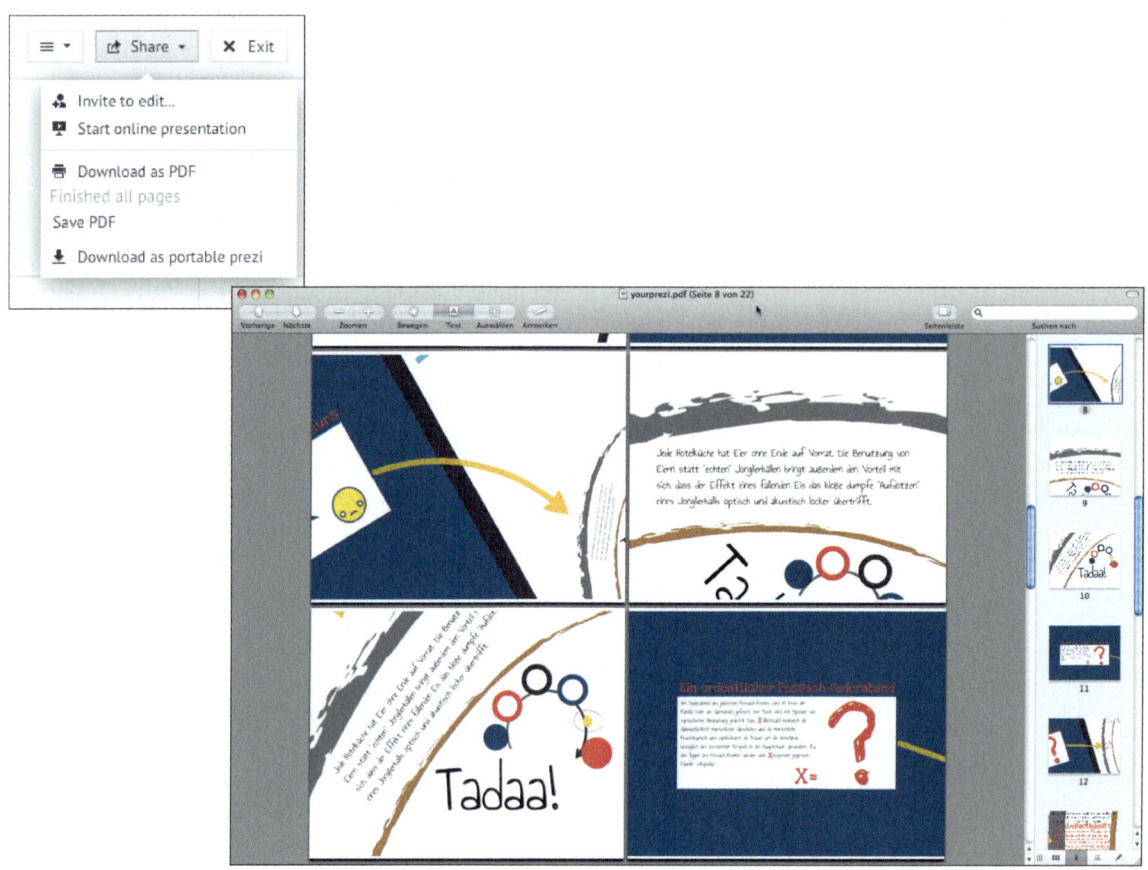

Reduzieren Sie unbedingt die Anzahl Ihrer Pfadpunkte, um die von Prezi erzeugte PDF-Datei einigermaßen übersichtlich und zweckmäßig zu halten.

Prezi-Präsentationen drucken

Ja, Prezi-Präsentationen lassen sich drucken. Allerdings zeigt sich hier eindrucksvoll, dass ein und dieselbe Präsentation immer entweder nur in der Live-Präsentation *oder* auf Papier bzw. als PDF wirklich funktioniert. Schauen wir uns die Druckfunktion genauer an:

Oben rechts im Hauptmenü findet sich bei den „Share"-Optionen der Button „Download as PDF". Ein Klick, und Prezi erzeugt eine PDF-Datei, deren Umfang an Seiten grundsätzlich um eine Seite größer ist als die Anzahl Ihrer Pfadpunkte. Auf der ersten Seite sehen Sie eine Gesamtübersicht über Ihre Präsentationsoberfläche – auf allen weiteren Seiten steht jeweils der Bildschirminhalt, der zu den Pfadpunkten gehört. Diese PDF-Datei können Sie mit einem Klick auf „Save PDF" auf Ihrer Festplatte speichern und drucken.

Es kommt sehr schnell dazu, dass man Prezis mit dreißig und mehr Pfadpunkten erstellt. Die über den „Drucken"-Button erzeugte PDF-Datei hat eine dementsprechend hohe Anzahl an Seiten, darunter Seiten, die nur einen Pfeil in Großansicht zeigen, und viele Dopplungen. Selbst in Farbe ausgedruckt, hätte das Dokument nur begrenzten ästhetischen und informativen Wert. Ihnen wird es beim Drucken Ihrer Prezi meistens nicht anders ergehen.

Speichern Sie deshalb Ihre Prezi, und erstellen Sie eine Kopie, die Sie im Titel mit dem Zusatz „Druckversion" o.Ä. versehen. In dieser Version entfernen Sie im Edit Path-Modus alle Pfadpunkte mit einem Klick auf „Clear all" unten links.

Beginnen Sie dann, die Pfadpunkte so zu setzen, dass der Druck der Bildschirmausschnitte bei den Pfadpunkten Sinn ergibt, d.h. ohne Dopplungen, ohne Pfadpunkte, die nur einen Pfeil zeigen, oder Ähnliches. So erhalten Sie eine einigermaßen brauchbare Druckvorlage. Greifen Sie auf diese Methode aber wirklich nur dann zurück, wenn sich die Weitergabe Ihrer Prezi in Druckform nicht vermeiden lässt. Versenden Sie nach Möglichkeit den „Viewing"-Link zu Ihrer Original-Prezi, damit der Charme Ihrer Zooming Presentation auch beim zeitversetzten Betrachten erhalten bleibt!

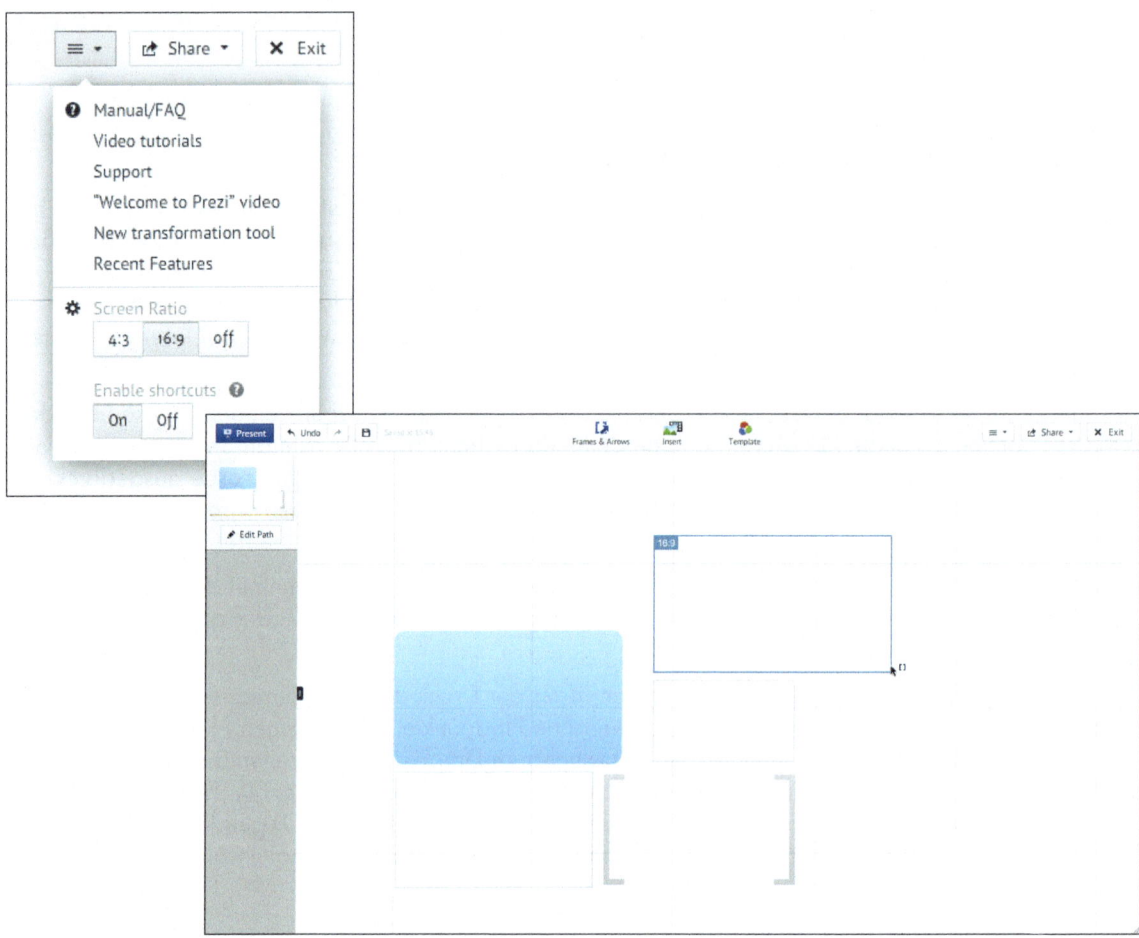

Prezi konfigurieren: Einstellungen

Oben rechts (unterhalb des Buttons mit den drei horizontalen Linien) finden Sie die knappen Konfigurationsmöglichkeiten von Prezi.

„Screen Ratio": Standardmäßig ist diese Funktion deaktiviert – aktivieren Sie sie, um schon im Bearbeitungsmodus besser antizipieren zu können, wie Ihre Prezi im Präsentationsmodus aussieht. Prezi zeigt Ihnen dann beim Erstellen von Frames, wann Ihr Frame das Seitenverhältnis von 4:3 bzw. 16:9 hat. Sie können so direkt überprüfen, ob Ihre Objekte sich komplett im dazugehörigen Bildausschnitt befinden.

„Enable Shortcuts": Sie bevorzugen Tastaturkürzel gegenüber Mausklickerei? Klicken Sie entsprechend! Eine Übersicht über die aktuellen Shortcuts finden Sie auf den nächsten Seiten. Ein Tastaturkürzel, das für professionelle Präsentatoren unverzichtbar ist, ist 2012 neu hinzugekommen: Im Präsentationsmodus verdunkeln Sie mit der B- oder der .-Taste den ganzen Bildschirm, sorgen also für einen Blackout. Der Effekt eignet sich zum Erzeugen von Spannung oder aber, um bei einem Medienwechsel – also, wenn Sie während der Präsentation beispielsweise zum Flipchart schreiten oder Unterlagen austeilen – die Aufmerksamkeit der Zuschauer weg von Prezi hin zum neuen Medium zu lenken.

Im Hilfe-Teil des Menüs sind besonders die „Recent Features" einen Klick wert. Oft werkelt man so routiniert mit den bekannten Funktionen, dass einem neu hinzugekommene Features kaum auffallen. Sehen Sie sich immer wieder einmal bei den „Recent Features" um, damit Sie stets auf dem Laufenden über die Neuerungen von Prezi sind.

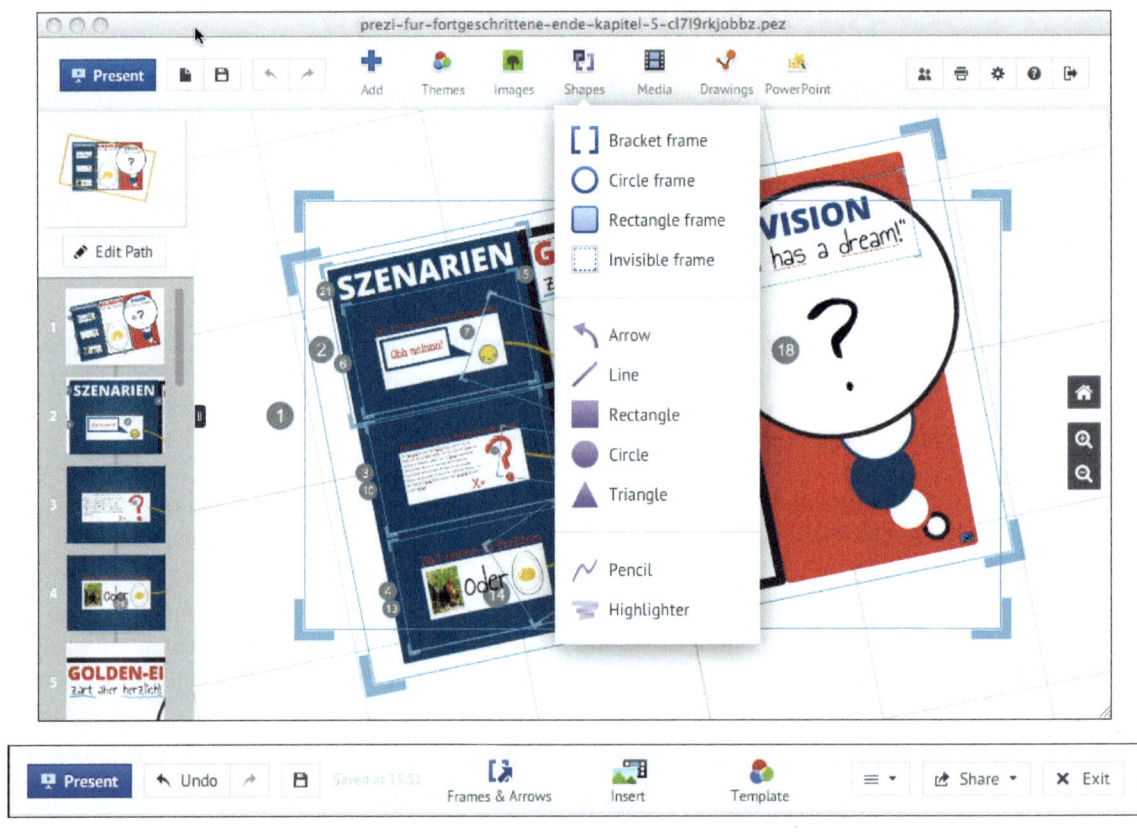

Oben: Prezi Desktop. Unten: Das Hauptmenü der Online-Variante im Vergleich. Prezi Desktop wartet mit mehr Buttons, aber insgesamt weniger Features auf.

Prezi Desktop (Version 4)

Zum Zeitpunkt der Drucklegung dieses Buches (April 2013) ist **Prezi Desktop**, (die Offline-Stand-alone-Variante von Prezi) aus unerfindlichen Gründen immer noch mit einem leicht abgeänderten Hauptmenü ausgestattet. Prezi Desktop tanzt immer ein wenig aus der Reihe. Die Umgewöhnung vom Online- zum Offlinearbeiten, ist zwar machbar, wenn kein Weg daran vorbei führt. Meistens ist der Wechsel aber nicht nötig. Außerdem läuft die Offline-Version noch nicht richtig rund, hier gibt es also noch Verbesserungspotenzial.

Die Funktionen, die online unter „Frames & Arrows" zugänglich sind, finden sich in der Desktop-Version unter „+ Add" und „Shapes". Die Befehle, die Sie online über den „Insert"-Button erreichen, finden sich offline unter „Images", „Media" und „PowerPoint". Der Template-Button heißt in der Desktop-Version „Themes". Doch damit nicht genug: Die „Diagrams" aus der Online-Version finden sich in anderen Ausführungen unter „Drawings".

Die „Symbols" (online zu finden unter „Symbols & shapes") sind in der Desktop-Version schlicht und einfach gar nicht enthalten. Allerdings lassen sich online erstellte Prezis, bei denen Sie auf „Symbols" zurückgegriffen haben, selbstverständlich mit Prezi bearbeiten – die Symbols lassen sich also theoretisch online einfügen und dann in der heruntergeladenen .pez-Datei offline mit Prezi Desktop weiterbearbeiten.

Ein grandioses Alleinstellungsmerkmal besitzt die Prezi Desktop-Version für Mac-Computer: eine Präsentatorenansicht!

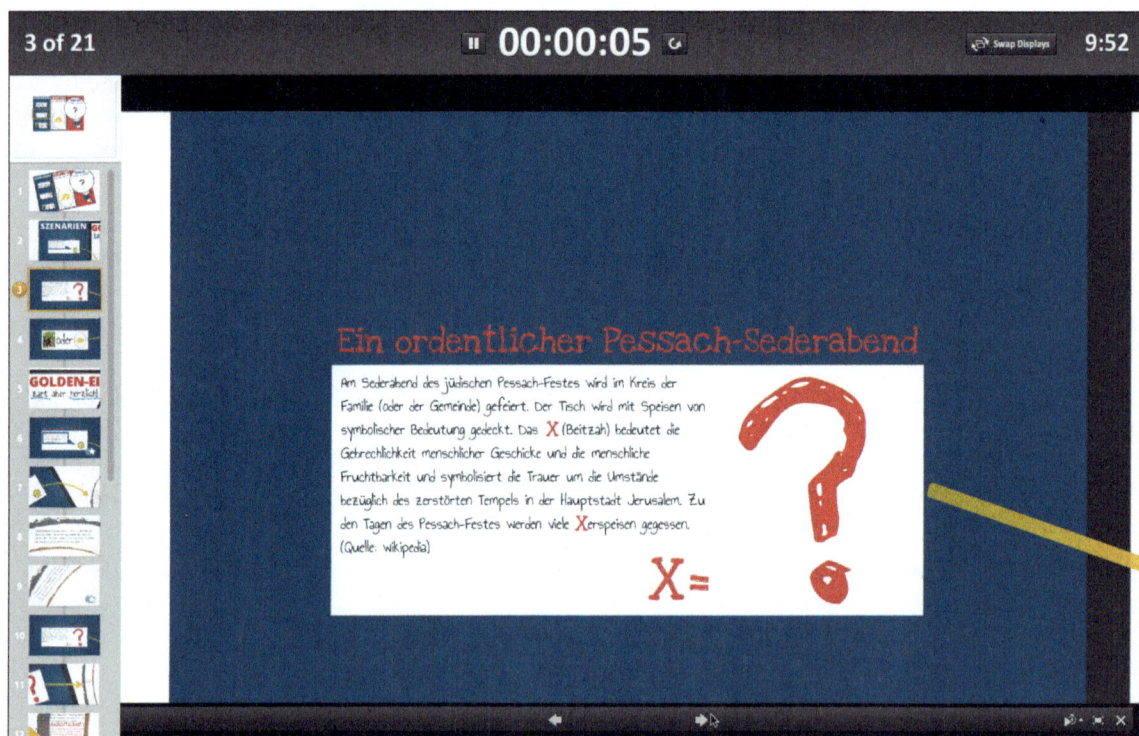

Die Präsentatorenansicht bei Prezi Desktop

Das hier beschriebene Feature lässt sich derzeit nur mit Prezi Desktop nutzen – Neuigkeiten bezüglich einer Einführung des Features für die Online-Version finden Sie gegebenenfalls unter *www.prezi.com/learn/new-features/*.

Für professionelle Präsentatoren ist die Funktion absolut Gold wert. Die Präsentatorenansicht gewährt einen Überblick über die Präsentation, die letzten und die nächsten Pfadpunkte, die vergangene Zeit und die Uhrzeit!

Die Leiste (links) mit dem Gesamtüberblick ganz oben und den Vorschaubildern darunter zeigt Ihnen gelb umrandet den aktuellen Pfadpunkt und, wenn Sie so wollen, den Pfad davor und danach, jeweils symbolisiert durch die kleinen Bildchen.

Den größten Teil des Bildschirms macht der Bildschirmausschnitt aus, der Ihnen genau den Bildschirmausschnitt zeigt, den auch Ihre Zuschauer auf dem Zweitmonitor/Beamer sehen. Denn natürlich ist die linke und die obere Leiste nur für Sie zu sehen.

Der Timer oben in der Mitte zeigt Ihnen, wie lange Sie schon präsentieren. Sollten Sie erst eine Weile, nachdem Sie den Präsentationsmodus „angeworfen haben", zu präsentieren beginnen, können Sie den Timer durch einen Klick auf den kreisförmig gebogenen Pfeil rechts neben der Zeitangabe auf 0 zurücksetzen. Ganz oben rechts lassen sich die Bildschirme vertauschen. Ein Klick auf diesen Button macht natürlich nur dann Sinn, wenn sich die für Sie bestimmte Präsentatorenansicht irrtümlicherweise auf dem Zweitmonitor/Beamer wiederfindet und Sie auf Ihrem Bildschirm das sehen, was eigentlich für Ihre Zuschauer bestimmt ist.

Üblicherweise richten Ihr Mac, Ihr Zweitbildschirm und Prezi sich ganz automatisch richtig aneinander aus. Sollte es bei Ihnen nicht geklappt haben, lesen Sie auf der folgenden Seite Schritt für Schritt, wie es geht!

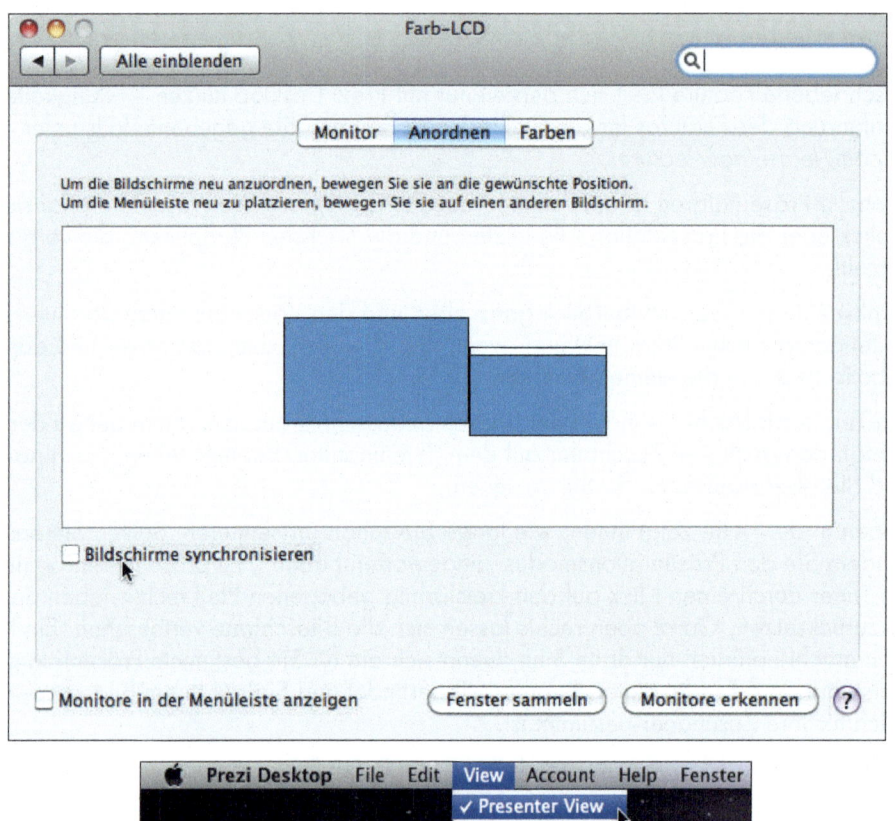

Achten Sie darauf, dass das Häkchen im Textmenü von Prezi Desktop bei „Presenter View" gesetzt ist.

Die Präsentatorenansicht einrichten

1. Schließen Sie den Beamer oder den Zweitmonitor an, auf dem Sie die Präsentation zeigen wollen.

2. Stellen Sie sicher, dass Sie Ihren Bildschirm erweitern, statt den Inhalt zu duplizieren!

   Windows: Öffnen Sie das Menü „Start" → „Systemsteuerung" → „Bildschirm" → „Bildschirmauflösung", und wählen Sie im Dropdown-Menü unter „Mehrere Anzeigen" die Einstellung „Windows Desktop auf diesen Monitor erweitern".

   Mac: Öffnen Sie ⌘ → „Systemeinstellungen" → „Monitore" → „Anordnen". Sorgen Sie dafür, dass der Haken bei „Bildschirme synchronisieren" nicht gesetzt ist. Der Bildschirm, auf dem Sie Ihre Präsentatorenansicht sehen werden, ist derjenige mit der Menüleiste oben oder unten.

3. Starten Sie Prezi Desktop.

4. Überprüfen Sie, ob das Häkchen bei „Presenter View" unter „View" in der Menüleiste ganz oben gesetzt ist.

5. Starten Sie Ihre Präsentation mit dem blauen „Present"-Button oben links.

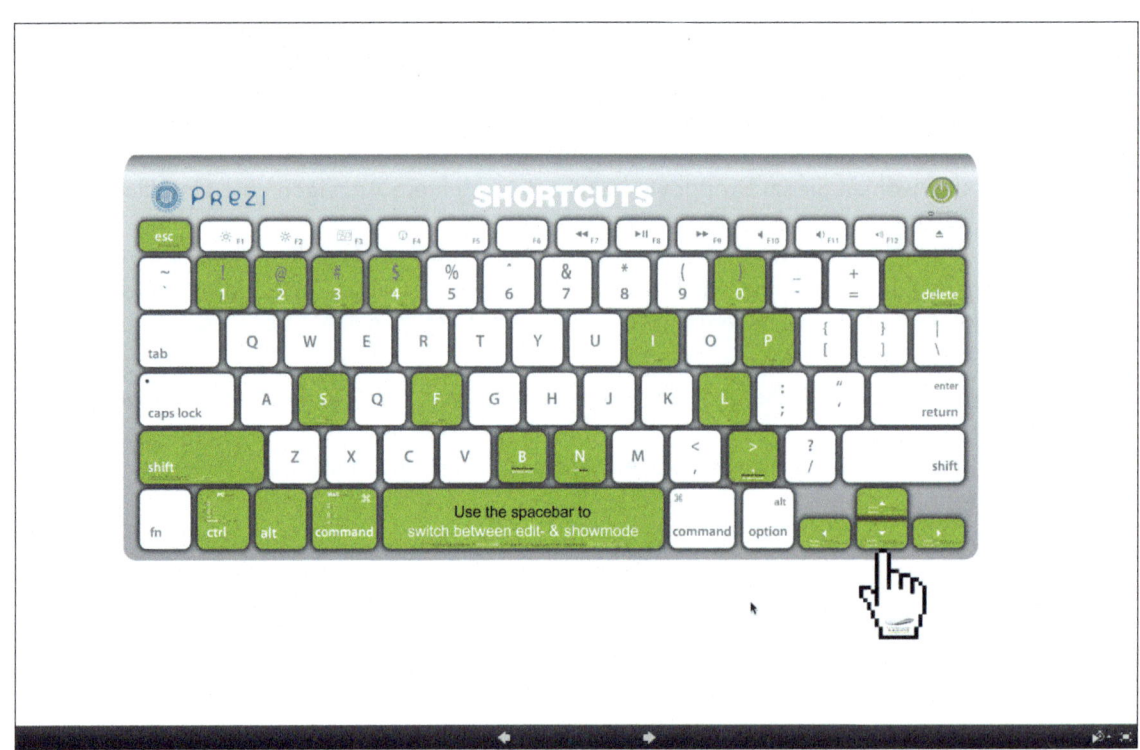

Natürlich gibt es alle Tastaturkürzel auch als Prezi unter
www.prezi.com/learn/keyboard-shortcuts/.

Tastaturkürzel #1

Im Bearbeitungsmodus

- $\boxed{F}$ – Frame erstellen (erneutes Drücken von F für andere Rahmenarten)
- $\boxed{S}$ – Shape erstellen (erneutes Drücken von F für andere Formen)
- $\boxed{L}$ – Öffnet den „Datei laden"-Dialog zum Einfügen einer Datei auf die Prezi Oberfläche
- $\boxed{P}$ – Path-Modus aktivieren
- $\boxed{1}$ – Reinzoomen
- $\boxed{2}$ – Rauszoomen
- $\boxed{3}$ – Drehen im Uhrzeigersinn
- $\boxed{4}$ – Drehen gegen den Uhrzeigersinn
- $\boxed{Entf}$/$\boxed{Del}$, $\boxed{\leftarrow}$ – Löschen des ausgewählten Objekts
- $\boxed{\leftarrow}$, $\boxed{\rightarrow}$, $\boxed{\uparrow}$, $\boxed{\downarrow}$ – Auswahl um einen Pixel verschieben
- $\boxed{\Uparrow}$+$\boxed{\leftarrow}$, $\boxed{\rightarrow}$, $\boxed{\uparrow}$, $\boxed{\downarrow}$ – Auswahl um 10 Pixel verschieben
- $\boxed{\Uparrow}$ + Klick + Ziehen – Markieren mehrerer Objekte
- $\boxed{\Uparrow}$ + Klick – Hinzufügen/Entfernen individueller Objekte zu/aus der Auswahl
- $\boxed{\Uparrow}$ – Halten Sie beim Erstellen eines Rahmens die $\boxed{\Uparrow}$-Taste, hat der Rahmen grundsätzlich das Seitenverhältnis 4:3.
- $\boxed{Strg}$+$\boxed{S}$ – Prezi speichern
- $\boxed{Strg}$+$\boxed{Z}$ – Letzte Aktion rückgängig machen
- $\boxed{Strg}$+$\boxed{Y}$ – Rückgängig gemachte Aktion wiederholen
- $\boxed{Strg}$+$\boxed{D}$ – Duplizieren der ausgewählten Objekte
- $\boxed{Strg}$+$\boxed{C}$ – Kopieren der ausgewählten Objekte
- $\boxed{Strg}$+$\boxed{V}$ – Einfügen der ausgewählten Objekte

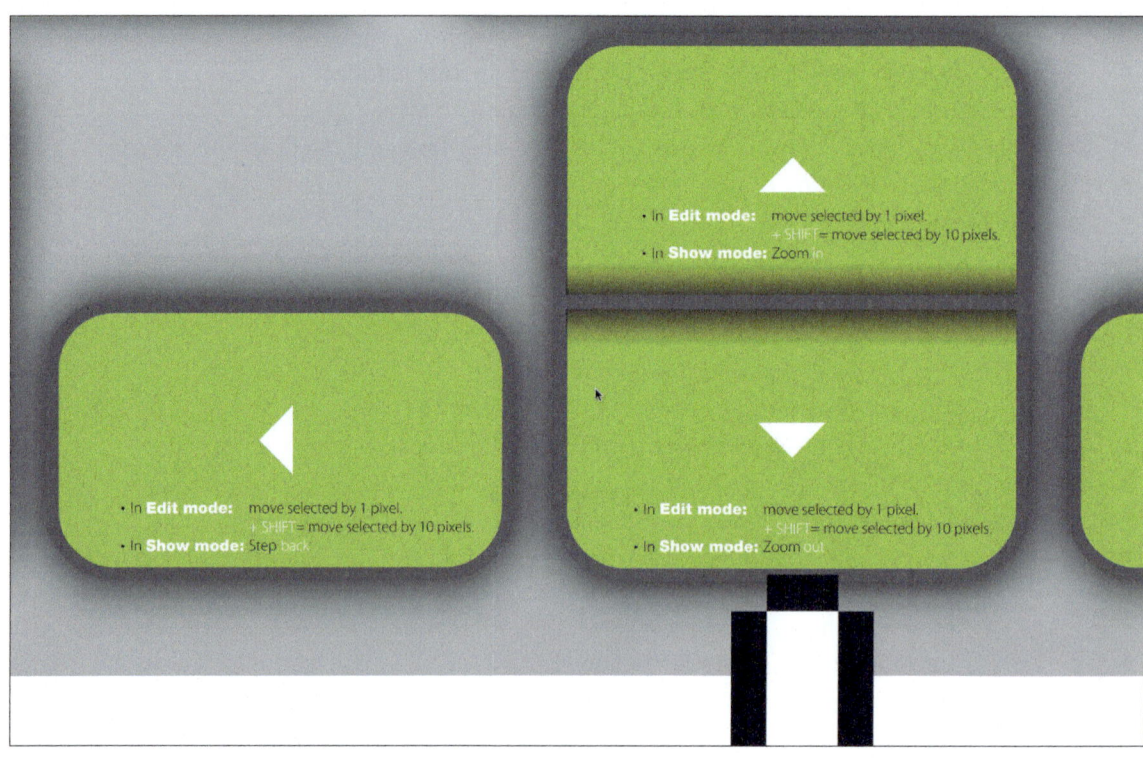

- In **Edit mode:** move selected by 1 pixel.
  + SHIFT = move selected by 10 pixels.
- In **Show mode:** Zoom in

- In **Edit mode:** move selected by 1 pixel.
  + SHIFT = move selected by 10 pixels.
- In **Show mode:** Step back

- In **Edit mode:** move selected by 1 pixel.
  + SHIFT = move selected by 10 pixels.
- In **Show mode:** Zoom out

Tastaturkürzel #2

- `Strg`+`⇧`+`M` – Hilfestellung beim Festlegen des Seitenverhältnisses von Rahmen auf „16:9", „4:3" und „aus" umstellen
- `Strg`+`⇧`+`C` – Öffnen des CSS-Editors
- `Esc` – Schließen des aktuell geöffneten Dialogs oder Beenden der aktuellen Aktion
- `↵` – Erstellung eines Rahmens und Pfadpunkts über den „Add"-Button bestätigen

Im Präsentationsmodus

- `→`, `←` – Vorwärts und rückwärts am Pfad entlanghangeln
- `↑`, `↓` – Ein- und auszoomen
- `B` – Bildschirm abdunkeln. Eine Mausbewegung oder ein beliebiger Klick bzw. Druck auf eine beliebige Taste beendet den Screen-Blackout.
- `Leertaste` – Umschalten zwischen dem Edit- und dem Präsentationsmodus (im Full-Screen-Modus: nächster Pfadpunkt)
- `X` halten + Mausbewegung – Kamerafahrt über die Oberfläche
- `Z` halten + Mausbewegung – Zoom
- `Esc` – zurück in den Edit-Modus

Community Back to Learn ›

Blog Connect ›

Stay informed on announcements, events, and interviews
with prominent Prezi users.

Facebook Connect ›

Join our vibrant and rapidly growing community. Share
your prezis with fellow Facebook friends.

Twitter Connect ›

Follow @prezi to keep current on Prezi updates and
announcements. Tweet your favorite prezis.

LinkedIn Connect ›

Join other professionals discussing Prezi best practices
and gain insight from Prezi team members.

Support Forum Connect ›

Get free support from fellow Prezi users and Prezi staff.
Suggest new ideas to the Prezi development team.

Manual

Are you stuck? Got a specific question?
Browse our manual for detailed, step-by-
step instructions on all of Prezi's features
and functions.

View the manual ›

Community

Join us on Facebook, follow us on Twitter,
or share your product ideas on our forum.

Browse communities ›

Support

Get free support in our support forum
from fellow Prezi users. Paid users can
submit a support request and get a
response within 24 hours.

Get support ›

*Unter www.prezi.com/community können Sie Ihre individuellen Fragen über die unterschiedlichsten
Kanäle loswerden – in aller Regel bekommen Sie flott Hilfe oder zumindest Antworten auf Ihre Fragen.*

Online Hilfe suchen und finden

- *www.prezi.com/learn/manual/*
Prezis eigene Wissensdatenbank – natürlich komplett englischsprachig und leider nicht immer auf dem neuesten Stand.

- *www.prezi.com/learn/new-features/*
Halten Sie sich über Änderungen auf dem Laufenden. Spätestens alle zwei bis drei Monate bekommt Prezi neue Features – oft gleich einen ganzen Batzen. Beschrieben und erklärt werden die neuen Funktionen dann hier.

- *www.preziakademie.de/*
Über die deutsche Prezi-Szene und unsere Seminare können Sie sich auf unserem Blog auf dem Laufenden halten. Wesentliche Neuerungen, Tricks und Best-Practice-Beispiele werden ebenfalls vorgestellt – auf Deutsch!

- *http://edu.prezi.com/*
In der universitären Sparte finden Sie Prezis, geordnet nach Universitäten und Fachgebieten. Die meisten von ihnen können Sie in Ihre eigene Cloud kopieren und als Ersatzteillager benutzen, also beispielsweise Vektorgrafiken und Animationen aus ihnen entnehmen.

- *www.pixabay.com* und *http://commons.wikimedia.org/wiki/Hauptseite*
Hier finden Sie, gut sortiert und zahlreich, Bilder für Ihre Prezi. Die beiden Plattformen empfehlen wir deshalb, weil die Bilder jeweils mit ausführlichen Details zur Lizenzierung versehen sind – was die Urheberrechte angeht, sind Sie so immer auf der sicheren Seite.

Index